道德课堂的构建与区域推进

田保华 著

北京师范大学出版集团
BEIJING NORMAL UNIVERSITY PUBLISHING GROUP
北京师范大学出版社

图书在版编目(CIP)数据

道德课堂的构建与区域推进/田保华著. —北京：北京师范大学出版社，2019.1

(中国基础教育国家级教学成果文库)

ISBN 978-7-303-23437-0

Ⅰ.①道… Ⅱ.①田… Ⅲ.①德育—教学研究—中小学

Ⅳ.①G631

中国版本图书馆 CIP 数据核字(2018)第 020842 号

营 销 中 心 电 话　010-58802181　58805532
北师大出版社职业教育与教师教育分社网　http://zjfs.bnup.com
电 子 信 箱　zhijiao@bnupg.com

出版发行：北京师范大学出版社 www.bnup.com
　　　　　北京市海淀区新街口外大街 19 号
　　　　　邮政编码：100875
印　　刷：北京玺诚印务有限公司
经　　销：全国新华书店
开　　本：710 mm×1000 mm　　1/16
印　　张：15.25
字　　数：250 千字
版　　次：2019 年 1 月第 1 版
印　　次：2019 年 1 月第 1 次印刷
定　　价：39.00 元

策划编辑：路　娜　郭　翔　　　责任编辑：陈　倩
美术编辑：焦　丽　　　　　　　　装帧设计：焦　丽
责任校对：李云虎　　　　　　　　责任印制：陈　涛

总　序

　　教育兴则国家兴，教育强则国家强。中共中央、国务院高度重视教育事业，始终将教育事业摆在优先发展的位置上。在中共十九大报告中，习近平总书记明确指出："优先发展教育事业。建设教育强国是中华民族伟大复兴的基础工程，必须把教育事业放在优先位置，深化教育改革，加快教育现代化，办好人民满意的教育。要全面贯彻党的教育方针，落实立德树人根本任务，发展素质教育，推进教育公平，培养德智体美全面发展的社会主义建设者和接班人。"2018年9月10日，全国教育大会在北京召开，习近平总书记强调：在党的坚强领导下，全面贯彻党的教育方针，坚持马克思主义指导地位，坚持中国特色社会主义教育发展道路，坚持社会主义办学方向，立足基本国情，遵循教育规律，坚持改革创新，以凝聚人心、完善人格、开发人力、培育人才、造福人民为工作目标，培养德智体美劳全面发展的社会主义建设者和接班人，加快推进教育现代化、建设教育强国、办好人民满意的教育。

　　"两个一百年"奋斗目标的实现、中华民族伟大复兴中国梦的实现，归根到底靠教育，而基础教育则是实现伟大复兴中国梦、提高民族素质、促进人的全面发展的奠基工程。为此，要鼓励校长和教师创新教育思想、教育模式和教育方法，在实践中办出特色，教出风格。

　　近些年，基础教育领域教育教学成果斐然，涌现出了一大批有特色的学校、有个性的校长、有风格的教师。在此背景下，2014年，教育部委托中国教育学会组织评选了首届"基础教育国家级教学成果奖"，共有417项成果获奖。这些获奖成果是改革开放以来我国基础教育改革创新的缩影，凝聚着几代教育工作者的智慧和心血。获奖者中有的是历史悠久、文化积淀深厚，至今仍然在实践中勃发着育人风采的名校；有的是建校时间短，在校长和教师的勠力同心、共同耕耘下创出佳绩的新学校；有

的是办学理念先进、管理经验丰富、充满活力的校长；有的是师德高尚、业务精湛、热爱学生的教师。总结和推广他们的经验，是推动我国基础教育改革、提高基础教育质量、实现基础教育内涵式发展的重要动力，也是写好教育"奋进之笔"、实现教育现代化的重要保证。

为了宣传首届"基础教育国家级教学成果奖"的获奖成果，充分发挥优秀教学成果的示范、引领和借鉴作用，有效促进基础教育的教学改革与质量提升，教育部委托中国教育学会与北京师范大学出版社共同组织编写了"中国基础教育国家级教学成果文库"（以下简称"文库"）。"文库"围绕首届"基础教育国家级教学成果奖"中的特等奖、一等奖及部分二等奖进行组稿，将每一项教学成果转化为一部著作，深入挖掘优秀成果的创新教育理念与教育思想，系统展示教育教学模式和教育方法，着力呈现对教育突出热点问题和难点问题的工作思路、解决措施和实际效果。这套"文库"将成为宣传优秀教学成果、交流成功教改经验、促进基础教育教学质量提升的综合服务平台。

新时代呼唤更好的教育，人民群众期盼更好的教育。只有扎根中国大地，努力挖掘民族文化底蕴，不断吸收优秀文明成果，始终坚定本土教育自信，持续创生本土教育智慧，才能创造富有中国特色的教育理论和教育文明，推进教育教学改革实践探索；才能切实回应人民群众最现实的教育关切，增强人民群众的教育获得感；才能真正办好人民满意的教育，满足人民对美好生活的向往。人民满意的教育既是我们奋斗的目标，也是我们前进的动力。

2018 年 9 月

"道德课堂"断想

（序一）

"道德课堂"，一个鲜明新颖而又严肃厚重的教育概念，一个很有现实针对性和导向性的教育课题。

在"课堂"前冠以"道德"二字，一针见血地指明了现在某些课堂存在的最大弊端，即它是不够道德的、非人性的，它和教育的本来任务、宗旨、目标是背离的。只要看看有多少天真活泼，充满好奇心和求知欲，高高兴兴、蹦蹦跳跳进入学校的孩子，在不长的时间内就变成了厌学的、上课睡觉的孩子，有多少毕业离校撕书烧书，心灵上留下一生除不掉的痛苦印记，以失败者的心态走向社会的孩子……我们就知道这样的课堂是多么不道德。有一次当我讲到我们过去有些课堂是"不把人当人"的时候，一位听者竟然不住地流泪，下课后特地找我，哽咽半天才说："我在上学的时候，老师就是不把我当人……"有此种感受的人，恐怕不是个别的。对这样的一些课堂，有的教育者、学习者、学生的家长早已熟视无睹，他们反而认为学校似乎就应该是这样的。教育不能不应试，但唯应试教育的课堂，实质就是缺失道德的课堂。所以我们必须进行教育改革。用美国一位教育家的话说，我们必须进行第二次教育革命。

因此，我很赞赏"道德课堂"这个概念。它鲜明地指出了一些课堂的弊病，同时也指出了教育改革、课堂改革的方向和目标，它为课堂革命举起了一面鲜亮的、耀眼的、富有时代精神的、透着人本理念的、闪耀着人性光辉的改革旗帜。

所谓道德课堂，我觉得：

第一，它是人本的。它以人为本，而不是以"分"为本。它敬畏生命，

尊重人，相信人，关注和促进人的发展。它把人本身当作目的，而不是工具。它关注每个人的个性特长、兴趣爱好，使课堂适合每一个人的个性特点和成长需求。它发掘每个人的潜能，促进每个人积极向上地发展。

第二，它是"尊道"的。在中国传统文化中，"道"指事物运动的根本规律。课堂教学也必须尊重教育的本质规律，尊重不同年龄段学生的身心成长和认知规律，遵循每个人的不同特质。在课堂上使用一个标准、一种模式、一样的内容和要求，是背"道"的。因此，教师必须研究教育教学的科学规律，关注和研究每一个人的不同特点，因材施教。

第三，它是"贵德"的。老子曾提出"尊道贵德"的思想。德，首先指人的立身根据和行为准则，即品德和品格。一切教育都是为了立德树人，都应以德为先，所以课堂教学不管教什么内容，都首先要育德。课堂虽是学习科学文化知识的主阵地，但它首先是培育人的高尚道德、健全人格的主阵地。道德缺失的一大表现是自私狭隘，缺乏团队精神，不善于与人合作共事。现在课堂改革倡导小组合作学习，这样可以有效地提高新一代的团体意识，造就领袖人才，从而整体提高中华民族的道德素养。在中国文字中，"德"和"得"是相通的，有德的人才能真正有所得。课堂教学以德为先的同时，要培养学生的学习能力、实践能力、创造能力，促进学生德、智、体、美全面发展，使其成为社会所需要的人才。

第四，它是展现"师德"的舞台。教师在教育教学中起着决定性的作用。教师不仅应该有丰富的学识，而且首先应该是师德的楷模，是学生阅读的"道德书籍"。"师者，人之模范也。""学为人师，行为世范。"教师在课堂教学中的每一句话、每一个教态，以及对待每一个学生的态度，对待学术问题的态度，对待自己缺点、错误的态度等，都体现着他的道德和人格修养，都在潜移默化地影响着学生。只有优秀的教师队伍，才能造就一代优秀的学生。所以在道德课堂的旗帜下，教师可以树立明确的、高尚的道德目标，激励自己，涵养自己，同时刻苦学习，钻研业务，大力提升教育教学能力，成为无愧于人民的好教师、名师、教育家。

　　郑州市高高地举起了道德课堂的旗帜,并以此为目标,为标准,改革课堂教学。我们相信它所产生的威力将是十分巨大的,它必将成为郑州市教育教学改革的强大推动力量。

郭振有

摘自《中国教师报》2010 年 8 月 18 日

道德，课堂上空的一面旗帜

（序二）

最近看到一则小故事，写的是一堂美术课。我很想对故事做些压缩和概括，但最终放弃了，因为我怕"压"掉意蕴，使故事因概括而干枯。

故事是这样的：美术课结束了，空空荡荡的教室里只剩下小女孩瓦士缇。她正骑在椅子上，下巴搁在交叉的手臂上，眉毛竖得高高的，一副生气的样子。课桌上静静地躺着一张白纸、两支画笔和一个文具盒。哦，原来她正在为画不出画来生气。老师弯下腰看了看那张白纸，让瓦士缇随便画一笔。瓦士缇抓起笔，在纸上狠狠地戳——一个小小的点。老师让她签上自己的名字。一周以后，当瓦士缇走进美术教室的时候，惊讶地发现老师办公桌的上方挂着一样东西——一个小小的点——是她画的那个点！老师还用波浪形的金色画框装了起来。瓦士缇心想："哼！我还能画出比这更好的点！"她打开了从没用过的水彩颜料，涂啊涂，用好多好多种颜色画出了好多好多个点，还画出了更大的点。几个星期以后，在学校举办的画展上，瓦士缇的点引起了巨大的轰动……

把故事读了几遍，我自然想起了雅斯贝尔斯的话：在教授读、写、算知识和技巧的时候，精神生活同时展开。何况这样的美术课，还没有教给瓦士缇具体画画的知识和技能，她却进步了，成功了。故事的结尾是这么写的："小小的点，点燃了瓦士缇的信心和勇气。让一切梦想和成功从这个'点'开始吧！"这是一个什么样的"点"？这个"点"究竟意味着什么？

我从这个"点"开始，抬头仰望，看到课堂上空一面旗帜，上面写着"道德"两个字。是道德让这个小小的"点"熠熠生辉，是道德让瓦士缇生长了信心，走向了成功。这是一个伟大的"点"。教学应该从这个伟大的

"点"开始，课堂的上空应该飘扬着"道德"这面旗帜。

是的，道德是课堂上空飘扬的旗帜。赫尔巴特说得好，道德是人类的最高目的，道德也是教育的最高目的。既如此，教育事业首先是道德事业，而一个在伦理上有考虑的教师首先是一个道德教师。毋庸置疑，课堂首先是道德课堂。道德课堂，绝不仅仅是进行道德教育的课堂，更为重要的是，课堂充溢着道德意义，教学是以道德的方式展开的。道德的方式是人与人交往的方式，尊重，信任，包容，鼓励；道德的方式是文化的方式，正如软实力概念的提出者约瑟夫·奈所说，不是强制的方式，而是谦卑的、吸引人的方式。

道德课堂，让教师尤其是学生有尊严地生活在课堂里。他们虽然坐着，心里却有一个站着的灵魂。这是一种道德生活，是一种幸福生活。这样的生活，让学生真正成为课堂的主人，使他们内在的潜力得到开发，生命的意义得到彰显，创造的个性得到保护和提升。这样的生活，才不会改变当代教育改革之父约翰·霍特在《孩子为何失败》一书中的结论：学校和课堂可以是不让学生变笨的地方。

道德课堂，无疑是智慧课堂。我以为，智慧的内核是道德。智慧必然包含着真理和知识，但是智慧并不止于此，智慧还包含着更高的东西，即真正的善或善的理念，而这比真理和知识还要高贵。当然，道德课堂并不排斥知识，而是将知识转化为智慧，这是以道德的方式展开的过程。培根说，"知识就是力量"，而杜兰特做了补充和修正：唯有智慧才使人自由。其间，不可否认道德带来的转化力量。

道德课堂是对应试教育的否定和改造。应试教育把学生变成训练的机器，变成知识的奴仆，使学生的人性被扭曲，心灵受伤，健康受损。在应试教育的课堂里，生命缺席，智慧消遁，童心泯灭，创造精神不复存在。应试教育是最不道德的教育，应试教育的课堂是最不道德的课堂。道德这面旗帜，驱走了知识至上和分数至上；道德这面旗帜迎来了素质教育，营造了良好的教育生态。道德让师生关系走向民主、和谐、合作。

我们非常欣喜地看到，郑州市教育局近几年一直在进行道德课堂的研究和构建。他们非常明确地提出：合乎道，至于德。显然，他们不仅构建了道德课堂，而且用"道"的方式、"道"的规律、"道"的创造力实施道德课堂教学，形成了和而不同的课堂教学样式，呈现出生动活泼的教学气象。郑州市的研究和实践虽是初步的，却代表着一种方向。从郑州市道德课堂的研究与实践中，我们对课堂教学改革有了一种特别的期待。

让道德这面旗帜永远在课堂上空飘扬。

成尚荣

摘自《基础教育课程》2011 年第 5 期

课堂是学生精神成长的家园
——我理解的道德课堂
（序三）

　　课堂不仅是学生学习知识、增长知识的殿堂，而且也是学生精神成长的家园。传统知识本位的课堂教学过分强化知识的授受，导致学生精神萎靡，最后使课堂成为学生恐惧、厌恶的场所。本来是活泼好动、生机勃勃的中小学生，在课堂上却成了没有生气的"容器"。本来是培养人的课堂教学活动，却成了学生心智的"窒息机"。强调课堂是学生精神成长的家园，是道德课堂的核心理念，这一理念集中体现在以下三个方面：

　　第一，课堂教学要成为学生自主探究的过程。

　　探究是儿童的本能和天性，是儿童精神生活的基本方式，是儿童理性思维发展的基本途径。探究精神是课堂的灵魂，唯有探究才能培养思想者和批判者，没有探究的教学只能是训练。如果教学不是崇尚"求是"而是迷信于"确定性"的书本知识，不是崇尚主体自由而是崇尚教师的威严，不是崇尚批判而是崇尚顺从，不是崇尚探究而是崇尚接受，师生就会同时被一种知识复制的教学文化主宰和异化着，并且相互攀比的知识竞赛会加剧这种异化，从而使教学变成规训的兵营，使课堂成为思想的荒漠。因此，我们要着力弘扬探究精神，让学生在课堂过有意义的探究生活，在批判性的阅读、观察、操作和思考中发现问题，提出问题，并努力从不同维度解决问题，建构自己的思想，产生和形成自己的观念。

　　第二，教学过程要成为学生的一种积极的情感体验。

　　孔子说过：知之者不如好之者，好之者不如乐之者。学生在课堂上是兴高采烈还是冷漠呆滞，是其乐融融还是愁眉苦脸？伴随着学科知识

的获得，学生对学科学习的态度是越来越积极还是越来越消极？学生对学科学习的信心是越来越强还是越来越弱？这一切必须为我们教师所关注。教师必须用"心"施教，不能做学科体系的传声筒，要积极关注学生在课堂教学活动中的情感体验。

第三，课堂教学要成为学生道德和人格养成的过程。

课堂教学潜藏着丰富的道德因素。"教学永远具有教育性"，这是教学活动的一条基本规律。教师不仅要充分挖掘和展示教学中的各种道德因素，还要积极关注学生在教学活动中的各种道德表现，促进学生道德发展，从而使教学过程成为提高学生道德水平和丰富学生人生体验的过程。这样，学科知识增长的过程同时也就成为学生人格健全与发展的过程。伴随着学科知识的获得，学生变得越来越有爱心，越来越有同情心，越来越有责任感，越来越有教养。

余文森
摘自《中国教师报》2010 年 8 月 18 日

前　　言

　　立德树人是教育的根本任务，是深化教育领域综合改革的基石。党的十八大报告明确指出，"把立德树人作为教育的根本任务，培养德智体美全面发展的社会主义建设者和接班人"。立德树人充分体现了党和人民对教育的殷切期望，也集中反映了中国特色教育理论与时俱进的品质。道德课堂是郑州市倾力打造的一种高品质课堂形态，它"合乎道，至于德"的内涵和立德树人的要求具有高度的一致性。

　　郑州市道德课堂理念的提出与实践是立足于真实的教育情境的。课堂作为学校教育的主阵地，仍存在着许多不尽人意的地方。长期以来受传统评价方式及应试教学观念的影响，课堂教学中存在着许多违背教育教学规律和青少年身心发展规律的现象，知识本位、应试本位和分数本位的课堂教学在一些学校仍然盛行。由于应试教育根深蒂固，新课程理念在实践中甚至还有被扭曲被异化的情况。面对课堂"违道背德"的种种乱象，我们必须回答好这些问题：课程改革如何实现区域推进？改革的目标如何落实在学校，呈现在课堂上？如何将课程改革的新理念和中国优秀教育思想相结合，以教育价值观的反思和重建引导广大教师理解和认同课程改革的目标、任务，从而使他们自觉成为改革的实践者？基于上述认识，在对课程改革进行系统总结、梳理的基础上，我们不禁提出三个追问：我们要把学生带到哪里？我们怎样把学生带到那里？我们如何确信已经把学生带到了那里？

　　基于对教育目的和教育价值的深入思考，郑州市课程改革开始走上理性探索之路，由此开始了以教育价值为核心的文化重建，聚焦课堂教学存在的"违道背德""重负低效"等问题，开启了以"构建道德课堂"为路径的课程改革实践。郑州市道德课堂的建构与实践在经历了启动探索阶段(2001—2005 年)、整体推进阶段(2005—2007 年)、重点突破阶段

(2007—2010年)和常态化发展阶段(2010—2015年)之后,于2015年进入了创新发展阶段。15年来,郑州市的基础教育课程改革在实践中探索,在研究中前行,在反思中发展,走过的是一条问题持续解决、成果不断积累的持续成长之路,这是一条郑州市基础教育的生态文明之路。

作为基础教育课程改革的实践者,郑州市广大中小学校长和教师,既满怀着自己的教育理想,又冷静地审视着教育的现实,在通往理想的道路上,一直站在为学生一生负责的高度,深深地思考着一个永恒的命题:课堂,究竟该拿什么献给学生?十几年来,为破解"这一命题",郑州市广大中小学校长和教师始终站在文化变革、文化再造的高度,紧紧抓住校本教研、质量监控、课堂教学三个关键环节,促进了课堂的改革与创新,促进了新课程实施品质的不断提升。校本教研,从理论建设、制度建设的层面上,回落到了"课堂教学问题的解决"这一"粗糙的地面"上。质量监控,从单一的成绩分析,提升到了对学生获得知识的方法与过程、学生的学习状态和师生精神共同成长的关注。课堂教学,确立了新课程课堂教学的方向与目标,从课程改革初期的无所适从,甚至盲从,一步步走向成熟与理性;从关注课堂方向逐步发展到关注课堂道德、课堂生命,直至关注课堂文化(课堂生态)的重建。如果我们把2001—2015年这15年所经历的四个阶段统称为"探索之旅"的话,那么从2015年下半年开始,我们所开启的就是"创新之旅、创造之旅"。一路走来,从筚路蓝缕到花团锦簇,我们始终坚守新课程改革的信仰,一步步走向了"构建道德课堂,提升师生生命质量"的"诗和远方"。

2014年9月,《郑州市道德课堂的构建与区域推进》获得首届国家基础教育教学成果二等奖,成为全国417项获奖成果之一;2017年2月,又入选教育部基础教育课程教材发展中心基础教育课程改革典型案例库,成为全国48项推荐案例之一,将为国家教育政策的制定提供决策依据。这两项荣誉是对我们莫大的肯定与鼓舞。本书对成果进行了分析和梳理,希望能够对全国基础教育届同人在课程改革方面的探索和实践有所裨益。本书共分为四章:第一章主要阐述道德课堂理念的形成和建构过程;第二章主要阐述了道德课堂的理论建构，如道德课堂的生态建构、道德课堂指标体系的建构等；第三章主要从践行道德课堂理念的措施、区域推进课程改革的有效路径等方面讲郑州市道德课堂的实践过程，并选取了部分经典例证；第四章分析和介绍了郑州市道德课堂的构建与区域推进的效果。

感谢中国教育学会、中国教育科学研究院、中国教育报刊社、人民教育出版社等长期以来对郑州市课程改革的高度关注以及对我们的悉心指导和帮助。他们对郑州市的经验模式进行了推广和介绍，为全国基础教育领域的深度课程改革提供了区域经验借鉴。同时，我们希望业界同人能对我们的工作提出宝贵意见和建议。

感谢郑州市各县(市、区)以及各中小学校，他们因地制宜、因校制宜，在区域和校际道德课堂模式、路径方面做了大量的探索和实践，既践行着既定的任务目标，又进行着不断的创新，孜孜以求地创造着"学在郑州、学有未来"的实践样态，持续不断地丰富着道德课堂的精神内涵和价值追求。他们的探索和实践不仅为我们的研究提供了重要的支撑，更充实了我们的成果。

长安何处在，只在马蹄下。课程改革只有起点，没有终点，我们永远行进在路上……

田保华

2017 年 2 月

目　　录

第一章

**道德课堂理念的
形成和建构过程**

一、 道德课堂理念的形成

教育改革最终发生在课堂上。作为基础教育课程改革的实践者，我们始终在思考：课堂，究竟该拿什么献给学生？自 2001 年以来，郑州市基础教育课程改革已经走过了十几个年头，我们紧紧抓住校本教研、质量监控、课堂教学这三个关键环节，不断提升新课程实施品质。校本教研，从理论建设、制度建设的层面上，回落到了"课堂教学问题的解决"这一"粗糙的地面"上 。质量监控，从单一的成绩分析，提升到了对学生获得知识的方法与过程、学生的学习状态和师生精神共同成长的关注。课堂教学，从课程改革初期的无所适从，一步步走向成熟与理性；从关注课堂方向逐步发展到关注课堂道德、课堂生命，直至关注课堂文化(课堂生态)的重建。"构建道德课堂，提升师生生命质量"这一教育生态文明目标，成了新课程课堂教学的主题。新课程所要求的新课堂是什么模样？我们现在很明确：那就是"道德课堂"。

道德课堂，是在郑州市课程改革的土壤里生长起来的、新课程背景下的一种高品质的课堂形态；是以学生为主体，呈现尊重、关爱、民主、和谐、学习生态的课堂；是能够很好地实现三维教学目标的课堂；是一种德性化、人性化、生命化的课堂；是教师和学生共同的家园。推进道德课堂建设，就是要改善教师的教学生态，改善学生的学习生态，让教师和学生在课堂生活中享受到幸福和快乐，提升教师和学生的生命质量和生命境界。

社会生活离不开道德，课堂活动是生活，同样也离不开道德。课堂是教师和学生发展生命的地方，若将善待学生生命落实到课堂之中，课堂定然是鲜活的、富于人性的；而道德缺失的课堂却很容易使教学转化为一种机械的、单调的知识传授和行为训练模式，很容易使学生产生枯燥、乏味、疲惫、厌烦、焦虑等感受。长此以往，必将扼杀师生鲜活的生命形式，恶化他们的生存状态。因此，我们应该以新课程的理念，从道德自觉的高度，去重新审视我们的课堂，审视那些不道德的教育现象，并努力加以改进和完善，使教师在道德的环境中进行有道德的教学，努

力使教学过程成为提高学生道德水平和丰富学生人生体验的过程，使学科知识增长的过程同时成为学生人格健全和发展的过程，使我们的课堂教学过程和结果都合乎道德的要求，让我们的课堂生活充满生命的活力。

我们认为，教育即道德。道德课堂要合乎道，至于德，以合乎"道"之途径，至于"德"之目标。所谓"道"，即规律，即教育教学规律、学生的认知规律和成长规律；所谓"德"，即生态，即围绕实现师生共同发展，实现国家人才培养目标而建构的课堂生态。

道德课堂的理念，与《国家中长期教育改革和发展规划纲要（2010—2020年）》提出的把"育人为本"作为教育工作的根本要求相一致，与新课程"育人为本，以学生的发展为本"的核心理念相一致，与新课程"知识与技能，过程与方法，情感、态度、价值观"的三维教学目标相一致。

道德课堂的理念，根植于中国优秀的文化传统之中。我们可以从《道德经》中去寻根："道"，即天道，也就是自然规律。意思是合乎自然规律，人类才能健康地生存下去。"德"，即人德，也就是人的行为准则。意思是人与人要顺其自然地共处，合乎社会规律地生存。从事于道者，同于道；从事于德者，同于德。如果说"道"是形而上的，那么"德"则是形而下的，其目的是学道以行德，以道而成德。围绕"道""德"二字，我们要重新建构四个全新的概念：学道、学德、师道、师德。

学道，即学生的学习规律、认知规律、成长规律。道德课堂的核心是尊重学道。学生是学习的主人，只有真正突出学生主体地位的课堂，才是合乎规律、尊重规律的。

学德，即学习生态。道德课堂要构建和谐、生长的学习生态，关注学生的精神成长和情感收获。道德课堂学德的构建以"小组学习"为形态，以"独学、对学、群学"为基本学习方式，以展示为手段，激发学生的学习兴趣和内驱力。

师道，即教师的角色。在道德课堂中，教师的角色被重新定位。教师是学生学习的助理，是学生的学长，是学生学习的组织者、引导者、参与者和促进者，与学生是平等的同伴关系。实现了这种角色转变的教师被称为"道德教师"。道德教师的基本品质是发现学生，研究学生，基于学情，指导学法，高度认识并充分培养学生的自主学习能力。

师德，即相信学生。在道德课堂中，师德就是相信学生。在传统课堂中，因为施教者不相信学生，所以不敢放手让学生自己学，由此造成了教师包办、代替、灌输、强迫等现象。在这种背景下，所谓学生的学，只能是有限的学习。学生是天生的学习者。学习是学生自己的事，教师要敢于放手让学生自主学习，让学习真正发生在学生自己身上。道德课堂中的师德，强调师生之间构建"学习共同体"，教师在课堂上应当处理好与学生、文本、环境、教学资源和经验的关系。

在传统课堂中，教师成了课堂的主导者，扮演的是"二传手"的角色。这种角色的错位，往往导致灌输式、填鸭式的被动学习。学生容易产生抵触情绪，学习效果大打折扣。正是这种教师角色的错位，才导致了教师的教学观和学生的学习观被异化，造成了师生关系的扭曲和变异。道德课堂的构建，要求教师重新审视自身角色，重新定位师生关系，重构起"平等、尊重、信任、民主、和谐"的师生关系，进一步提升教师和学生的生活质量和学习质量。

郑州市的基础教育课程改革启动于 2001 年，金水区作为国家改革实验区承担着先行先试的使命。到 2008 年，全市小学、初中、高中已全面实施新课程。为了推进课程改革，郑州市以《基础教育课程改革纲要（试行）》为指导，坚持区域整体推进的思路，在制度建设、学科建设、课堂建设以及教师专业发展方面进行了深入探索，取得了一定的成效，工作思路和具体措施也得到了河南省教育厅的肯定。

我们在总结经验（看到成绩）的同时，也发现（遇到）了一些问题（和困惑）。总体来看，课程资源、专业支持力量较为薄弱；与课程改革相适应的考试评价、管理制度还不配套；作为课程改革的最基本单元，学校引领课程改革的主体性和主动性不强；教师对课程改革的实践更多地体现在教学形式的变化上，他们没有领会课程改革的实质。课堂作为学校教育的主阵地，仍存在一些不尽人意的地方。比如，长期以来受传统评价方式及应试教学观念的影响，课堂教学中存在许多违背教育教学规律和青少年身心发展规律的现象，知识本位、应试本位和分数本位的课堂教

学在一些地方和学校仍然盛行。由于应试教育根深蒂固，新课程理念在实践中甚至还有被扭曲被异化的情况，典型的表现可概括为"四个满堂"和"四个虚假"。所谓"四个满堂"，是指满堂问、满堂动、满堂放与满堂夸；所谓"四个虚假"，是指虚假自主、虚假合作、虚假探究与虚假渗透。学生的主体地位很难真正地在课堂上体现，学生缺少真正积极的、愉悦的、兴奋的和成功的体验。课程改革的许多理念没有真正得到落实。

课程改革如何实现区域推进？改革的目标如何落实在学校，显现在课堂上？如何将课程改革的新理念和中国优秀教育思想相结合，以教育价值观的反思和重建引导广大教师理解和认同课程改革的目标、任务，从而使他们自觉成为改革的实践者？

基于上述思考，在对课程改革进行系统总结、梳理的基础上，我们提出了三个追问：

——我们要把学生带到哪里？

——我们怎样把学生带到那里？

——我们如何确信已经把学生带到了那里？

在对教育目的和教育价值进行深入思考之后，郑州市各中小学开始走上课程改革的理性探索之路，由此开始了以教育价值为核心的文化重建。他们聚焦课堂教学存在的"违道背德""重负低效"等问题，启动了"构建道德课堂"的研究与实践探索。

二、 道德课堂理念的建构过程

（一）道德课堂理念建构的五个阶段

课程改革在郑州市已有十余年的探索历程，大致经历了三个阶段：起步摸索阶段（2001—2005 年）、深化探索阶段（2006—2010 年）、成果显现阶段（2011—2015 年）。郑州市道德课堂的建构与实践与郑州市课程改革相伴相生，大致经历了五个阶段：启动探索阶段（2001—2005 年）、整体推进阶段（2005—2007 年）、重点突破阶段（2007—2010 年）、常态化发展阶段（2010—2015 年）、创新发展阶段（2015 年至今）。

第一阶段反思和探索课程改革实践。在课程改革的五年起步摸索阶段，郑州市以强化培训、加强教研为手段，旨在更新理念，转变观念，但教学实践和改革理念存在明显的脱节现象，形式化倾向严重，课程改革想要破解的难题并未得到解决。从 2005 年开始，我们建立了学期教学诊断交流制度和年度校本教研推进会工作机制，对照改革要求检查教学实践，系统梳理教学中存在的问题，共探解决之道。梳理的主要问题有：教学目标与课程标准脱节；教师主体、知识灌输的教学近乎常态；假合作、假探究、满堂夸使教学走向异化；课堂效率低下，学习负担较重；课堂教学"育分"为主，忽视育人。

第二阶段整体推进和建构道德课堂。通过问题梳理，我们针对性地提出了构建"道德课堂"的理念，并确立了道德课堂的五项"教学主张"以及教师必备的八大基本素养和十大行动策略，建构了新课程理念下新教学的基本框架和支持系统，并制定了道德课堂构建和区域推进的实施方案。

在价值体系层面，我们以思辨研究为主。一是每学期各层面分别举行一次研讨交流活动，包括县区主管领导层面、校长层面、教学主任层面、教研组长层面，研讨聚焦区域和学校推进课程改革中遇到的问题，在交流中分享和生成解决问题的智慧。二是全市开展了道德课堂评价标准大讨论活动，通过反思教育思想和教学行为，梳理教育教学中有悖于课程改革理念的"反教育""不道德"现象，引领广大教育工作者树立正确的教育价值观，自觉矫正育人行为。

通过自下而上的思考与讨论，在课程改革的大背景下，我们系统地梳理了我国优秀教育思想，借鉴国际先进的教育理念，结合郑州市教育的现实情况，以"逻辑思辨"的方式逐步建构和完善了道德课堂文化内核——新课程所倡导的新课堂是回归规律、合乎规律、遵循规律的课堂，是回归人性、关爱学生生命、关爱教师生命的课堂，也就是我们所倡导的"道德课堂"。由此，我们明确了课程改革的方向和目标——构建道德课堂，改善学校育人生态，改善课堂教学生态，改善学生学习生态，全面落实课程改革的目标和任务，提升教师和学生的生命质量。

第三阶段重点突破难点和局限。在道德课堂建构和实践过程中，我们往往会遇到各种问题和困难。我们以项目科研为抓手，以课题研究、项目合作为路径，不断探索道德课堂的最优实践方式。我们通过与教育部基础教育课程教材发展中心、华东师范大学课程与教学研究所、北京师范大学中国基础教育质量监测协同创新中心、大连现代学习科学研究院的合作，借助专业力量，实施国家课程校本化开发、基于课程标准的有效教学、义务教育学业质量绿色评价、高中教学质量增值评价、区域教育质量健康体检与改进提升等项目，以课程、课堂、评价整体性改革落实道德课堂理念和教学主张，系统地回答了道德课堂的"三个追问"。

第四阶段常态化推进区域道德课程建设。在区域推广过程中，我们以中国教育学会批准立项的"十二五"重点课题为统领，建立各区域学校的子课题研究系统，确定了常规交流机制，每学期举行一次全市层面的道德课堂教育教学诊断交流活动，每年举行一次校长、教学校长、教务主任、班主任等层面的道德课堂主题论坛，聚焦课题研究和项目实施过程中的问题，实现成果分享。

第五阶段实现道德课堂创新发展。道德课堂建设在郑州市已取得了显著成效，极大地促进了郑州市教育改革和发展。在已有基础上实现进一步的突破和创新，在道德课堂体系构建、核心素养养成方面开拓新的途径和方法是这一阶段的关键任务。道德课堂旨在建设一个动态的、具有生命力的教育生态，让课堂实现变革，让学生从被动学习走向主动学习，从浅层学习走向深度学习。

（二）道德课堂理念的主要研究内容

道德课堂理念的主要研究内容包括以下几个方面。

1. 对道德课堂的策略和规律的研究

此项研究是在道德课堂理念的指引下，对课堂的基本要素，如教学目标、教学内容、教学策略、教学关系、教学检测与教学反思等进行整体研究，在行动中探寻道德课堂的实践策略和规律，实现教育教学理念的根本转变。

2. 对道德课堂的实施模式的研究

各学校和各学科教师结合实际，积极探索道德课堂实施的途径和策略，呈现出丰富多彩的道德课堂模式和文化。在道德课堂实践中，教师们通过课堂观察、教学回顾、访谈与调查等，总结并积累成功的教学案例，并通过对案例材料的分析和研究，促进成果"物化"和推广。

3. 对道德课堂中的师生关系的研究

在教学结构诸要素中，师生关系是最重要、最灵动的一组关系。道德课堂强调，教学是师生交流和沟通的过程。在和谐的师生关系下，师生思维碰撞，情感交融，不同层次和个性的学生都能得到发展。因此，师生关系、生生关系是道德课堂研究的重要范畴。

4. 对道德课堂的教学评价体系和保障制度的研究

构建道德课堂离不开教学评价体系的改进和完善。在对传统课堂教学评价的扬弃中，我们研究和探寻符合道德课堂要求的评价标准和办法，通过评价促进教师全面地诊断教学过程，调节矫正教学行为，实现道德课堂的目标。构建道德课堂也离不开制度的保障。我们只有研究和建立道德课堂的保障机制，改进现行的学校管理制度和教学管理制度，才能保证道德课堂建设的顺利实施。

5. 开展与道德课堂相关的理论与实践的研究

建设道德课堂必须以扎实的理论为基础，构建有特色的课堂文化也必须提升到理论层面。目前，除了最核心的范围与理念要素清晰外，道德课堂的其他领域都还不清晰，我们鼓励一线教师开展与道德课堂相关的理论与实践研究。

为了促进交流与分享，郑州市在道德课堂教育实践过程中搭建了市级校本教研平台，每年选择一个区县召开全市校本教研会议，根据道德课堂的建设目标，确定会议主题，总结、展示、分享阶段性实践成果；举办专题分论坛，聘请专家答疑解惑，引领大家深入探讨道德课堂实践过程中遇到的新问题。不同层面的校本教研活动均遵循"个人反思、同伴互助、专业引领"的基本原则，保证了活动的实效性。校本教研长效机制

的建立，一方面促进了每一个区县践行道德课堂的探索，另一方面有效总结了前一阶段的工作，并为后续的探索明确了方向。

此外，郑州市还建立了专家督导制度，聘任了31位全国知名的教育专家担任市政府兼职督学，目的就是"借脑"解决教育教学管理中的重大决策问题，增强督导工作的权威性和实效性，切实提高郑州市教育督导的专业水平。中国教育学会常务副会长、原国家督导团副总督学郭振有，教育部中学校长培训中心前主任、华东师范大学终身教授陈玉琨等专家亲自参与了学校三年发展规划督导评估工作。实践证明，外聘督学从理念和文化层面提升了郑州市的教育督导水平。专家通过透视各县(市、区)的教育工作和市教育行政主管部门直属学校的教育教学工作，提出了他们的基本判断，并对教育改革、发展、创新中出现的问题进行了理性分析，提出了应对策略，有效推进了道德课堂建设。

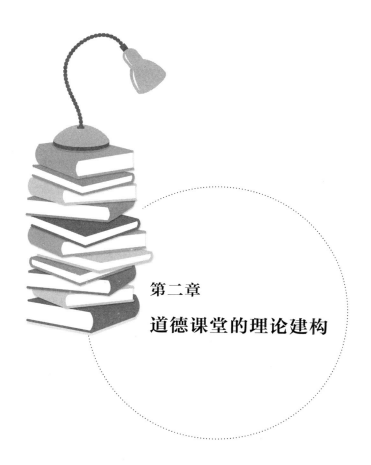

第二章

道德课堂的理论建构

一、 道德课堂的含义及特点

（一）道德课堂的含义

课堂是师生成长和发展的主阵地，是人类文化和文明传承的舞台。课堂有广义和狭义之分。广义的课堂，泛指进行各种教学活动的场所，也就是说，凡是发生教学活动的地方，都存在课堂。时间不固定，空间涉及社会、学校和家庭。人们可以在社会实践、学校教育和家庭生活中从事教育性实践活动和认识活动，相互传递知识和经验。狭义的课堂[①]是指学校育人的场所，具体地说，指在学校中被用来进行教学活动，以传递、转化和建构教育知识为基本手段，旨在让学生掌握知识、发展智力和能力、培养品德和促进个性发展的场所。[②]

鲁洁教授指出，道德课堂就是要让教育者用道德的方式去从事教育教学与管理，并让教师与学生从中"得到愉快、幸福与满足，得到自我的充分发展与自由，得到唯独人才有的一种最高享受"[③]。道德课堂是新课程背景下的一种高品质的课堂形态，是以学生为主体，呈现尊重、关爱、民主、和谐的生态课堂，是能够很好地实现三维教学目标的课堂，是一种德性化、人性化、生命化的课堂，是教师和学生共同的家园。[④] 道德课堂要"合乎道，至于德"，以"合乎'道'之途径，至于'德'之目标"。所谓"道"，即规律，即教育教学规律、学生的认知规律和成长规律；所谓"德"，即生态，即围绕实现师生共同发展，实现国家人才培养目标而建构的课堂生态。

道德课堂是指一种生态状态下的课堂，或者说达到了生态状态的课堂。道德课堂不是那种不需要教室的、以活动教学为主的"活动课堂"，

---

① 本研究成果涉及的"课堂"指狭义的课堂。
② 黄远振、陈维振：《课堂生态的内涵及研究取向》，载《教育科学研究》，2008(10)。
③ 常力源：《课堂道德与道德课堂》，载《人民教育》，2007(6)。
④ 田保华：《道德课堂的内涵与建构策略——郑州市基础教育课程改革的理念与实践》，载《中国教育学刊》，2011(3)。

而是以传统课堂形式为基础，吸收了传统课堂的优点，并对传统课堂进行了生态学改造的课堂。

道德课堂以生态理论为依据，辩证地思考教师、学生与课堂教学环境之间的关系，它以人与人、人与环境的和谐为价值核心。道德课堂应该是多样性的，是辩证统一的。

（二）道德课堂的特点

1. 整体相关与动态平衡的统一

自然界是一个有机联系的整体，每一个系统都不是孤立的，它处于纵向的各个系统中，也与横向的系统发生着各种各样的联系。平衡与不平衡能够在这些大小系统里流动与转移。道德课堂是自然界的有机组成部分，是整个生态的一部分，也是一个整体的有机系统。课堂中有各种组成要素，各要素有自己的运演规律，但它们之间绝不是相互独立、互不相干的，而是进行着自发的转移和人为的推动，促进课堂系统呈现"不平衡—平衡—新的不平衡—新的平衡"的发展态势。道德课堂遵循着生态平衡规律，即"各个因子和谐、平衡才能发挥各组成要素的正常功能，并由此产生整体功能的放大效应，从而达到最大限度地发展人、完善人的教育目的"[①]。在道德课堂中，每个因子之间时时刻刻都存在着"物质""能量""信息"的流动与交换，每种成分和过程的变化都会影响到其他成分和过程的变化。正是由于系统中这种不平衡的存在，才使得系统的演进有了动力。系统中对立面之间的斗争通过此起彼伏的较量，总是向着更高的景观螺旋式前进。生态学的核心问题是生物与环境的辩证统一关系。道德课堂把学生作为教育本体，作为教学的第一资源，旨在为他们建立一个自由、和谐、富有个性且独立自主的生态学习环境，使学生的认知、情感、态度、价值观整体协调发展，使课堂中的"物质""能量""信息"的转换由不平衡到平衡、由新的不平衡到新的平衡循环往复、螺旋上升，

---

① 马丽明：《论课堂生态环境中的和谐师生场》，载《世纪桥》，2007(8)。

从而使课堂教学质量不断获得提升，实现课堂整体与动态的统一发展。①在关注整体相关的同时，道德课堂也同样关注教学过程中的动态生成。教师通过合理运用课堂即时生成的各种资源，盘活师生既有的信息存量。教师能够全方位、多层次地把握课堂稍纵即逝的信息，"在貌似没有问题的地方发现问题，在现象背后把握问题"②，在教学过程中环环相扣、层层递进，前者为后者的基础，后者为前者的展开和继续。由这些不同的"砖"所铺就的整体"建筑"基础牢固，既体现整体相关，又体现动态平衡的统一。师生在道德课堂中享受动态生成的教学成效，在动态平衡中走向发展和完善。

2. 多元共存与和谐共生的统一

人在对自然的探索、改造过程中，需要始终以宽阔的视野和胸怀对待自然界中的万事万物，切忌为了眼前的、局部的利益而牺牲自然界自身的丰富性和多样性，影响生物系统的和谐共生。在道德课堂教学中，教师要承认学生的多样性，保护学生的个性。道德课堂应遵循个体的生命发展规律和原则，体现教育本质的回归，促进学生的生命成长，促进课堂教学各元素之间和谐共生，使师生在丰富多样的环境中寻求共同发展，实现多元共存与和谐共生的统一。协同进化在道德课堂教学中就表现为教师或学生的某种行为可以引起或促进其他学生的相应行为发生不同程度的变化，这种变化正是道德课堂中多元共存与和谐共生统一的结果。在道德课堂中，教师与学生、学生与学生之间具有不可分割的互利关系。"你中有我，我中有你"，是师生之间、生生之间共生、共存关系的真实写照。③

在道德课堂中，学生个体在群体活动的基础上通过交互影响实现认识发展和个性发展。在道德课堂教学中，由于学生的个性化发展，不同的学生有着不同的思维方式、兴趣爱好和发展潜质。在教学中，教师应充分关注和尊重学生的个性差异，允许学生思维方式的多样化和思维水平的多层次性，鼓励学生从不同的角度认识问题，采用不同的方式表达

---

① 杜亚丽、陈旭远：《透视生态课堂的基本因素及特征》，载《教育理论与实践》，2009(7)。
② 郑金洲：《课堂教学研究 30 年的变迁进程》，载《中国教师》，2008(11)。
③ 杜亚丽、陈旭远：《透视生态课堂的基本因素及特征》，载《教育理论与实践》，2009(7)。

自己的见解，用不同的知识和方法解决问题。这是关注学生的个体差异、因材施教、促进每个学生获取个性化发展的有效途径，它能实现道德课堂的多元共存与和谐共生的统一。

在道德课堂教学中，我们可以运用多种形式的教学手段促进课堂教学的整体协调。例如，现代教学媒体常常可以发挥其他媒体无法替代的重要作用。道德课堂是一个由多种相互联系、相互作用的要素所构成的系统。我们应准确把握课堂教学系统中的各种要素及其相互关系，以促进道德课堂多元共存与和谐共生的统一。

3. 开放性与交互性的统一

开放性意味着系统内外各要素之间是彼此联系的。交互性不仅仅是指一种独立系统内各要素的相互作用，还指它们与环境之间存在的各种各样的联系。因此，开放性与交互性的统一是道德课堂系统的存在方式。道德课堂作为一个开放的生态系统，有"物质""能量""信息"的进出和交换，以达到自身的不断更新与发展。同时，道德课堂作为一个交互作用的关联系统，其内部因子之间、因子与外部环境之间也发生着多元的、互动的联系，从而发生着"物质""能量""信息"的交互作用。在道德课堂中，为促进学生的全面发展，各科教学都是多进程交替进行的。教师在课堂上教授知识的同时，要考虑学生认知上的接受能力、心理上的承受能力，保证学生能够对新知识进行同化，使学生在新旧知识之间建立起联系，实现发展。在道德课堂教学中，学生的发展不仅指知识的掌握，还指能力的提高。师生之间、师生与教学环境之间进行着一种为了求得发展而交互作用的共进活动。师生在这个过程中享受着认知、成长的快乐。因此，在道德课堂教学中，教师要重视生命价值，提高思维品质，促进整体发展，形成教师、学生各自发展与互动发展的生态链条，构建师生之间及其与教学环境之间自由对话的生态发展场，建立和形成道德课堂和谐发展的有机关联，实现道德课堂开放性与交互性的统一。[①] 这种交互性的影响促使教学生态场的能量和资源更加丰富。这种影响作用又

---

① 杜亚丽、陈旭远：《透视生态课堂的基本因素及特征》，载《教育理论与实践》，2009(7)。

会在教师、学生之间传递，产生优势互补的力量，实现道德课堂的开放性与交互性的统一。

4. 有限性与无限性的统一

人的潜力的挖掘可以是无止境的，然而这种盲目的发展观忘记了人也是自然的产物，人的发展不仅应该是全面的、个性化的，还应该是和谐的、健康的、可持续发展的。无限度地对学生进行枯竭性的智能挖掘是十分危险的。学生作为独立的自成一体的生命，有着自身的发展规律和特点。无视学生的个体需要和成长发展规律而进行过度开发，必将会付出比破坏自然生态更大的代价。人的认识过程是一个辩证否定的发展过程。伴随着学生生命的成长，学生的认知也在不断地丰富和发展。学习是终身的行为，认知的发展也是终身的追求。因此，在道德课堂教学中，教师既要关注学生的认知发展需要，又要不断促进学生新的认知的生成和发展，实现课堂教学中知识的有限性与无限性的统一。①

教师应依据学生的接受程度确定教学进度。教师在课堂教学中能够改变教学内容的多与少以及教学进度的快与慢。教师只有依据学生的接受程度去调节自己的教学进度，才不至于使大多数学生只是追赶。如果教师的教学进度过快，学生即使经过短期的挣扎，最终也会因为跟不上教学进度而不得不选择放弃课堂学习。只有当教学进度与学生的接受程度相一致的时候，才能实现课堂的有限性与无限性的统一。

5. 差异性与标准性的统一

在道德课堂教学中，教师要特别重视"人本性"问题，尊重人的差异性、多样性、独特性，重视学生的感受、体验、主体性以及潜能的开发，及时满足学生合理的需求。同时，学生的世界观、价值观正在形成之中，教师既要根据学生的个别差异尊重他们的选择，又要根据一定的理性"标准"加以引导，这样才能不断地提高学生的学习水平和生活质量，培养学生严谨的生活态度和责任意识。这种理性"标准"既体现了某种真理及人类的共识，又体现了现代教育的规范、导向作用。如果没有对真理、规

---

① 杜亚丽、陈旭远：《透视生态课堂的基本因素及特征》，载《教育理论与实践》，2009(7)。

律的探索，没有依据规律而制定的教学标准，课堂将跌入无序、混乱的深渊，任何"人文"的东西也无从谈起。道德课堂是有秩序的、可持续发展的，并且也是有"规律""共识""标准"可循的。正是凭借这样的"理性精神"，课堂教学克服了人作为动物界一员的狭隘眼界，超越了感性的局限性，使自身的科学、系统、理论思维不断进化和发展，避免了像其他动物那样完全受自然界支配的命运，这是道德课堂所要遵循的差异性与标准性相统一的重要规律。当然，强调标准，并不是要用标准的霸权去压制差异。课堂中不能只有教科书和教师的"标准"，而无学生的"多元体验""多元理解"，更不能像传统工业文明时期的"标准化"地"批量"生产科班人才的制造场那样，否则课堂将会丧失自我演进的内在机制和动力，缺乏生态发展的态势。① 道德课堂要体现差异性与标准性的统一，差异是有标准的差异，标准也是在差异基础上的标准。道德课堂教学既需要差异，又需要基于规律、真理的标准和规则。道德课堂应该是兼顾人的差异与标准，兼顾人性需求与社会需要，实现人的健康、和谐、可持续发展的课堂。教师在课堂教学中，除了为学生已有的优势、特长创造发展条件外，还要鼓励学生进行一些补偿性学习。例如，教师可以让学生运用自己不喜欢、不擅长的学习方式进行学习，从而弥补原有学习方式的劣势和不足。对于偏好独自学习、不善于交际的学生，教师可以鼓励他们投入小组合作学习中，学习与他人合作、交流。对于不喜欢动手操作的学生，教师应鼓励他们参与以掌握动作技能为目的的学习活动。这种有意识的错位失配策略在刚开始运用时，往往会在一定程度上影响知识的获得，表现为学生学习速度慢，学得少，难以理解学习内容等，但它的特殊功效是弥补学习方式或学生个性方面的欠缺和不足，使学生心理机能的各方面得到发展，达到差异性与标准性的统一。

二、 道德课堂的生态建构

　　道德课堂的生态建构立足教学引进生态学理论，以生态思想和生态

---

① 杜亚丽、陈旭远：《透视生态课堂的基本因素及特征》，载《教育理论与实践》，2009(7)。

视角来观察、思考、分析课堂教学，在课堂教学中坚持以师生的发展为主体，课堂一切因子之间相互影响与协调运动。它是实现教师、学生与课堂环境之间和谐共生与可持续发展的过程。道德课堂思想是以生态课堂系统的平衡、共生和整体利益为出发点和归宿的，而不是以其中的任何一个部分或一个方面为价值判断标准的。

课堂作为一种独特的生态，具有自然生态和文化生态的双重属性。课堂内部各要素之间相互联系，相互作用，共同构成一个有机的、共生的生态整体。课堂内容各要素通过彼此之间的物质、能量与信息的互动，产生有机联系，从而形成一定的生态结构和功能，表现为教师、学生之间及其他们与教学环境之间相互作用的良性发展的动态平衡关系。对学生而言，道德课堂强调以学生的发展为本，把学生"今天的健康成长"与"明天的幸福发展"有机地统一起来，让学生在充满尊重、关怀、民主、和谐的氛围中健康、自主地发展。对教师而言，道德课堂是教师追求卓越、完善人格、实现生命价值和人生幸福的舞台。

从生态论角度而言，道德课堂就是一个微观的生态系统，作为其因子的教师、学生和环境三者之间形成一种动态平衡关系。课堂中的人的因素、物质因素和精神因素三者之间相互依存，相互制约，呈多元互动的关系。就内涵而言，道德课堂包括课堂中的环境生态、文化生态、行为生态以及心理生态。

（一）课堂中的环境生态

课堂是通过教育情境中的人(教师、学生)与环境(教学空间及其中的物质设施)之间的互动而构成的基本系统。其中，环境是教育活动得以顺利实施的前提。课堂环境主要是指教学空间，即教室中的物理环境，包括光线、温度、噪声和座位编排等基本要素。在传统课堂中，教室中的物理环境经过精心地包装和设计，是一种精巧的"工具"，这种环境最大的特点是它的可控性，如以教师为中心的"秧田型"教学空间模式。与传统课堂中的环境不同，道德课堂中的环境强调和谐共生。所以，在对教室的布置上，道德课堂要求做到课堂内外和谐一致。例如，教室外处处

花树映目，教室内再配以适宜的光线、赏心悦目的墙壁文化、恰当的座位编排等，那么师生在这样的环境中必定都会有如沐春风的感觉。这种身心放松、精神愉悦的状态有利于课堂教学达到理想的境界。

（二）课堂中的文化生态

1955 年，美国文化人类学家斯图尔德(Julian Steward)首次提出"文化生态学"这一概念，其核心是将全球的文化圈视为一个大生态系统，鼓励文化多样性，以达成促进整个文化系统协调发展的目标。简言之，文化生态学就是研究文化的生态环境。文化生态学的理论和概念主要是用来解释文化适应环境的过程。斯图尔德认为，人与自然共同构成一个总体生命网。其中，物种的天然群聚构成一个生物层的亚社会层，称作群落(Community)，在引入文化因素后，人们又在生物层之上建立起一个文化层，它们之间相互作用，相互影响，存在着一种共生关系。这种共生关系不仅影响人类一般的生存和发展，而且影响文化的产生和形成。课堂中的文化也包括物质文化和精神文化两个方面。物质文化包括已经打上人的烙印的人工物品和符号化的物质，这是一种外显的文化，而精神文化则指的是人的情感、态度、信仰、价值观等思想世界，这是一种内隐的文化。

（三）课堂中的行为生态

"教育者的教育行为，有许多是受思想、观念、规范、目标、意志、情绪等支配和驱使的。"①课堂中不仅有语言的交流、心理的互动，还有行为的参与。没有行为参与的课堂教学是不可想象的。课堂中的各种行为构成一个多层次、多角度的行为场。其中，按与学习是否相关可以分为学习行为和非学习行为；按行为主体可以分为教师行为和学生行为；按与教育目的的相关性可以分为与教育目的相一致的行为和与教育目的不一致的行为；等等。这些行为之间相互影响，相互作用，相互转化。首

---

① 吴鼎福、诸文蔚：《教育生态学》，196 页，南京，江苏教育出版社，1990。

先，在传统课堂中，各种行为之间存在着严重的对立性，主要表现为教师行为与学生行为的对立。教师作为"社会的代表者"，其行为不是随意的、自由的，而是受到教育目的限制的。教育目的的功能在于它的控制性，它控制了教育对象的发展。它具有指导作用和支配作用，它揭示了教育与人的发展之间的因果联系的普遍性，它促进了教育过程的科学化。[①] 其次，学生与学生之间的行为冲突与矛盾，集中表现在学业竞争和人际交往方面。传统课堂中的种种行为冲突与对立导致了课堂中行为生态的不和谐，乃至严重失衡。道德课堂就是要将这种课堂生态失衡状态复归于平衡状态。

（四）课堂中的心理生态

课堂不仅是一个纯物理空间，一个由文字构成的文本世界，一个由符号生成的信息世界，还是一个由心理参与而又受到环境、文本以及权力共同影响的心理场域。所谓心理生态，是指从整体主义原则出发建立的一个人与自然之间、人与人之间的宽松、安全、和谐、自由的心理环境。按照生态心理学的观点，人与自然之间不但存在着物理化学联系，而且存在一种强烈的心理情感联结。人的心理虽然是只有个体自己才能感受到的内隐的东西，但是追根溯源却并不是主观自生的，而是有其外部原因的。这种原因大体上要归结到现实中的经济、文化等因素上。因此，人的心理问题大多是经济利益矛盾和文化冲突等造成的结果。就课堂而言，由于学生家庭的经济条件、文化背景各不相同，又由于教师文化与学生文化的不同，教师期待、家长期待以及对学生的要求不同，因此课堂中就会形成一个多元的心理场域，而这些背景和要求各不相同的心理之间难免会产生种种冲突，从而导致课堂中的心理生态失衡。因此，构建和维护一个良好的课堂心理生态是道德课堂所要解决的重要课题。

道德课堂是教师与学生在学校生活与学习的主要场所，是师生在共享、协作的学习活动中形成和发展起来的，它追求师生生命本真意义的

---

① 南京师范大学《教育学》编写组：《教育学》，155～157 页，北京，人民教育出版社，1984。

发展，兼顾学生的全面与个性的协调、群体与个体的共进、人与环境的融合、人与人的和谐、身体与心理的和谐、教与学的相长，可以有效促进教学整体水平的提高，为中小学师生的可持续发展奠基。道德课堂拥有一种多元、民主、平等、健康、开放的教学环境，不仅能促进师生认知的发展，还能促进师生技能的形成以及情感、态度、价值观的发展。师生在交流和互动中，通过共同探索活动将公共知识转化为个人知识，通过课堂教学中的人际沟通，交流和分享各种学习资源，进而相互影响，相互促进。因此，道德课堂的生态建构以生态思想为指导，坚持整体和谐的发展观，以尊重学生为基点，遵循教学规律和学生身心发展规律，以课堂为依托，促进教师、学生、环境之间的和谐建构，最终达到课堂的生态平衡，使课堂教学呈现积极健康的发展态势，实现教师、学生、课堂环境的可持续发展。

三、 道德课堂指标体系的建构

建立道德课堂指标体系(见表 2-1)旨在通过相关指标检测课堂在结果方面达到"质的规定性"的程度和在过程方面达到"质的成长与提升"的状况。科学的课堂指标体系就像一面镜子，能够让教师找准方向，从而明确下一步和未来的发展。[①]

道德课堂的基本标准可以从课堂环境、教师教学、学生学习、教学效果和师生评价五个方面及其相互联系中加以确立。在道德课堂的建设中，环境子系统、教学子系统和学习子系统是道德课堂的直接工作系统，它们是道德课堂建设的重要内容。每个子系统中又包含若干次级子系统。

课堂环境主要由物质环境和非物质环境构成。物质环境包括教室大小、桌椅摆放、教具、学具、环境布置、教学辅助用品的使用等。非物质环境包括课堂制度(课堂的有关规定等)、课堂人际关系、课堂文化、课堂心理因素等。

---

① 马云鹏等：《优质学校的理解与建设——21 世纪中小学教育改革探索》，27～28 页，北京，高等教育出版社，2006。

教师教学主要由课程资源开发、教学活动设计、教学技术手段、教学组织方式、教与学的互动、教学氛围、指导调控构成。

学生学习主要由学习策略、课堂活动、交流合作构成。

教学效果是指基础目标、发展目标的实现程度。

师生评价主要由多元主体评价、多元内容评价、多元方式评价构成。

道德课堂系统中的每一个要素都可以与系统中的任何其他要素发生相互作用,整个课堂系统是立体的、复杂的、动态的。所谓"立体",是指每一级子系统的要素分别处于不同的层级,隶属于不同的领域,具有普遍的联系;所谓"复杂",是指各要素之间的联系不是定向的、可预测的,而是不定的、突现的、错综交汇的;所谓"动态",是指随着情境和需求的变化,各要素之间的联系也在不断变化。每个次级子系统只是说明了课堂中表现的项目,而每一个项目还可以被进一步地划分为更详细的行为目标。

表 2-1　道德课堂指标体系

领域	指标内容	要点
课堂环境	物质环境	课堂自然要素要适宜课程与教学活动的可持续发展,包括教室的大小,物体的颜色,教室的采光、温度、湿度、噪声等
		教学设施的摆放与使用适合教学发展的需要,包括课堂空间的组织形式、空间密度,或者说班级规模和座位编排方式等
		教具、学具准备充分,包括教材、挂图等教具,学习用品、学习工具等学具
		辅助教学需要的满足,包括多媒体信息技术的开发与运用等
	非物质环境	制约课堂教学行为和发展趋向等的制度因素
		对所尊敬的人的赞赏、对异己意见的包容、对相同或相近意见的接纳等人际关系因素
		影响教师、学生教与学的信仰、价值、观念、道德情操、习俗等内隐和外显的文化因素
		左右课堂气氛、影响课堂教师教学和学生学习的心理因素

道德课堂的构建与区域推进

续表

领域	指标内容	要点
教师教学	课程资源开发	在知识整合的基础上向广度和深度延展，从课堂教学向社会生活延伸，为学生的进一步探究留下空间。 纵向拓深度，横向拓宽度。 一是跨学科的整合； 二是在知识深度上进行适宜的拓展，在技能上提高熟练程度； 三是向生活延伸，加强知识技能应用能力的培养； 四是向学生精神层面的深度拓展
		资源的生成。善于开发、整合来自学生的、生活的、生成的各种教学资源
	教学活动设计	重点突出：对重点、难点的把握科学、得当
		全面把握：全面把握整个中小学阶段的知识体系，明确各学段的具体要求，以及该知识点在整个知识体系中所处的位置
		目标完整：体现知识与能力，过程与方法，情感、态度与价值观三维目标
		依据学情：与学生的原有经验和认知水平相适应，把握重点、难点和新旧知识的联结点，巧妙设置问题情境
		关注差异：关注学生的差异，制定有层次性的目标，安排有弹性的个性化练习等
	教学技术手段	教师教姿、教态端庄大方。语言表达简洁清晰，生动有趣
		运用生动有效的教学方法，突出对学生认知策略和学习方法的指导
		合理运用教学工具、辅助教学设备
		具备教学机智，能够灵活处理课堂教学中出现的问题
	教学组织方式	使学生积极主动地参与课堂教学
		激活学生的思维，给学生提供充分自学、思考的时间和空间
		培养学生良好的学习习惯，教给学生正确的学习方法，激发学生的求索精神和创新思维，陶冶学生的情操，锻炼学生的意志
		在课堂互动、交流中对学生产生有益的影响

续表

领域	指标内容	要点
教师教学	教与学的互动	学生积极思考并提出问题，敢于发表见解，具有学习兴趣和质疑、探索的精神
		师生之间有愉快的情感沟通与智慧交流
		师生关系和谐、融洽，课堂教学民主、开放，教师与学生之间能够进行对话
	教学氛围	教学内容健康、积极向上，充满正能量；师生关系融洽，享有平等的话语权；学生学习兴趣深厚，在舒适的环境中获得良好的学习体验
	指导调控	多方位指导。既有面向全体又有面向小组和个体的教学活动，是多维互动的课堂
		重结果更重过程。注重培养学生的学习策略和学习方法
		适时指导。注重对学生思维方式的引导、思维品质的培养
		过程调控。根据反馈信息对教学进度、难度进行适当调整，合理处理临时出现的各种情况
		节奏把握。课堂教学安排张弛有度，既留有独立思考的空间，又提供充分交流的机会，把握学生发展的关键期
		竞争机会。创造良性的竞争氛围，调动个体、团队的学习积极性
学生学习	学习策略	学生习得一些学习方法和思维技巧
		学生的学习习惯、学习兴趣得到较好的培养
		学生的自主学习能力得以形成
		学生能够很好地掌握知识、技能，学生的求知欲和探索精神在逐步养成

续表

领域	指标内容	要点
学生学习	课堂活动	学生参与的深度：能提出有意义的问题或能发表个人独特的见解，积极动手操作、参与研讨、愿意协作、分享，有合作意识，适当练习，有效参与
		学生参与的广度：全员参与，有独立思考的时间和空间，活动的方式多样，时间充足，学生全程参与
		学生参与的态度：学习兴趣浓厚，学习态度积极，能集中注意力倾听，能和同学、教师、教材进行积极对话
		学生参与的形式：学生能够在练习和实践中动脑、动手、动口，在互动中、在活动中学习
	交流合作	信息传递交流具有多向性、互动性。既有师生交流，又有生生交流；既有个体间的交流，又有群体与群体、个体与群体的交流
		既有学习内容上、知识技能上的交流，又有过程与方法，情感、态度与价值观方面的交流
教学效果	基础目标	学生能够完成预设的学习任务，并获得各自不同的学习体验
	发展目标	学生具有良好的学习品质，能够主动学习
师生评价	多元主体评价	有自我评价，有教师对学生的评价，也有学生之间的相互评价；有个体对个体的评价，也有个体与群体之间的评价
	多元内容评价	不仅对学生的知识技能、学习结果进行评价，而且对学生的学习态度、学习过程与学习方法等进行评价
	多元方式评价	评价具有针对性，采用灵活多样的评价方式，语言富有激励性和启发性，对学生充满期待

四、 道德课堂理念下的师生关系

在 21 世纪信息化的社会里，学习方式是以自主创新为主要特征的。呆板、冷漠甚至敌对的师生关系势必会扼杀创新意识，甚至会使师生双方产生严重的心理问题，尤其是会阻碍学生的智力发展，影响学生心理的构建。因此，建立良好的师生关系是教育的重中之重，迫在眉睫。

（一）基本特征和原则

传统的师生关系是一种单通道的授受关系，在管理上则是"我讲你听"的专制型关系，这种关系的基础是等级主义，它必然会导致学生的被动性和消极态度，造成师生关系的紧张。因此，传统的师生关系往往呈现领导与被领导、管理与被管理的状况。由于"师道尊严"的传统思想依然存在，一些教师还在进行着家长式的管理，对学生进行体罚或变相体罚；一些教师片面强调学习成绩，以学习成绩的优劣衡量和判断学生；一些教师的教学方法陈旧，教学态度不端正；一些教师不能平等地对待每一个学生，这些情况都会导致师生关系的不和谐。

"何谓良好的师生关系，它是教育理论与实践中的一个关键问题，因为教育说到底是师与生的交往活动，倘若不能对师生关系有一个正确和清晰的认识，教育理论就会缺乏坚实的根基，教育实践也无法正当展开。"[①]师生关系是教师与学生在教育过程中为完成一定的教育任务，以"教"和"学"为中介而形成的一种特殊的人际交往关系，是学校中最基本的人际关系。每一次课程改革实际上就是师生关系重建的过程。构成教育的主要因素是人，不管教育方针、教育目标、课程对教育过程做出多少规定，教育功能最终得以实现的前提是师生共同参与的教育活动。由此可见，师生关系在教育教学活动中处于重要的地位，建立良好的师生关系直接关系到教育的兴衰成败。对师生关系的认识是教师世界观、教育观的重要组成部分，是教师对人与自然、人与人之间复杂关系的总体认识的核心部分。

1. **基本特征**

道德课堂理念下的师生关系是"民主、平等、人本、和谐"的师生关系，它是通过师生间的正式和非正式的人际交往形成和发展起来的，它

---

① 李长伟：《师生关系的古今之变》，载《教育研究》，2012(8)。

的核心词是"交往"。这种交往型师生关系强调通过师生间民主、平等的交往达到师生关系的人本、和谐，强调通过师生的交往活动来完成教育教学任务，促进教师和学生的共同发展。这种新型的师生关系是时代发展、教育改革的必然，它的主要特征如下：

（1）以人为本

道德课程理念下的师生关系以人为本，而不是以"分"为本。它敬畏生命，尊重人，相信人，关注和促进人的发展。它把人本身当作目的，而不是工具。它关注每个人的兴趣爱好，个性特长，使课堂适合每一个人的个性特点和成长需求，它发掘每个人的潜能，促进每个人积极向上、向善地发展。教师以促进人的发展为教学的终极目标，强调与学生进行更深层次的交往。

（2）以道为基

在中国传统文化中，"道"指实物运动的根本规律。道德课堂理念以"道"为基，即尊重教育的本质规律，尊重不同年龄段学生的身心发展规律和认知规律，遵循每个人的不同特质。因此，道德课堂理念下的师生关系的建立也要遵循师生的身心发展规律，以师生的共同发展为终极目标。

（3）以德为先

老子曾提出"尊道贵德"的思想。德，首先指人的立身根据和行为准则，即品德和品格。一切教育都是为了立德树人，都应以德为先。道德课堂致力于培养学生良好的道德素养，培养学生的学习能力、实践能力、创造能力，促进学生德、智、体、美全面发展，成为社会所需的人才。

教师在教育教学中起着决定性的作用。教师不仅应该有丰富的学识，而且首先应该是师德的楷模。"学高为师，德高为范。"教师在课堂教学中的态度，乃至他的每一句话，都体现着教师的道德和人格修养，都在潜移默化地影响着学生。

（4）教学相长，共同发展

道德课堂理念下的师生关系是"平等、民主、人本、和谐"的师生关系，这样的关系是双向的关系，不是教师对学生的恩赐，教师与学生都能从中受益。一方面，学生要尊重教师，将教师当作自己的朋友；另一方面，教师要向学生学习，从学生身上吸取道德和智慧的力量。双向关系还体现在课堂教学、实习实践、提问答疑等教育教学活动中，包括师生的对话、交流、合作和欣赏。

2. 原则

(1)平等原则

师生关系是"人—人"的关系，这是由教育对象的特殊性所决定的。教育的对象是具有独立人格的，具有自主性、能动性的活生生的人。学生虽然尚未成熟，但作为一个独立的社会个体，在人格上与教师是平等的。

道德课堂理念主张建立有利于学生发展的、民主的师生关系。师生在交互活动中是平等的，他们相处的氛围是融洽的。在道德课堂中，教师以尊重学生的人格、平等地对待学生、热爱学生为基础，同时又看到学生是处于发展中的个体，进而对他们进行正确的指导。师生交往，关键在教师，教师应该放下所谓的"师道尊严"，主动迈出第一步，与学生平等交往，走进学生的心灵，让学生真正感受到教师的可亲可敬，从而亲其师而信其道。

(2)责任原则

有些西方学者把教育活动等同于一般的经济活动，把教师职业看作一种出卖知识的职业，把师生关系看作一种推销员与顾客的关系。国内有些人也曾持有类似的观点，这就把教育活动和师生关系理解得太简单、太肤浅了。

道德课堂理念认为，师生关系是一种以完成非功利性的教育任务为中心的责任关系。一名教师对学生的影响不仅仅是知识上的、智力上的，更是思想上的、人格上的。教师对学生的发展有着特别的意义，这个意义在很大程度上就是责任。俄国教育家乌申斯基这样描述教师：教师是克服人类无知和恶习的大机构中的一个活跃而积极的成员，是过去历史上所有高尚而伟大的任务跟新一代人之间的中介人，是那些争取真理和幸福的人的神圣遗训的保存者……可见教师对成长中的儿童和青少年有

着巨大的、潜移默化的影响。教师是智慧的使者、文明的桥梁、心灵的火炬，肩负着重大的责任。

（二）基本表现形式

1. 教学关系： 合作

道德课堂中的教学关系表现为合作关系。这种良好工作关系的建立首先取决于教师的教育水平，它直接受制于教师的专业知识、教育技能、思想品德、人格力量、对师生关系的正确理解等。具有较高教育水平的教师能够有效地控制整个教育过程，协调与学生之间的关系，建立起既不专制又不放纵的教学关系，使双方能在严肃、认真、活泼、友好的气氛中合作完成教育教学任务。

2. 组织关系： 尊重

道德课堂中的组织关系是指师生间因在教育教学过程中所处的地位和履行的职责不同而从组织上和制度上确定下来的一种相互依存关系。尊重比热爱更为重要，给学生以尊重，学生才能感受到师生地位的平等，才能感受到自尊的存在。在道德课堂理念下的师生关系中，教师不仅应履行好领导和指导学生发展的职责，还应充分尊重学生的独立人格，并信任学生。学生应积极地配合教师，参与到教育教学活动中去，并发挥自己的主观能动作用。

3. 人际关系： 朋友

师生间良好人际关系的建立意味着教师的教育被赋予了一种特殊的意义，更容易被学生接受。这也意味着学生在心理上更趋向于教师，更愿意模仿教师的思想、行为和接受教师的暗示。根据师生心理距离的远近，师生交往类型主要分为以下三种：

第一，友好型。这种关系的特点是学生愿意亲近教师，能把自己的心里话告诉教师。这种关系下的学生对教师的教诲深信不疑，并能在一种愉快的心境中接受教育。教师也能在其间获得积极的、满足的情感体验。

第二，对立型。在这种关系中，师生处于戒备、紧张、对立等不良的心理状态中，彼此之间存在着较大的沟通障碍。这种对立关系常常是由教师对学生的恶劣言行导致的，如斥责、体罚等。

第三，一般型。这种关系介于前两者之间，师生之间仅保持一种最一般的工作关系。师生互不主动接近对方，这主要是因为师生间缺乏必要的情感交流，教师对学生缺乏应有的关心，学生对与教师和谐相处缺乏信心。

道德课堂理念倡导在师生间建立亲密友好的朋友式的人际交往关系。建立这种关系的基础是师生双方互相尊重，互相了解和互相信任。

4. 心理关系：信任

道德课堂理念倡导教师充分信任学生，能让学生做的事情尽量让学生做，让学生主动参与实践，学会自我教育、自我管理、自我成才，让学生做教育教学的主人。在这种状态下，师生之间容易产生情感上的共鸣，也容易实现心灵上的沟通。学生对师生关系比较敏感，如果感受到教师对自己的信任，就能产生积极向上的动力。如果教师只是口头上说要相信学生，而在行动上却表现出对学生不信任，这其实还是对学生的不信任，所以教师一定要言行一致，以热情换取信任，以坦诚换取信任，以信任换取信任。

（三）四大建构策略

师生关系是涉及教育本质的问题，需置于教育改革的中心。重振校园伦理文化，重塑师生真情世界，应是教育改革的核心理念。倘若师生关系不被重视，师生之间存在着复杂的矛盾和尖锐的冲突，那么人的发展就会受到扼制，整个社会关系也不会和谐，教育亦会丧失其本真价值。[①] 道德课堂理念下的师生关系呈现双边交往关系。对学生来说，尊敬教师，把教师当作朋友是建立良好师生关系的前提。而教师作为师生关系的主要一方，在师生关系的构建中更是起到重要的作用。从教师方面

---

① 李瑾瑜：《论良好师生关系建构的实践策略》，载《西北师大学报（社会科学版）》，2000(6)。

看，如果一个教师得到学生的尊敬，他一定会更加热爱自己的职业，以极大的热情投入教学活动中；相反，如果一个教师得不到学生的尊敬，那么他会丧失一部分自信心，甚至怀疑自己能否胜任教师这一职业，最终导致工作时没有热情，讲课时没有激情，不愿主动与学生交流，对学生比较冷淡。师生关系会因此陷入僵局，教学质量也会受到影响。从学生方面看，如果一个学生得到教师的爱护，他会感到心情舒畅，思维敏捷，这样不仅有利于他的成长，而且有利于他提高学习效率。因此，良好的师生关系有助于师生的共同发展。在道德课堂理念下构建"平等、民主、人本、和谐"的交往型师生关系，具体有以下策略。

1. 热爱和尊重学生，平等地对待学生

成功的教师，首先要热爱和尊重每一个学生。热爱学生是教师的天职，只有热爱学生，才能教育好学生。所有成功教师的共同经验就是要对学生有爱心。教师要相信每一个学生都能学好，相信每一个学生都是一块璞玉。对学生进行教育首先是建立在爱学生的基础上的，没有爱一切便无从谈起。

教师不但要尊重学生的人格，而且要尊重他们的自尊心。同时，教师应以平等的眼光与心态看待每一个学生，尊重他们的权利。例如，学生有均等回答问题的权利，有均等上台板书的权利……教师应使每一个学生都能享受到被人尊重的感觉，从而使学生建立起自信。只有热爱和尊重，才能建立起平等合作、亲密无间的师生关系。教师应既关心优等生，又关心后进生；既关心他们的学习，又关心他们的生活。教师对学生所提出的意见或建议的重视，会使学生感受到教师对他们的爱护和期望，这无疑是莫大的鼓舞和肯定。学生会因此积极进取，并愿意亲近教师。教师也能从中体会到劳动的价值和乐趣，从而更加坚定教育信念。

2. 学会沟通，走进学生的心灵世界

教师要想发现学生的"道德危境"，真正理解学生，就必须与学生经常对话、沟通、交流，因为"人类要达到'协同性'没有什么路好走，只有

诉诸对话"①。教学活动是师生共同参与的活动。学生健康的心理得益于良好的心理环境。教师是良好心理环境的缔造者和设计师。只有在和谐、友爱、宽松的学习气氛中，学生才会好学、乐学，才会对学习感兴趣。和谐愉快的环境可以唤起学生向上的动力，可以促人奋进，是培养健康心理的大前提。教师应学一点心理学，从而读懂学生，和学生交朋友，采用学生能接受的方式与学生交流，走进学生的心灵世界。教师要尊重学生，热情、真诚地对待学生。尊重意味着完整接纳，一视同仁，以礼相待，信任对方，保护隐私。尊重应以真诚为基础。热情意味着表达关切，耐心倾听，不厌其烦，使学生感到温暖。真诚意味着实事求是，表达适度。

教师只有对自己教的专业充满激情，每天精神饱满地走向讲台，才能给学生以积极向上的情绪感染。一个微笑，一个温柔的眼神，一句贴心的问候，一句幽默的话，都会使学生感受到信任和鼓励，从而营造出轻松、和谐的学习氛围。只有这种氛围，才能激发学生的参与欲、表现欲。

3. 做学生的激励大师

每个人都渴望被欣赏。在教学中，教师应不吝啬赞美之辞，善于发现学生身上的闪光点，并及时给予他们恰如其分的表扬，做学生成长的激励大师。那些经常受到表扬和鼓励的学生会更加自信、阳光，有上进心。郑渊洁说过：一天赞美孩子三次，他会很有信心。我们都渴望被赏识和被认同，但这种赏识和认同必须是真心诚意的。比如，在某一次复习中，学生甲做得比较好，或学生甲主动地做了一些练习题并取得了一点进步，教师就要对他进行夸奖，并有理有据地肯定他、赞扬他，使他产生成功感、受尊重感和荣誉感。当他受到表扬后，他的学习兴趣会更加浓厚。如果此时教师再表扬他，他的学习热情会进一步高涨，他会变得越来越优秀。

在培养学生的过程中，每一位教育者都应具有坚定的教育信念，对

① 靳玉乐、张家军：《论理解型师生关系的建构》，载《教育研究》，2004(11)。

每一个学生都充满希望，确信每一个学生都是有可塑性的。教师要抓住学生的点滴进步，及时对学生做出表扬，强化学生对自己优点的认识，使学生相信自己是聪明的。从生理学上讲，人的大脑第一差异不是太大，关键是如何开发。教师一定要善于在学生身上发现值得称赞的任何智力表现，还要善于重复，绝不能让学生觉得：我不行，我很笨。对学生来说，教师的激励无疑是最大的鼓舞和肯定。学生可以从中感受到教师对他们的爱护和期望，从而积极进取，奋发向上。

4. 激发学生的学习兴趣

兴趣是最好的老师。成功的真正秘诀是兴趣。教师要想在学科教学中培养学生良好的心理素质，必须使学生对本学科有浓厚的兴趣和强烈的求知欲。无论采取何种方法教学，主要目的都是要使学生学会。学生学会了教师所讲的内容，就会有成就感，就会心情愉悦，就会有"我会学""我能学"的信心，从而更乐意接受新的知识。因此，教师在教学过程中，要不断激发学生的学习兴趣，教给学生学习方法，让学生在"乐学"的基础上，学会并会学。

五、 道德课堂理念下的教师专业发展

（一）教师专业发展概述

按国内学术界的一般研究规范，概念的界定是研究的前提。对于教师专业发展，国内有两种理解或在两个层面上加以使用，即"教师专业"的发展与教师的"专业发展"。前者指教师职业与教师教育形态的历史演变，后者则强调教师由非专业人员转变为专业人员的过程。两种不同的理解体现了两种不同的思路和研究视角：前者侧重外在的、涉及制度和体系的、旨在推进教师成长和职业成熟的教育与培训发展的研究；后者侧重理论的、立足教师内在专业素质结构及职业专门化规范和意识的养成与完善的研究。已有的研究视角及研究成果大部分集中在后者，也就是说，我国学术界把教师专业发展这一概念更多地理解为教师专业素质及专业化程度的提高。第一种理解，主要是从教师教育制度的角度加以

研究，在此不做专门介绍。

对教师专业发展的定义有很多，下面试举几例加以说明。有的学者认为，"教师专业发展就是教师的专业成长或教师内在专业结构不断更新、演进和丰富的过程"。有的表述更为具体，如"教师个人在历经职前师资培育阶段、任教阶段和在职进修的整个过程中都必须持续地学习与研究，不断发展专业内涵，逐渐达到专业圆熟的境界"。而有的定义则更全面，如"教师专业发展是以教师专业自主意识为动力，以教师教育为主要辅助途径，教师的专业知能素质和信念系统不断完善、提升的动态发展过程"。这些界定总体上都是围绕教师专业素质与专业成长这一视角揭示教师专业发展内涵的。

国内不少学者提出了教师的专业素质结构模型，比较有代表性的有叶澜的专业理念、知识结构、能力结构，林瑞钦的所教学科的知识(能教)、教育专业知能(会教)、教育专业精神(愿教)，曾荣光的专业知识、服务理想，申继亮、辛涛的职业理想、知识水平、教育观念、自我监控能力、教学行为与策略，等等。在教师专业发展的早期研究中，研究者比较多地从知、情、意方面来分析，认为教师专业涵盖三个基本范畴：教师专业知识的发展、专业技能的娴熟、专业情意的健全。对于专业知识的掌握一般又倾向于三个方面：普通文化知识、教育学科知识、任教专业学科知识。近两年来，随着对教师专业构成研究的深入，一些学者提出了一些新的观点。比如，申继亮把教师的专业知识分为本体性知识、条件性知识、一般文化知识、实践性知识四个方面。一些学者则进一步探究专业自主、专业意识等更带有情境性、实践性的问题。由于国内学者对教师专业的性质与内涵还没有建立起一套大家认同的严密体系，因此，在论述专业标准的组成要素和特征时，学者们持有不同的看法。比如，对"专业自主"这一概念，不同的学者就有不同的界定，如马信行认为专业自主是指专业人员在执行业务时，可不受外界影响与干预，全权处理问题；郑肇桢认为专业自主是指"工作者有若干决策自由，以应付常规以外的事态"。近几年来，人们开始注重对教师专业发展自主意识方面的研究。已有的资料大多散见于报纸杂志，主要围绕教师拥有专业自主

的重要性和必要性展开研究，或者是侧重于对当前教师专业权力缺乏的现状及成因的分析。名称不一，众说纷纭，如"教师自主发展"(主体性发展)、"教师自我更新取向"(内在自我更新激励)、"教师专业发展需求"，等等，由此产生"教师专业主体意识""教师自我教育意识""教师专业发展自主意识""教师个人专业自主意识"以及"教师自我(或自主)专业发展意识"等概念。但这些概念都强调这样的意识是教师专业发展的原动力(内驱力)，它们有以下一些共性：把自身的发展当作自己认识的对象和自觉实践的对象；不断自我反省和反思，以批判的态度面对、审视自我和现实；独立于外在的压力，制订适合自己的专业发展目标和计划；有意愿和能力将所制订的目标和计划付诸实施；选择自己需要的学习内容和方式；自觉地实行自我发展管理；不断地超越自我，提升自我，完善自我(追求新的自我、新的世界)。

教师专业发展的过程是教师作为专业人员，在专业思想、专业知识、专业能力等方面不断完善的过程，是教师由一个专业新手逐步发展为一个专家型教师的过程。

(二)教师专业发展的理论依据

1. 马克思关于人的全面发展学说

马克思关于人的全面发展学说，是一个具有丰富内涵的理论体系，是研究人的培养、发展，以及对人进行管理、教育的重要理论基础。根据对马克思关于人的全面发展学说的理解，我们认为，"全面发展"应包含四个层面的内涵，即完整发展、和谐发展、多方面发展和自由发展。虽然人的全面发展在本质上是一种理想、追求和信念，但追求自身的不断完善，追求新异刺激和挑战，是人的一种本能。人在通常情况下是不喜欢单调和乏味的，因为单调和乏味会使人处于消极和抑制状态。在生活中寻求新异与挑战是人类不断追求自我完善和超越自我发展的强大动力。追求自身的发展和完善，还需要一些外在动力，这就是来自社会发展的要求。因此，促进青年教师的成长不仅是教育发展的需要，还是个体本身的需求。我们的研究目的就是要建立和完善教师评价机制，通过客观、公平、公正的评价方式，营造一个满足教师自身发展需求的环境，促使教师在这样的环境中，充分、自由、和谐地发展。

2. 多元智能理论

美国心理学家霍华德·加德纳（Howard Gardner）认为，智力不是某种简单的、可以完全用纸笔式测验来衡量的东西，它是一种每个人都不同程度地拥有的，并表现在个体的社会与文化生活各个方面的能力。每个人至少拥有八种智能：语言智能、逻辑—数学智能、音乐智能、空间智能、身体运动智能、人际交往智能、自我认识智能、自然智能。

多元智能理论对人的智能多元性的揭示，为实施素质教育提供了理论基础，而实施素质教育却是教师获得专业发展的必经途径。教师要获得真正的专业发展，首先要具有专业发展的时代感，更新教育教学观念，切实实施素质教育，因材施教，在对学生的特别才能、倾向和弱点进行评估后，向学生提供具体的、适合的学习建议，并引导学生发掘自己的潜能，充分发展自我。实施素质教育的过程也就是教师专业发展的过程。多元智能理论强调个体具有人际交往智能，教师之间的交流与合作可以以多元智能为工具，每位教师以自己的智能强项在"教师团体"中承担任务，完成教学责任，各尽其能。教师专业发展具有个别差异性。多元智能理论主张教师的教学要有自己的个性，不要人云亦云。一般来讲，教师在教学中最常用的教学方法、教学技能是他们最擅长的，这些方法、技能反映出教师自身最强的智能，也最能让教师充满自信和树立威信。假如一位教师了解自己的智能特点，并善于使用优势智能，那么他就能比较容易地塑造出自己的教学特色和教学风格，在专业发展的历程中，展现出自我的独特之处，获得更多的发展机会。英国学者的研究表明，教师只有通过对实践的反思和对理论的系统研究才可以获得专业发展。反思实际上是教师的一种自我探究活动，是教师专业发展的重要机制。同时，反思能力更是当代教师必备的一种基本专业素质。多元智能理论为教师的反思提供了一个很好的切入点。

3. 建构主义理论

建构主义者所主张的教学方法与传统的注入式教学和题海战术有着

本质的区别。建构主义者所主张的教学方法的核心是强调学习者是一个主动的、积极的知识构造者。他们认为，知识就是某种观念，学习是发展或改变观念，教学是帮助他人发展或改变观念，而行为是人类的活动，其实质是观念的操作化。建构主义者认为，教师的一项重要工作就是要从学生的实际出发，以深入了解学生真实的思维活动为基础，通过提供适当的问题情境或实例引发学生的反思，激起学生必要的认知冲突，从而让学生最终主动地建构起新的认知结构。传统的注入式教学和题海战术往往容易忽略学习主体的建构，而把教学最大限度地转移到记忆、复现、再认识上去。传统教学的一个主要弊端在于忽视学习者的主观能动性和主体性。教师成了知识的"贩卖者"，学生被看作可以任意涂上各种颜色的白纸，或可以任意装进各种东西的容器。从一定意义上讲，没有一个教师能够教学，好的教师不是去教学，而是去激发学生进行自主学习。好的教师不仅应该把教学内容解释清楚，阐述明白，还应该让学生自己研究知识。教师应鼓励学生独立思考，为学生创设问题情境，让学生通过观察、试验，做出猜想，得出结论，并证明、推广。只有当学生通过自己的思考建构起自己对知识的理解时，他们才能真正学到知识。

建构主义者认为，教师与学生在教学中的地位是平等的，两者的差距只是表现在对知识理解的多少与深浅上。这种差距不应该也不能成为教师凌驾于学生之上的理由，因为学生才是学习的主体，教师学问再高也不是学习的主体。教师与学生的关系应该是一种情感与思想的交流关系，而不仅仅是知识的传授与接受的关系。正如雅斯贝尔斯所说，真正的教育应该是"人与人的主体间的灵与肉的交流活动"，而不是"理智知识和认知的堆积"。所以，在建构主义教学中，教师要向下看，做学生的朋友，这样才能充分地了解学生，理解学生，从而对学生的学习进行有效的指导。这种师生关系可以为学生创建一个轻松愉快的学习环境，使学生的想象力和创造力免受外界因素的压制。建构主义者认为，要想实施建构性的教学，教师必须转换角色。在建构主义教学中，教师应该是指导者、创建者和帮助者，应该具备以下素质：第一，教师必须具备敏锐的观察力和周密的分析判断能力，这样才能成为一个合格的指导者，才能正确把握每个学生的个性与认知特点，从而因材施教。第二，教师必须具备很强的交流与沟通能力，因为建构主义教学法非常重视学习的互动，这种互动包括师生互动、生生互动两方面，所以教师的交流与沟通能力是非常重要的。第三，教师必须具备很强的协调组织能力。第四，教师必须具备广博的知识，这是最重要的素质要求。教师在整个建构主义教学中充当着多重角色，而教师要想成功地扮演这些角色，就必须具备广博的知识。

4. 教师专业化发展理论

早在 20 世纪二三十年代，专业化发展就已经成为新时代"充满希望的信号"。教师"专业化"不是以个人意志为转移的，也绝不是孤立的现象，它受到整个社会职业的"专业化"浪潮的推动。据说，弗莱克斯纳（A. Flexner）是最早设定衡量专业程度指标的学者之一。目前，国际教育界广泛运用的是利伯曼（M. Lieberman）定义的专业概念。他指出，专业应当满足如下基本条件：一是范围明确，垄断地从事于社会不可缺少的工作；二是运用高度的理智性技术；三是需要长期的专业教育；四是从事者无论个人、集体均具有广泛的自律性；五是在专业的自律性范围内，直接负有做出判断、采取行为的责任；六是非营利，以服务为动机；七是形成了综合性的自治组织；八是拥有应用方式具体化了的伦理纲领。这个界定明示了作为"专业"的理想模型。围绕教师的专业属性问题进行的讨论，即教师职业究竟是"专业"还是"半专业"，主要有以下几种观点：第一，构成教师专业属性核心的是教育的科学原理与技术的发展。第二，教师职业范围的明确化与合理化问题。教师的职业范围同其他专业相比并不明确，即学校的教育服务同家庭、社区的教育分工不明确。第三，教师的自律性问题。来自学校教育的公共性这一社会性质的制约和支配现实社会体制的公共政治、行政权力的压力与教师的专业能力等因素交织在一起，导致教师的"自律性"的范围是有限的。教师不能像医生、律师、工程师那样有确凿的专业领域的"知识基础"。教师职业只能被视为一种"半专业"（Semi-Profession）或"中位专业"（Middle-Status Profession）。

20 世纪 60 年代，国际劳工组织和联合国教科文组织在《关于教师地位的建议》中描述了这种专业的特点："教师工作应被视为一种专门职业。这种职业是一种要求教师具备经过严格而持续不断的研究才能获得并维持专业知识与专门技能的公共业务，它要求对所辖学生的教育与福利拥有个人的及共同的责任感。"不管怎样，教师职业同别的专门职业比较起来，成熟程度还是一个问题。学者们需要紧扣教师工作的特殊性做出对教师专业属性的论证。

20 世纪 80 年代以来，学者们对教师专业化的探索达到了空前的高度。在美国，围绕教师"专业化"的教师教育改革兴起了两大浪潮，极大地影响了世界各国的教师专业化探索。第一个浪潮以《国家处于危险之中》为起点，是自上而下推行的。其目标是追求教育的"卓越性"，实施教师"职能测验"，视学生的成绩支付教师相应的工资，由教育行政部门实施职务升迁制度。第二个浪潮是以《准备就绪的国家——21 世纪的教师》为起点，是自下而上推行的。其目标是追求教师的"专业化"，以教师的自律性为基础，从学校内部推进有创意的改革。在这两次浪潮中，越来越多的美国人意识到，教育改革成败的关键在于教师。美国卡内基财团组织的"全美教师专业标准委员会"倡导《教师专业化标准大纲》，这是一份迄今为止最明确地界定教师"专业化"标准的文件，它明示了如下制定专业化量表的基本准则：第一，教师接受社会的委托负责教育学生，照料他们的学习；第二，教师了解学科内容与学科的教学方法；第三，教师负有管理学生的学习并提出建议的责任；第四，教师系统地反思自身的实践并从自身的经验中学到知识；第五，教师是学习共同体的成员。当然，也有人批评这些准则突出了文化实践的属性，却淡化了社会实践、伦理实践、政治实践的属性，容易陷入心理学主义或是"教育中立性"。该文件尽管有这些局限，但终究以更广阔的视野界定了教师的专业属性，为形成教师"专业化"的社会共识和相应政策提供了基础。

（三）道德课堂对教师专业发展的要求

1. 道德课堂要求教师必备的八大专业素养

道德课堂，不仅研究课堂教学中的德育问题和课堂教学行为的有效性问题，还研究课堂教学的德性问题、人性问题，以及课堂教学的目的、行为和结果的一致性问题。

要推进道德课堂建设，每一位学科教师必须具备以下八项专业素养。

一是回答好三个问题。第一，你要把学生带到哪里？回答的是学生的课堂学习目标问题：学什么？学到什么程度？第二，你怎样把学生带到那里？回答的是学习策略和学习过程问题。第三，你如何确信已经把学生带到了那里？回答的是学习效果的评价问题。

二是具备三种基本能力，即设计教学的能力(编写学习指导书、编制导学案)，实施教学的能力(构建课堂生态)，评价教学的能力(达标测评、跟踪发展)。设计教学的能力是基础，实施教学的能力是关键，评价教学的能力是保障。

三是把握三个前提，即把握学科思想，掌握学科知识体系，明确学科课程目标。把握不好这三个前提，教学设计就无从谈起。

四是做到三个读懂，即读懂课程标准和教材(学材)，读懂学生，读懂课堂。不懂得"课堂究竟是谁的"，既是师道问题，又是师德问题。

五是完成六个转变，即教师变学长，讲堂变学堂，教室变学室，教材变学材，教案变学案，教学目标变学习目标。站在学生的立场上来思考教学，既是新课程的要求，又是师道的要求。

六是明确课堂方向。教师在进行课堂教学时要有效地落实三维教学目标，避免教学目标的虚化；有效地把握和利用课程资源，避免教学内容的泛化；既要充分发挥学生的主体性，又要把握教师的引导性，避免教师使命的缺失；既要追求教学方式的多样化，又要避免教学过程的形式化。要坚持以基础知识和基本技能为基础，追求三维目标的全面落实；坚持教材是基本资源，灵活运用、扩展、开发、构建多种教学资源；坚持"学生"的主体性，也就是教师主导下的主体性；坚持以启发探究式教学为主，追求教学方法的多样化。

七是解读课程标准。细化解读课程标准，整合教材(学材)，科学设置课堂学习目标，是教师专业成长的重要标志，是学科课程建设的首要内容，是推进课程改革的当务之急。从基于学生学习的认知规律出发，科学设置符合"学情"的学习目标，是教师的基本功，是教师进行教学设计的前提条件。科学设置课堂学习目标，实质上就是国家课程的校本开发(二次开发)问题，也就是国家课程的有效实施问题，更是学科教师的学科能力问题。

八是构建道德课堂生态。教育本身就是一种文化的传承，推进课程改革就是为了更好地实现文化的传承。教师在课堂上"营造"着一种课堂文化氛围，构建着一种课堂生态，学生进行着某种"文化适应"和自然成长。构建道德课堂生态，必须进行课堂教学模式的改革和创新：开展教师、学生、文本三者之间互动的教学活动，实现从"单向型教学"向"多向型教学"的转变；倡导以问题为纽带，进行启发探究式教学，实现从"记忆型教学"向"思维型教学"的转变；通过倡导合作学习，在教师之间、师生之间、生生之间形成和谐的人际关系，实现从"应试型教学"向"素养型教学"的转变。

2. 道德课堂对教师教学理念的要求

道德课堂要求教师必备的八大专业素养既为教师的专业发展指明了方向，又为教师积淀实践经验提供了依据。

道德课堂要求教师以新课程理念为依据，从道德自觉的高度来重新审视自己的课堂，审视那些不道德的教育现象，并努力加以改进和完善，使自己在道德的环境中进行有道德的教学，使教学过程成为提高学生道德水平和丰富学生人生体验的过程，使教学过程和结果都符合道德要求，使学科知识增长的过程同时成为学生人格健全和发展的过程，让课堂生活充满生命的活力。

道德课堂要求教师在教育教学过程中秉承道德的准则，使用"合道德"的方式，使学生在充满尊重、关怀、民主、和谐的环境中，在身心愉悦、人格健康、精神自由、生命自主的学习过程中，体验到愉悦感和幸福感，获得学业进步和身心全面发展。在道德课堂上，教师要让学生在获得知识、技能的过程中同时获得向上、向善的情感体验和心灵感悟，促进学生的思维发展和精神成长，这正是教师职业道德水准的具体体现。

道德课堂要求教师把课堂还给学生，还学生学习的主体地位，还学生自主学习的权利。教师通过实施"独学、对学、群学"三种学习方式，抓好"课前、课中、课后"课堂三段，构建"先学、展示、反馈"的课堂流程，从而实现课堂教学的重建，提升每一堂课的课堂质量。

道德课堂最终要实现质的飞跃：教师把教学从非理性教学变为理性教学，把教学从体力劳动变为智力劳动，把课堂从知识课堂变为情感课堂，把"教本"变为"学本"，学生把学习变被动为主动，变苦学为乐学，变单纯依赖教师为自主、合作、探究，最终形成师亦生，生亦师，师生相长，生教生，生练生，生生互动的课堂生态，实现学生学习品质和精神品质的共同提升。

3. 道德课堂理念下的教师专业发展过程

笔者在此试图通过剖析教师专业发展过程，提出顺利实现教师专业发展所必须把握的几个基本环节，即基本知识的积累、教学技能的掌握、学科教学模式的构建、教学境界的追求、教学风格的形成。教师专业发展道路在这样的循环中"螺旋式"上升，从而使得教师在专业发展道路上的追求永无止境。

(1)基本知识的积累

教师最主要的职业活动是学科教学，学科教学的目标之一是学科知识的传授。针对"知识传授"这一教学目标，人们对教师提出过以下要求：欲给学生"一碗水"，教师要有"一桶水"。如果学科教学中的"知识传授"仅仅是上述那样的要求就太简单了，因为教师的这"一桶水"一般情况下在职前接受师范教育时就已经基本上"满"了。事实上，无论是长期的教学实践，还是教育教学理论研究所得出的结论，均迫使我们把学科教学中教师与学生所拥有的"水"的上述关系修改为：欲给学生"一碗水"，教师要有"长流水"。由此看来，除在职前接受的系统的师范教育外，在职后的知识更新和知识积累也是实现教师专业发展不可或缺的环节。

(2)教学技能的掌握

学科教学的目标必须在学科教学的实施过程中达成，而学科教学的实施过程又必须得到实施学科教学的教师所掌握的学科教学技能的支撑。在新课程标准的背景下，学科教学目标的"多元化"对教师所掌握的学科

教学技能提出了"多样化"的要求。因此，在实现教师专业发展的过程中，掌握必要的、足量的学科教学技能就成为十分重要的环节。

掌握与运用学科教学技能的程度通常有三个层次：第一个层次是借助于体验式的职业经历，完成外显的学科教学技能的基本训练；第二个层次是在学科教学技能的实际运用中，努力把外显的学科教学技能内化为主体的学科教学素养；第三个层次是在实施学科教学的过程中，能够自觉地根据学科教学的需求有所侧重地表现出相应的学科教学素养。俗话说：教师吃的是"开口饭"，意思是说学科教学过程实际上是教师与学生之间以语言为主要媒介的交流过程。所以道德课堂理念下的教师特别注重"教学语言"素养的养成，他们在教学实践的基础上概括出学科教学过程中运用学科教学技能、表现学科教学素养的"三突出"原则：在教师所拥有的教学素养中，最应该被突出的是"教学语言"；在教师不同形式的"教学语言"中，最应该被突出的是师生间的"交流语言"；在师生间所有的"交流语言"中，最应该被突出的是"设问与应答式的交流语言"。

(3)学科教学模式的构建

和老教师相比，年轻教师的教学行为缺乏清晰的"套路"和规矩的"章法"，这里所说的"套路"或"章法"实际上就是所谓的表现形式与操作流程均相对稳定的学科教学模式的通俗表达。在积累起完备的知识，掌握了足量的技能后，教师就开始进入构建学科教学模式的环节。这就好像一个武术爱好者的成长经历："知识积累"相当于"强壮体魄"，它为进一步发展积攒下"本钱"；"掌握技能"则相当于"动作分解"，它可以使人们搞清楚流程中的各个操作步骤；接下来的构建"学科教学模式"显然相当于把"分解"了的"动作"组合成武术"套路"。

教师在构建学科教学模式时把各种孤立的学科教学技能组成了流畅的学科教学过程，从而服务于学科教学目标的达成。"多元化"的学科教学目标和丰富而复杂的学科教学内容要求教师在教授不同内容时，为了达成不同的目标，应该选用不同的学科教学模式。能够熟悉各种学科教学模式的操作流程，并能够自如而正确地选用合适的学科教学模式，是一个成熟教师的重要标志。

（4）教学境界的追求

即使能够熟悉各种学科教学模式的操作流程，并能够在学科教学中正确地选用，也并不能说明该教师在教师专业发展道路上已经达到了较为理想的境界，因为达到了这一层次的教师身上仍然带有较为浓郁的"匠气"。应该承认，一个教师在教师专业发展道路上走到这里已经很不容易了。若要沿着教师专业发展道路继续走下去，接下来的环节就应该是追求完美的学科教学境界。学科教学模式使得学科教学"有序"且"成型"，而学科教学达到某种完美的境界后，将会使得学科教学"貌似无序而有序"，将会使得学科教学"貌似无形而有形"。就好像一个武术爱好者修炼成武术大师后，他在不经意间的"举手投足"均能表现出武术的真谛。

人类活动所追求的最高境界是真、善、美。学科教学活动是人类活动的一种形式，所以学科教学活动所追求的最高境界也应该是真、善、美。学科教学的"科学境界"所追求的是"真"，学科教学的"人文境界"所追求的是"善"，学科教学的"艺术境界"所追求的是"美"。

（5）教学风格的形成

教师在达到了较为完美的学科教学境界后，对教师专业发展的追求就应该是把自己的性格特征和表述习惯等个性化因素合理地融入自己对学科教学过程和学科教学内容的理解之中，进而形成独特的，同时又是相对稳定的学科教学风格。

同样作为教师专业发展过程中的两个环节，众多教师一直对"教学境界的追求"和"教学风格的形成"的排列次序持犹豫态度，考虑再三，仍然觉得把"教学风格的形成"排在后面更为妥当。理由如下：在能够自主地构建起学科教学模式并能够在学科教学实践中熟练地实施操作之前，教师的学科教学行为在一定程度上是缺乏相对稳定的"套路"和"章法"的；在能够自主地构建起学科教学模式并能够在学科教学实践中熟练地实施操作之后，教师的学科教学行为具备了相对稳定的"套路"和"章法"；当教师的教学水准在此基础上更进一步而达到某种较为理想的学科教学境界时，教师的学科教学行为又将能够在更高的层次上"随心所欲而不逾矩"；当教师的学科教学行为在这样的高层次中"貌似无序""貌似无形"地

运行着，进而又形成相对稳定的学科教学风格时，教师的学科教学行为又将具备更高层次的稳定"套路"和更高层次的稳定"章法"。教师专业发展道路就是在这样的循环中"螺旋式"上升的，这使得教师在教师专业发展道路上的追求永无止境。

4. 道德课堂理念下的教师专业发展路径

(1)专业引领

专业研究人员对教师的理论指导是教师专业发展的催化剂。

校内骨干引领模式、工作室模式：校内成立优秀教师或课程改革先行者工作室，与一般教师组成一个实践共同体。教师们在面对复杂、真实的教学问题时，进行讨论，获得知识、技能与相应的体验。但他们也存在困惑，即同事互助缺少专业引领。校内教师的横向支援，明显缺少了纵向的引领，尤其是在当今课程改革的活跃时期，如若没有以课程内容为载体的先进理念的指引，没有研究者与骨干教师等高一层次人员的协助与带领，同事之间的横向互助常常会在同水平反复。

先导小组模式：校长或学校核心人物接受一个新理念后，建立一个由少数人组成的"先导小组"，先行实践，在实践过程中带动更多的人参与，从而实现共同发展。

(2)同伴互助

教师工作的专业性质本质上是实践取向，是经验的积淀，而教师的专业能力恰恰来自专业工作经验以及经历基础之上的提炼和升华，这种提炼和升华并不是轻易就可以发生的，而是需要一定的外在条件，如同行之间的专业切磋等。其主要形式有以下三种。

一是对话。对话的类型又可分为：第一，信息交换。教师通过彼此的信息交换可以最大限度地促进教育信息的流动，从而扩大教师的信息量，丰富教师的认识。第二，经验共享。教师通过经验分享，反思自己的经验，借鉴和吸收他人的经验。经验只有被激活、被分享，才会不断升值。第三，深度会谈。深度会谈是一个自由的发散过程，它会诱使教师把深藏于内心的甚至连自己都意识不到的思想、智慧展示出来，表达出来，这个过程是最具有生成性和建设性的，过程中会冒出和形成很多有价值的新见解。第四，专题讨论。在这个过程中，每个人都为自己的意见辩护，同时也不断地思考和质疑他人的意见。大家互相丰富着彼此的思想，不断地提高自己对问题的认识，知识也因此不断地得到更新和拓展。在有效的讨论中，每个教师都能获得单独学习所得不到的东西。

二是协作。协作是指每个教师都要发挥自己的特长，使大家在互补共生中成长；每个教师都要发挥自己的作用，贡献自己的力量，使彼此在互动、合作中成长。

三是互助。同伴互助能避免产生教师孤立无助的现象。校本研究是在学校层面上展开的，是学校行为。一方面，校本研究致力于解决学校层面所面临的问题，即教师所遇到的共性问题；另一方面，研究不是靠个人力量就可以完成的，它需要借助团体的力量。

(3)校际联合模式

一是中心学校辐射。中心学校辐射是指利用中心学校的人力资源、物力资源和信息资源，支持周围的一般学校，共同提高教师的教学研究水平，通过校际会课、教学互访、专题合作、伙伴结对、回乡支教等方式，解决资源不平衡的问题。这一模式对解决农村、偏远地区教育资源相对匮乏的问题具有突出作用。

二是联片教研。联片教研是指学校之间共同合作，相互开放，相互交流，在立足于自己学校开展教学研究的基础上，通过联动挖掘成员学校教师的相对优势资源，共同展开教学研究活动，从而实现优质资源共享，优势互补，谋求共同发展。

(4)教学反思

教学反思被认为是教师专业发展和自我成长的核心因素。教学反思作为提炼和升华教师教学经验的主要渠道，对于教师专业能力的形成起到主导作用。反思方式主要有教学日志、教育叙事、教育随笔、教育日记、教育案例等。教师还可以借助交流、观察、研讨、合作等方式进行合作反思。

道德课堂理念下的教师专业发展的形式多样，如系统课程、专题讲座、实践观摩、师徒辅导、同伴讨论、案例反思、行动研究。成长历程

应是从关注理论走向理论与实践的结合，从被动接受转向主动探索，从系统性、计划性转向自觉性、生成性。

六、 道德课堂实践形态、 十大行动策略、 教学评价和制度保障

（一）道德课堂实践形态

"形态"一词的基本解释是形状神态、形状姿态，指事物在一定条件下的表现形式。形是样子、外貌、特征；态，意态也，心所能必见于外也。形态，有时候被称为程式，指一种结构性要素，体现着对形态所流行的那个时代的重要观念的关注，也就是说，形态是指事物外部的形状、外观及形式，和其构成的物质、内容或材质等相对。

实践是人类改造社会和自然的有意识的活动，是相对于理念、理论而言的。

实践形态是指理念、理论在贯彻落实、实施、实现过程中表现出来的状态、面貌，以及实践路径、模式、范式等。

1. 以生为本——打造德性化、 人性化、 生命化的人文殿堂

在道德课堂的实践中，转变和更新教育教学理念是最为核心和关键的因素。依据道德课堂的核心理念和基本要求，郑州市各学校在具体实践中以理念转变为先导，探索并形成了一批具有推广意义和价值的课堂实践模式，从而催化了课堂教学改革的深入进行，形成了具有郑州市特色的课堂教学文化生态。

道德课堂的核心理念和特点是以学生为主体，打造德性化、人性化、生命化的课堂，从而使课堂成为教师和学生共同的家园。要实践这一理念，我们就需要分析原有的课堂，并有针对性地对其进行改造。

在学校的教育教学中，课堂是主阵地，承载着诸多任务和功能。具体来讲，学校教育的"学会认知""学会做事""学会共同生活"和"学会生存"等任务大多是要在课堂上完成的，也就是说，课堂教学应该能够促进学生德、智、体、美、劳全面发展。而传统的课堂更多地强调了"学会认知"，或者说过分强调了课堂的智育功能，忽略了或者说掩盖了课堂的其

他功能。比如，通过课堂促进学生学会做人、持续发展、健康成长的功能就被长期淡化了。与之相对应的是，对分数的过分追求以及对课堂的功利化目的的片面强化，导致了千人一面、千校一面、整齐划一的课堂形态。这极大地扼杀了学生的个性，限制了学生的持续发展，也桎梏了教育的发展，固化了教师的视野，禁锢了教师的专业化成长。十多年前，国家开始推行轰轰烈烈的课程改革，虽然课堂上发生了一些变化，但知识本位、应试本位和分数本位的课堂教学仍存在于我们有些教师的教学工作中，繁重的课业负担仍然充塞着教学和学习的全过程，这样的课堂很容易使教学转化为一种机械的、单调的知识传授和行为训练模式，使学生产生枯燥、疲惫、厌烦、焦虑等情绪，恶化了师生的生命状态。

道德课堂是新课程背景下的一种高品质课堂形态。在教育教学活动中，教育者秉承道德的准则，遵循学生的身心发展规律和教育教学规律，使学生在学习中体验到愉悦感和幸福感，得到学业和身心的全面发展。在道德课堂上，教师使学生在获得知识的过程中同时获得向上、向善的情感体验和心灵感悟，促进学生的思维发展和精神成长。

道德课堂的实践就是要通过理念的变革和更新，引导学校、教师在关注智育的同时，关注德育、美育、体育，关注学生作为个体的独特性，关注学生的身心健康、生存和发展需要等。也就是说，道德课堂要促使学校、教师在实现一系列观念转变的基础上实现行为转变；促使教师变学长，讲堂变学堂，教室变学室，教材变学材，教案变学案，教学目标变学习目标；促使教师站在学生的立场上来思考教学，有效地落实三维教学目标，避免教学目标的虚化，有效地把握和利用课程资源，避免教学内容的泛化。教师既要充分发挥学生的主体性，又要把握教师的引导性，避免教师使命的缺失，追求教学方式的多样化，避免教学过程的形式化。

在具体实践中，很多学校依据道德课堂的理念，分别针对自己学校的实际情况提出了相应的理念变革方向和要求，并结合这些理念，制订了实施方案，确立了相应的操作模式。这些尝试和探索，形成了一批千姿百态、卓有成效的道德课堂实践形态。下面列举几所学校的有形成果。

案例一

郑州一〇二中——网络环境下的自主课堂

一、核心理念

道德与自主，即尊重学生，相信学生，依靠学生，把学习的权利还给学生，让课堂充满鲜活的生命力；让学生自主学习，自我管理，做学习的主人。

二、价值取向

安全和合作，即心理安全、人格安全、话语安全；教师之间、师生之间、生生之间合作共赢，共同成长。

三、基本模式

网络环境下的自主课堂模式由"预习、展示、调节、达标"四个环节组成。预习是课前预习与课上预习、解疑；展示分为组内小展示与全班大展示；调节是指通过"调节教学"提高课堂教学的效率与质量；达标是对课堂学习的小结、检测和正向评价。展示是课堂教学的核心环节，是学生综合能力的培养途径。学生在课堂上的展示与在传统课堂上回答教师的提问是完全不同的，学生需要把自己通过预习掌握的学习能力通过讲解、叙述、表达、实验和表演展示给全班同学。

四、效果

"课堂"变"学堂"。教师不再是按部就班地讲题授课，而是引导学生进行自主学习成果的展示或就某一疑点进行探讨交流。教师只是在学生遇到无法解决的难点、疑点时，即时给予点拨。

"演员"变"导演"。教师由课堂上满堂灌的"演员"转变为策划、组织、引导学生自主学习的"导演"。

"一言堂"变"百家鸣"。如今在一〇二中学的课堂上，教师更加关注学生智慧火花的迸发、知识的生成和心灵的成长。学生的学习由原来的一言不发、被动接受变为情感、态度、价值观的体验和感悟。

案例二

郑州六中——绿色教育生态课堂

一、"两观三论"的绿色教育理念

（一）两个观点

"绿色成才"观。每个学生都具有成才的潜质，而教育要做的就是：师生共同发现学生的兴趣爱好，把它培养成学生的特长，进而让学生成长为某一领域的专才。

"分才育人"观。对于成绩优异的学生，教师应鼓励他们通过参加竞赛活动、研究性学习、社团活动、社会实践、课外阅读、当帮教老师等途径获得拓展提升，走向高端；对于成绩良好的学生，教师应对其进行有针对性的辅导，使其知识达标，能力提高，潜力得到激发；对于基础薄弱、知识难以达标的学生，教师应让其学有所获，日有所得，在知识及能力上有明显进步。

（二）三个论断

"德育决定"论。就整体而言，德育的状态决定学业成绩的优劣。因此，德育工作必须从"生理心理的促成""行为习惯的养成""思想品德的育成"三个切入点全方位开展。

"第一生产力"论。激发学生自主学习的热情，培养学生自主学习的能力，使学生积极主动地学习，才是真正达到教育目的的表现。因此，学生自主学习的热情和能力是教育的"第一生产力"。

"升学副产品"论。升学是教育目标的"副产品"。绿色教育并不排斥升学，但绿色教育反对仅仅盯着分数、盯着升学，那样做是不完善、不全面的，其结果也不会理想。绿色教育强调不牺牲学生的自有资源和学习环境，追求学生的自主发展、健康发展、和谐发展，这一理念符合教育规律，符合人的健康成长规律。因此，我们相信：学生在素质得以全面提升、能力得到全面提高后，可以自然而然地生成"升学"这一教育目标的"副产品"。

二、"三化四步"课堂教学模式

（一）"三化"——课堂教学的原则

"三化"是指系统知识问题化、解决问题自主化、整合知识系统化。

（二）"四步"——课堂教学的步骤

"四步"是指：导学、探究、释疑、延伸。

导学：教师把要讲的内容问题化，把基本概念、基本规律、基本方法习题化，然后通过问题、习题的解决，完成教学任务。教师要求学生提前完成导学案。学生必须独立完成导学案，不允许讨论，因为学习需要有一个独立思考的过程。学生在学习时不要养成依赖别人的习惯。

探究：教师可以让课代表提前半天分配问题，把所有问题分给各个小组，一个组可以分到一两个问题，课代表也可以把较难的问题同时分给几个组，让他们同时讲。小组长组织同学研究本组所分到的问题，大家经过讨论分析得出正确答案，并探讨可能出现的不同解法及该题的拓展延伸。对于组内不能解决的问题，小组成员可以到组外求助，也可以找老师帮忙解决。在课前五分钟，各小组根据内容的需要，把讲解中可能需要的例图、关键的文字及必要的解题步骤做好板书设计。

释疑：每个小组各派一位同学，在不同的小黑板前，同时讲着不同的问题。其余的学生都是听众，到对应的地方听自己需要听的问题。每个小组成员都要值班展示五分钟，然后变成听众。教师在课堂上巡视，解决一些学生有争议的问题，订正一些不正确或者不准确的表述，点到为止即可。教师要求学生不论问题多么简单，哪怕只有一个人来问，也要耐心解答。要求每个组自始至终都要有人值班，保证随时都可以解答问题。所有问题都解决后，学生可以订正导学案，或者做自己需要做的事情。

延伸：课代表收取订正后的导学案并统计本节课的遗留问题。教师把需要加深拓展的内容，通过遗留问题加入下一节课，并由课代表再分配到下一节课的若干小组，让他们继续研究。

案例三

郑州六十中——责任课堂

一、责任课堂的核心理念

新时期教师的课堂责任是：让学生成为学习的主人，帮助学生建立适合自己的学习方式。

二、责任课堂的基本要求

一个中心：让学生成为课堂的主人；两个指向：提高课堂教学效率，提高学生学习能力；三个落实：课前责、课中责、课后责；四项师责：引导、参与、促进、评价；四项生责：自主、互助、倾听、思考；观课标准：集中讲授时间不超过 15 分钟，先学是铁律。

三、责任课堂的师责

"让学生成为课堂的主人"是六十中教师的最大责任。教师在课堂上承担引导、参与、促进、评价的责任。

四、责任课堂的生责

"让自己具备终身学习的能力"是六十中学生的最大责任。学生责任体现在课前、课中、课后三个方面。课前责包括三备，一备文具，二备书本，三备上节知识要点；课中责包括自读之责、互助之责、倾听之责、思考之责；课后责主要包括独立作业之责，做到先复习再做题，不拖拉，不借鉴，不抄袭。

五、责任课堂的基本模式定位

定向自学、合作探究、展示交流、反馈延伸四个环节。

案例四

郑州一〇七中——生本课堂

郑州一〇七中学将"构建生本课堂教学模式，创新学校特色办学"作为课堂教学改革的中心工作，为教育教学质量的提高开辟了一条新的道路。

学校坚持"一切为了学生，高度尊重学生，全面依靠学生"的生本理

念，构建起了以"前置性作业、小组学习、课堂展示、拓展深化"四步流程为特色的生本课堂基本教学模式。学校所有课堂活动的设计都与学生的生活息息相关，这让课堂呈现出生动活泼的学习状态。学生们在轻松本色的课堂活动中获得了学习的进步和能力的提升。

生本教育理念的坚持使学校教学取得了显著成效。2010年，郑州市教育局授予郑州一〇七中学"生本教育特色学校"称号，同时，学校又荣获"河南省义务教育课程改革先进单位"称号。生本教育使学校的教学质量连年提高，学校每年有90%以上的高中毕业生被全国各级各类高等院校录取，其中不乏进入一流名牌高校深造的优秀学生。

案例五

郑州五十二中——生命课堂

郑州市第五十二中学是郑州市首批办学管理规范化学校、郑州市绿色学校、郑州市细化解读课程标准重点推进学校、全国外语特色学校、全国中小学外语教研工作示范学校、全国生命教育实验学校。

学校以"为师生的幸福而奠基"为理念，遵从"尊重生命、自强自信、以人为本、求真求实"的校风，"严谨、善导、格高、业精"的教风及"文明诚信、勤奋好学、体验自信、追求成功"的学风，形成了"温情、开放、合作、分享"的生命课堂形态特征。

学校秉承生命教育的宗旨，以期惠及每一个曾经在此驻足的人，让校园充满书声、歌声、笑声；让课堂洋溢着和谐、平等、欢乐的氛围；让孩子们在选择就近入学的同时，享受优质教育。

综上所述，我们不难看出，通过教学理念的更新和深入贯彻，打造道德课堂的路径可谓多种多样，实践模式也呈现出千姿百态的局面。在这样的变革中，不同校情的学校，可以依据自身特点，采取适合自己的方式、方法和路径，最大限度地实现变革，从而达成预期目标。例如，有些学校优质教育资源丰厚，从基础设施到师资、生源均比较优异，就可以充分发挥优质资源的优势，全面提高课堂效率和学生的各项综合素养；有些学校教育资源相对比较薄弱，则需要结合学生的特点，在提升学生的自主学习能力，培养学生学习习惯等方面多下功夫。总的来讲，这些变革都从根源上摒弃了唯分数、唯升学率的教育观和人才观，把学生的全面发展、个性成长放在核心地位，把尊重学生、尊重生命、以生为本作为教育教学的终极理想和目标，有力地推动了课堂教学改革和素质教育的落实。

总之，道德课堂并非"德育课堂"，也非"道德进课堂"，更非"道德说教式课堂"。课堂是生活，同样也离不开道德；课堂是生命，是教师、学生延续生命发展的地方。课堂应当是鲜活的，富于人性的。课堂是教师、学生、文本三者之间的对话，应该充满生命的活力。新课程的新课堂应当是有道德的课堂，它是对高碳低效的旧课堂中道德缺失、不道德甚至反道德的教育现象的批判和否定。我们在道德课堂建设中秉承的原则就是——只给理念，不给模式。各学校可以根据自己的校情、教情和学情，探索有效的道德课堂呈现形态，提出自己的目标追求，各具特色，百花齐放。正因为如此，郑州市的课堂生态之美正在逐步变为美好的现实。

2. 遵循规律——寻求"合乎道，至于德"的实践路径

道德课堂是从郑州市课堂的土壤里生长起来的、基于新课程改革背景下的一种高品质的课堂形态。道德课堂要求教育者用"合道德"的方式，在充满尊重、关怀、民主、和谐的环境中，在保证学生身心愉悦、人格健康、精神自由、生命自主的学习过程中，使学习者获得学业进步和身心的全面发展。道德课堂是教师和学生的共同家园，是学生健康成长和教师专业成长的全新舞台。构建道德课堂，就是让教育"回家"，改善教师的教学生态，改善学生的学习生态，提升师生的生命质量，让教育回归本真，回归到符合规律的路上。道德课堂要求教育者在教育教学活动中秉承道德的准则，遵循学生的身心发展规律和教育教学规律，使学生在学习中感到愉快和幸福。

课堂革命的本质就是把学习的主动权还给学生，让教学"回家"，也就是回到"先学后教"的秩序上来。长期以来，人们习惯于把教学理解为以教为基础，先教后学。教师教多少，学生就学多少；教师教什么，学生就学什么，这种错误认识造成了长久以来学生的自主性、独创性的缺失，导致学生的主体性被压抑。而"先学后教"的教学模式是教育领域的一次重大创新。"先学"就是把学习的主动权还给学生，让学习成为学生自己的事情，也就是学习方式的重建。"后教"就是以学论教，即根据学生的学而教，是对学的再创造。在这个过程中，促进学生的学是教师的准确定位，教师必须超越学生的先学而使学生的进步有质的飞跃。

如何在深入把握教育教学规律以及教育教学改革规律的基础上构建道德课堂，是一个重要课题。如果郑州市 1800 多所中小学都按一种模式做的话，那就会走向形式主义的道路。我们的尝试和探索是给一种理念，给一个启示，不给模式。也就是说，我们在道德课堂的理念框架下，要求学校、教师根据生情、学情，根据他们的实际情况，去探索、创新课堂形式，从而呈现出符合道德理念要求的课堂形态。为此我们提出了实现道德课堂路径上的一些规范。比如，教师要变体力劳动为智力劳动，变非理性教学为理性教学，学生要变被动学习为主动学习，变苦学为乐学，从而形成生生互学、师生互动、融合通达的格局；坚持教学三级目标，发挥学生的主体作用和教师的主导作用，构建课堂生态，包括教学生态和学习生态；创新课堂，使课堂从"单向型教学"向"多向型教学"转变，从"记忆型教学"向"思维型教学"转变，从"应试型教学"向"素养型教学"转变；让教学"回家"，变"先教后学"为"先学后教"，把学习的主动权还给学生，这是重建学习方式和课堂教学的"支点"，其核心是学习观和学习方法的变革，"教"的定位应该是提示学、指导学、组织学、提高学、欣赏学，"先学"是一条教学规律，"后教"是"以学论教"，是对"学"的超越和再创造，目的在于"少教多学"，让学生会学；等等。

各学校按照上述规范性要求，通过尝试，逐步确立了适合自身特色和需要的富有操作性、可检测性的道德课堂实践路径。这些实践路径进一步把道德课堂的理念具体化，带动和帮助那些理念更新不完全或改革积极性不高的学校和教师实现了转变，促进课堂改革的全面开展。道德课堂的实践虽然"只给理念，不给模式"，但这并不代表各个学校在操作和实施阶段不需要任何模式、范式或者操作流程，包括一些程序上的要求。不同的学校由于学情不同，教师队伍不同，在面对教育改革时势必会出现一些复杂情况，甚至会有一些不同的声音，或者畏难、懈怠的情绪，因而就需要一种自上而下的规范化要求，这些规范化要求的作用和意义就在于进一步更新教师的理念，促进教学改革的实现，深入、有序地落实道德课堂的理念和要求。下面列举一些学校的尝试和努力以及有形成果。

案例六

郑州三十一中——三三四教学模式

三三四教学模式的基本内容是"教学全程三强调""目标落实三要求""摸探展测四步教学法（学习法）"，其具体操作流程如下。

一、学案导学，自主摸索

第一，板书课题。课题是课的灵魂，必须用板书或多媒体展示。

第二，出示目标。学习目标要准确，在广度和深度上与教材和课程标准的要求保持一致，同时学习目标要具体，要简明扼要，不宜太多，一般不超过三个，要通俗易懂，让学生一目了然。

第三，学案导学。学生明确学习目标之后，教师要对学生的自主学习进行指导，这一步要求教师在学案上明确规定自主学习的内容、方法、时间和要求（即自主学习后要解决什么问题，展示什么成果）。

第四，自主摸索。在教师简明扼要地出示学习目标后，学生能够明确学习目标，用正确的自学方法，带着思考题在规定的时间内，自主学习相关内容，然后通过解决相关问题来检验自主学习的效果。自主学习的形式多种多样，可以是读课文，看注释，看例题，做实验，发现重点信息进行标注，发现疑难做记号，做与例题类似的习题等。

二、分组学习，合作探究

第一，梳理疑难。自主学习结束之后，学生首先要对自己没有解决的疑难问题进行梳理，而这些疑难问题正是合作学习的内容。

第二，合作学习。学生是合作学习的主体，教师则是合作学习的引导者、咨询者、合作者和分享者。教师对学生适时的帮助、调控和鼓励

有助于合作学习的顺利进行。教师在课堂合作学习中要做好调控工作，使合作学习有效并顺利进行。

三、学生展示，教师点拨

第一，学生展示。展示的目的是检验学生自主合作学习的效果。教师可以采用提问、板演、书面练习等方式对学生进行检测。在学生展示的同时，教师要巡视教室，搜集学生出现的错误，同时搞清楚哪些属于老问题，哪些属于新疑难，这实际上是二次备课的过程，教师发现的问题可能就是要进行点拨的内容。

第二，教师点拨。学生展示结束，教师要让学生之间互相释疑。对于学生解决不了的问题，教师要进行点拨甚至讲解，该讲的一定要讲。教师点拨时要注意两点：首先要知道哪些该讲哪些不该讲，学生已经掌握的，不要再重复，对于个别不会的学生可以单独进行课外辅导；其次要知道如何点拨和讲解，点拨要能够让学生有拨云见日、豁然开朗的感觉，不能仅仅是说出答案就完了，要能够引导学生找出规律，掌握方法，少走弯路，避免以后犯错。

四、检测反馈，巩固提高

检测反馈，一是要检测每一位学生是否达成了学习目标；二是帮助学生进一步巩固知识，提高能力；三是针对学生反馈的情况来确定哪些问题是共性问题，哪些学生还需要一定的单独辅导。

首先，要确保检测反馈有足够的时间；其次，选题的内容要有针对性，直接指向学习目标；再次，选题要少而精，要注意学生层次，可以标注哪些是必做题，哪些是选做题；最后，确保下课铃声响起时，绝大多数学生能够做完相应的习题。

学生要独立完成检测反馈习题。在学生做题的时候，教师不可以进行辅导，不能干扰学生，学生之间也不能讨论。教师即使发现了学生检测题中的错误也不要随意指出，而是要留到课下再进行单独辅导，否则会影响别的学生。如果有学生提前做完，教师可以提前批改，同时给该生布置新的学习任务。

案例七

新郑市教育体育局——导学法课堂教学模式

导学法，顾名思义，主要是研究课堂教学中的"导"和"学"的，其核心是道德课堂所倡导的把教学活动的重心从"教"转移到"学"上，把教师的职能重心从"授"转移到"导"上，把学生在课堂学习中的学习活动由传统的"被动接受"转变为"自主探究"，把教学目标的重心从单纯的知识技能转移到三维发展上。

教师在道德课堂教学进程中"导"的功能有领导、引导、诱导、指导、辅导五个方面。

导学法的基本教学流程是初识—认识—熟识"三段式"，或者说是预习—研讨—检测"三环扣"，整个教学过程能够很好地落实道德课堂诸行动策略。

一、初识（预习）

初识是对新知的初步学习，目标是掌握新知的基础知识，打好第二阶段认知的基础。

二、认识（研讨）

此阶段是在预习任务完成之后展开的，主要实施道德课堂"独学、对学、群学"三种基本学习策略，其目标是让学生发现并真正理解新知内涵之"理"。按照系统论及结构原理的观点所示，研讨活动要集中针对新知的形成原理、构成特点及其逻辑关系来进行。研讨活动，一般必须经历理性探究、反馈矫正、成果巩固、迁移延伸四个步骤，从而让学生"知其所以然"。

由于教师的"导"和学生的"学"主要是通过"练习题"这种媒体互动来完成的，因此教师必须在研究活动的每一步都精心设计出相应的练习题，形成通往新知核心问题的训练题系列，如铺垫性质的训练（作为研讨活动的起点）、探究性质的训练、反馈矫正性质的训练、成果巩固性质的训练、迁移延伸性质的训练。

教师通过精心设计的训练，把新知从原知识结构中提取出来，在新

的环境中加以应用，形成新的知识结构，但其原义犹在。学生对新知意义的认识提升了，并能在更广阔的范围内加以运用，这就是迁移延伸。

三、熟识（检测）

教师可以通过衡量学生对新知的运用能力和运用水平来把握学生对新知的掌握情况。衡量的手段主要是测试学生对一节课的学习目标的达成度。此环节重点落实道德课堂的"反馈"和"评课"策略。

教师一般在课前就已经拟好测试题。它应具有两个特点：一是盖全，即覆盖此课的全部知识点；二是重理，即侧重对重点知识的研讨成果及其规律的检测。

初识（预习）—认识（研讨）—熟识（检测）三段式（三环扣）的课堂教学，是导学法课堂教学的通用模式。在实践中，教师可以根据不同学科教材的特点有所变化。比如，在政、史、地、生等学科中，教师可以采取边预习、边研讨、边巩固记忆、边反馈检测的混合型教学模式，但教学基本形态仍是教师导、学生学，这是道德课堂万变不离其宗的核心理念。

案例八

郑州九中——分课型构建道德课堂

分课型构建教学模式从本质上是依据学科知识的特征及不同学科的不同教学目标要求来设计教学程序的研究，这样的课堂是符合道德课堂理念的课堂，是道德课堂的一种重要实践形式。

一、各学科课型分类举例

以教学任务为分类基准，课型可分为：新授课、练习课、复习课、讲评课、讨论课、实验课。

以学科课堂教学内容为分类基准，不同学科又可分为若干类型。例如：

语文：写作课、语言表达课、散文欣赏课、文言文阅读课等。

数学：概念课、习题课、测验讲评课、命题课、解题方法课等。

英语：听力课、口语课、泛读课、精读课、写作课等。

二、分课型构建道德课堂的典型案例

小说"激励—探究"教学模式如下图所示：

该教学模式的两个核心程序符合道德课堂的核心理念，一是创设情境，二是合作探究与成果展示。

第一，创设情境是对传统课堂的一种颠覆。它避免了生硬地引入新知，充分尊重了学生的情感特点。营造民主、宽松与充满情趣的课堂环境，避免传统的以知识灌输为主的课堂教学，为有效课堂教学的展开提供了前提与条件。

第二，合作探究与成果展示可以让学生成为学习的主人。教师根据教学任务，依据学生的兴趣，把学生分为若干学习小组，让学生在教师的指导下搜集、整理教学资料，这是自主学习的主要过程，也是培养学生合作精神与研究能力的良好途径。它避免了传统课堂教学中教师"一言堂"的局面，使学生真正成为学习的主人，是道德课堂、新课程改革理念的有效实践形式。

实践证明，小说模块教学采取的这种"激励—探究"的教学模式收到了极佳的效果，课堂成为学生展示才能的舞台，学生的学习潜能得到了充分的释放。

案例九

郑州六十一中——双主六环

"双主六环"是课堂教学中以"低起点、小步伐、多活动、快反馈"为原则，突出"以学生为主体，以教师为主导"的教学理念，运用"学、讨、探、展、练、评"六个基本环节，以实现学习目标的一种课堂教学模式。

一、"双主六环"课堂教学模式的六个环节

自主学习。学生以教材和导学案为学习对象，初步完成基本预习任务，圈定关键的问题。

讨论交流。形成整体目标，突出重点、难点，记录、提交有价值的问题。

共同探究。围绕目标和重点、难点，按小组分派具体学习任务，围绕学习任务，组内分工合作、共同探究。

展示提升。各小组展示学习结果，在借鉴、分享、质疑、对抗中提升。

练习巩固。及时对学习内容进行练习，从而巩固、掌握学习内容。

达标测评。依据学习目标，检测学习目标的达成情况。

二、课堂教学基本步骤操作规程及要求

（一）自主学习

自主学习，就是学生自己"备课"。

第一，教师须明确告知学生学习内容、要求、方法，辅以导学案，培养学生的自主学习能力。在学生预习过程中，教师注意搜集学生遇到的困难，确定展示重点。

第二，学生在教师的指导下学习，做好学习笔记；必须保证独立学习，独立思考；解决基础知识，圈定疑难问题，形成个人学习目标，并在不断预习中学会如何学习。学习笔记包括预习目标、重难点、疑难点、典型题目分析、收获点、规律总结等。

（二）讨论交流

第一，教师指导小组长组织组内成员交流学习成果，解决个人疑难问题，形成小组学习目标，小组长记录整理有价值的问题以及组内不能解决的问题。

第二，在交流过程中，学生既要学会倾听，又要学会表达，要把自己的困难、疑惑、认识、感悟大胆地说出来，与组内同学分享，实现共赢，同时，对其他小组的问题也要敢于回答和质疑。

（三）共同探究

第一，教师根据确定的目标，分小组分配任务，明确任务要求，然后巡视。任务来源于学生的困惑和疑难，来源于教师的提前预设。巡视是为了督促和发现。教师不应对学生形成无谓干扰，可以参与到学习小组中提示、激活学生的"学"，指导学生确定合适的展示方式。

第二，学生接受任务后，先独立思考，然后组内交流解决问题，并记录不能解决的问题。

第三，对于小组的共性问题，组内成员进行共同探究，设计问题探究过程和结果的展现方式，然后对本小组即将展示的内容进行预展，并确定展示方式及展示过程中的人员分工。在展示时，学生应力争做到脱稿展示，声音洪亮，富有激情。

（四）展示提升

各小组展示学习成果。

第一，教师根据分配的任务组织展示，保证展示问题的共性（学生都会的不展示，不会的、出错率高的、多解的、培养思维的、扩展联系的重点展示），最大限度地提高课堂效率；允许学生充分发言，保护学生的积极性；把握优、中、差学生的展示机会，尊重、鼓励每个发言的学生。

第二，学生展示要积极踊跃，力争简洁明了；要勇于提问、质疑、讨论，在"兵教兵""兵练兵"的合作学习中，达到对学习目标的整体把握；要学会倾听。

第三，在展示过程中，教师要通过点评激励学生；通过追问引发学生的思考，实现知识的拓展、延伸、拔高；通过点拨促进学生对问题的深入理解；通过举一反三总结规律、方法；通过评价促进学生的积极参与、大胆质疑、合作分享、借鉴提升。

（五）练习巩固

第一，教师要在小组展示后，给学生留有全面学习、训练的时间，让每个学生都能掌握本节课学习的重点内容，并对个别问题进行个别讲解。

第二，学生在全班展示后，要抓紧时间学习组外的学习内容，保证学习的全面性、整体性，避免遗漏。

（六）达标测评

第一，教师每节课都要对学生的学习效果进行检测，及时反馈矫正，尤其要关注学困生的达标情况。

第二，达标测评可以通过组内问答、对子互查、小测、板演等多种形式完成。

上述教学模式的最大特点是注重操作流程的统一性和规范性，同时又具有一定的灵活性。教师在具体操作中，可以依据学科的不同、学情的不同以及学习内容的不同，进行适时的调整。这些教学模式的价值取向和理念依据依然是道德课堂，目的依然是落实素质教育和新课程改革的各项要求，促进学生全面发展、健康成长。

3. 文化重构——建设师生生命质量共同提升的学习生态

教育是一种文化的传承，课程改革就是为了更好地实现文化的传承。任何教师在上课时都是在营造一种课堂文化氛围和课堂生态，学生在学习过程中也都是在进行着某种"文化适应"。道德课堂要求教师把教材中蕴含的固有的育人内容和因素挖掘出来，并自然而然地呈现出来，让学生体验到、感受到，从而获得价值认同，促进学生的全面发展。因此，我们在课堂中面临的问题实际上就是文化问题。可以说，课堂文化是现代学校文化的核心内容。

所以说，道德课堂的构建仅仅停留在理念变革、流程操控的层面是远远不够的。要想进一步深入践行道德课堂的理念，我们必须全方位动员，促进课堂文化的整体优化，从而积淀更加深厚的沃土，使课堂发生根本变革。这些文化的转变和形成不是一蹴而就的，也不是无迹可寻的，它需要我们利用各种资源，形成良性发展的局面，按部就班地进行。比如，在课堂教学中积极采取措施，实现从"单向型教学"向"多向型教学"的转变，开展教师、学生、文本三者之间互动的教学活动，从而构建"对话文化"；实现从"记忆型教学"向"思维型教学"的转变，倡导以问题为纽带的探究式教学，从而构建"质疑文化"；实现从"应试型教学"向"素养型教学"的转变，倡导合作学习，在教师之间、师生之间、生生之间形成和谐的人际关系，从而构建"合作文化"等。

下面列举几个以文化重构为主要途径的郑州市道德课堂实践形态案例。

案例十

郑州三十四中——文化课堂的建构与实践

文化课堂是教学中以精神价值为核心，以学习内容、学习范式、教学方式为载体的课堂。郑州市第三十四中学在文化课堂的构建中明确了"尊重、理解、容忍、乐群"的文化课堂核心价值，并以这些价值为引领，对教育教学中的学习内容、学习范式、教学方式等进行了积极、有益的探索，取得了可喜的成效。

一、文化课堂的核心价值

尊重，就是"礼"，即尊重教育规律，尊重差异，尊重人格，尊重个性。

理解，就是"知"，即理解多元，换位思考，推己及人。

容忍，就是"宽"，即心胸宽阔，为人厚道，克己复礼，包容异己。教育宽容是构建文明社会、和谐社会的基石。学校需要一种宽容精神。教育宽容有四种境界：第一种境界是"海纳百川，有容乃大"的精神；第二种境界是"宽柔以教，不报无道"的精神；第三种境界是"闻过则喜，闻善则拜"的精神；第四种境界是"以直报怨，以德报德"的精神。

乐群，就是"合"，即守望相助，集思广益，敬业乐群，荣辱与共。

终极目的：尊重学生的个性发展，提升教师的精神境界，提升学校的文化品格，建构师生的精神家园。

二、文化课堂的基本模型

文化课堂的基本模型如下图所示：

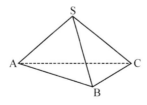

底面 ABC 是知识技能，到达顶点 S 的路线 AS、BS、CS 是过程方法，最高点 S 是价值观。联系以上点、线、面的是课堂文化的贯穿（氛围）。因此，我们可以得出以下结论：课堂的功能就是传承知识，运用知

识，解决问题，内化价值观。各个学科课堂基本可以秉承的元价值，是学校的核心价值在课堂的具体表现，即尊重、理解、容忍、乐群在课堂教学中的具体呈现。

三、各学科的文化功能

语文：培养学生热爱中国语言文字和中华优秀文化的情感，培养学生的人文精神，道德意识，人道主义、爱国主义和民族主义精神，培养学生的审美情趣和审美能力；引导学生关心当代文化生活，尊重多样文化，提高文化品位；发展学生的健康个性，培养学生的正义感，塑造学生的健全人格。

政治：树立正确的人生观和价值观，培养学生的法律精神、守法意识、爱国主义和集体主义情感，使学生养成良好的文明礼貌行为，树立良好的道德修养，做一名知法、守法的公民。

历史：培养学生尊重历史、以史为鉴的意识，使学生学会在尊重事实的基础上形成自己的独立判断，强调正义感，强调对学生的人格熏陶，使学生能用多元史观理解历史和现实。

英语：培养学生的宽容意识和国际视野，使学生尊重多元文化，加强国际理解，做一名国际公民。

数学：培养学生严谨和理性的态度，使学生形成数学建模意识，热爱科学，勇于求真。

体育与健康：培养学生的参与精神、合作精神，引导学生锻炼身体、陶冶情操。使学生养成终身锻炼的意识和良好的运动习惯，掌握锻炼身体的方法，为铸就健康的体魄奠基。

生物：使学生懂得大自然的多样性，热爱大自然，养成保护大自然的意识，能与大自然和谐相处；培养学生的感恩意识，使学生懂得感激大自然的恩赐。

综合实践活动：培养学生参与社会的意识和社会责任感，让学生了解社会的复杂性、多样性，为学生步入社会打下基础。

地理：培养学生科学地认识世界的能力和空间想象能力以及与大自然和谐相处的意识。

化学、物理：培养学生崇尚科学、尊重自然、实事求是、探索真理的意识以及求真的态度，使学生学会科学的研究方法。

信息技术：提升信息素养，培养信息时代的合格公民，营造良好的信息环境，打造终身学习的平台，使学生能够利用技术解决和发现问题，注重交流合作，共建信息文化，追求创新实践。

艺术：目前在我国基础教育国家课程中，艺术课程主要包括美术与音乐两门学科。艺术课程的开设旨在使学生获得丰富的艺术经验，获得感受美、创造美、鉴赏美的能力和健康的审美情趣；丰富学生情感，提高学生的智力和创新能力，净化学生的心灵；使学生认识和理解本民族与世界各地的艺术的历史、文化意蕴，感受其特色，形成对本民族文化的认同、热爱和对多元文化的尊重，参与文化的传承与发展。

四、构建文化课堂 14 问

1. 你微笑了吗？2. 你的语言优美吗？3. 你的教学方法灵活吗？4. 你读懂学生的眼神了吗？5. 你是课堂的导演吗？你是课堂的协调者吗？6. 学生是你课堂的主角吗？7. 你讲解的时间在 20 分钟以内吗？8. 学生主动训练、思考的时间超过 25 分钟吗？9. 课堂互动超过 15 分钟吗？10. 你运用小组合作学习的方法来教学吗？11. 你用作业（口头、书面）的形式来检测学生学习的效度吗？12. 你挖掘了知识背后蕴藏的价值观和精神吗？13. 你传递的知识是否已应用于实践？你是否实现了对知识的拓展和思想的丰富？14. 你的课堂氛围活跃、和谐或严肃吗？

五、文化课堂下的优质课解读标准

结合学科文化功能和文化课堂 14 问，为更准确地评价课堂教学，我们将 14 个问题按 4 个维度进行解读：学生学习、教师教学、课程性质、课堂文化，并由此确立了优质课的标准。下面列举一例：

理化生学科的评课标准

维度一：学生学习

学生是课堂的主角，是课堂学习的积极参与者、主动建构者。学生在课堂上要学会倾听，学会思考，主动参与训练，开展小组合作；在实验课上要学会观察、操作、记录、分析。

维度二：教师教学

教师是课堂教学的组织者、引导者、促进者。教师的教学设计要合理，教学方法要灵活，教学方式要多样，实验操作要严谨、规范，教学评价要及时合理且具有激励性。

维度三：课程性质

依据课程标准，制订合理的学习目标；整理学科资源，编写高质量的导学稿；因材施教，分层教学，以符合学生的学情；体现学科特点，关注学法指导。

维度四：课堂文化

教师教态自然大方，语言规范、精练、生动，尊重学生的个性差异。课堂氛围和谐、民主。教师挖掘知识背后蕴藏的价值观和精神，引领学生升华情感。板书设计合理，工整美观。

案例十一

郑州市二七区——构建多彩课堂文化

一、核心价值观

为每位受教育者提供适合的教育，使每位受教育者实现最大可能的发展，逐步形成尊重生命、以生为本、基于生活、生态发展的课堂文化。

（一）尊重生命

高度尊重生命是我们构建多彩课堂文化的前提，也是我们的首要任务。

（二）以生为本

"教是为了不教"，把时间和空间还给学生，让学生的说和做最大化，是构建多彩课堂文化的精髓所在。

（三）基于生活

"教育即生活"，让生活走进课堂，让课堂回归生活，是构建开放而有活力的多彩课堂文化的主要途径。

（四）生态发展

多彩课堂文化强调教学生态系统中各种因素的不断交换和互动。教师要努力营造一个无处不课堂，无物不教育的动态开放的教育环境，追求从认知领域到生命全域的整体和谐发展。教师在"学"中教，学生在"教"中学，师亦生，生亦师，师生在安全、温暖、和谐的课堂环境中，最终实现共生、共创、共成长的生态发展。

二、基本要求

（一）教师的教：以学定教，以多种教学方式，还学生成长的时间和空间

教师是学生学习和发展的促进者，教学对话的组织者、合作者。在课堂教学中，当学生不具有独立学习能力时，教师要致力于教学生学会学习，做到"先教后学"；要在学生具有一定的独立学习能力后，始于学生的先学，了解学生知道什么，能做什么，定好教与学的起点，做到"先学后教"；要依据学生学的基础，做到精讲与点拨互动相结合，教在当教之时，做到"少教多学"；要尊重差异，将教学与学生的生活经验相贴合，促进学生的个性发展，分材推进，做到"因材施教"；要以方法传递方法，以智慧启迪智慧，以人格塑造人格，以品德传授品德，以心灵陶冶心灵，以自身素质的不断提升促进学生学习习惯的养成、思维的发展、能力的提升、人格的健全，做到"以身示教"。

（二）学生的学：主动学习，以适合的学习方式获取最大可能的成长

学生是课堂学习的主人，是有独特个性和鲜活生命的个体。教师要给予学生更多的主动学习和主动发展的时间与空间，引导学生掌握以自主学习为特征的多元化的学习方式，使他们以适合的学习方式获取最大可能的成长。一是坚持"自主学习"，把边学边思边操作作为最主要的学习方式。在教师指导下，学生通过独立思考、分析、探索、实践、质疑、创造等方法来实现学习目标。二是重视"合作学习"，以分组合作和无分组合作为主要方式，以有梯度的、动态的问题为引领进行合作学习。教师鼓励学生有问题就问，有机会就讲，并在问题品质、解决问题思路、合作学习状态等方面时时进行比较、借鉴，使学生在合作完成学习任务中实现共同提高。三是提倡"探究式学习"。教师以问题为出发点，以活动为主线，以思维过程为核心，以开放性为特质，让学生学会提问，学

会探究方法，学会总结，变知识的被动接受者为知识的主动建构者，实现自我超越。

三、实现路径

（一）研究课堂教学范式

课堂文化需要以一定的教学范式为载体。自由、多元、灵动的课堂范式是构建课堂文化的最佳平台。课堂范式可以各有不同，但都要遵循生命、生本、生活、生态之"道"，以"细化解读课程标准，编写《学科课程纲要》，编制导学案、实施作业建设规划设计"为抓手，通过典型案例材料的分析等多种研究方式，积极探索不同学科、不同学段、不同课型的教学基本范式，优化教学过程，实现区域课堂教学范式的多彩多元。

（二）改善教与学的策略

学生是学习的主体。教师是学生学习和发展的促进者，要抓住转变教学方式和学习方式这一核心问题，以"以学定教"为教学原则，以"自主、合作、探究"为基本学习方式，积极开展教与学的策略研究，根据学习目标和课堂教学变化的需要制定适宜的师生活动方式，选择能够促进学生主动发展的有效策略，建立动态的、生成的、合作的、探究的、高效的学习生态环境，以获得教学效益和生命质量的整体提升。

（三）重构课堂中的师生关系

课堂是各种课堂元素有机整合与协调运动的场所，而师生关系是各要素中最重要、最灵动的一组关系，它体现在教学过程的各个环节，贯穿于教学过程的始终。我们要将师生关系作为研究的重要内容，致力于构建互相激发、共同参与、合作交流、教学相长的学习共同体，在民主和谐的氛围中，教师善教，学生乐学，彼此心理相容、情感交融，共享知识，共享智慧，共享人生价值。

（四）加快教师专业成长

教师的专业发展和有效推动是构建课堂文化的首要条件。学校要对现有教师文化进行取舍、整合与转化，促使教师对课堂进行全新的思考和定位，努力赋予课堂以生命价值。教师的职业定位必须从自我奉献走向与学生共同发展，要"学习教育理论，在理性认识中丰富自己；坚持教学相长，在师生交往中发展自己；反思教学实践，在总结经验中提升自己；尊重同行教师，在借鉴他人中完善自己"，不断提升教学专业水平，努力形成个性化的教学风格。

（五）改革教学评价方式

评价是伴随学习活动始终的，对学生的学习活动起着激励、诊断、改进、调节的作用，对课堂文化建设有巨大的促进作用。我们要通过研究不断改进、完善评价标准和办法，以多元、多向、开放的发展性评价，促使教师全面诊断教学过程，调节矫正教学行为，以保证教学活动的科学性、实效性，促进学生的全面发展、个性化发展和可持续发展。

（六）开发特色校本课程

每一个学生都是独立的人、发展中的人、有潜能的人，具有不同的个性和特质。学校要立足于本地的自然与人文资源，充分考虑学生的现实生活和未来发展需要，依据学校实际情况，选择和确定校本课程的构成要素、课程内容及其呈现方式，开发促进学生多元发展的特色校本课程，打造特色课程文化。

通过上述案例我们可以看出，道德课堂的构建过程，不仅涉及教育教学中应坚持的理念问题、应把握的教育教学规律问题，还涉及学科属性、学科思想以及教学中的各种元素等。文化重构能够从更深层次上引发学校和教师对教育教学的思考，从根源上打破原来固有的一些不符合道德课堂要求的观念，包括固化甚至僵化了的师生伦理关系、思维方式、评价方法等。这有利于教师在新理念的支配下，进行新的文化建设，营造符合新时期需要的课堂教学文化氛围，从而促进教育改革的深层次推进。

（二）道德课堂十大行动策略

郑州市在推进道德课堂建设中明确了行动方向，对教师专业发展有很强的指导意义。十大行动策略分别为：一是"让教学回家"，即变"先教后学"为"先学后教"，实现"少教多学"。二是编制导学案。编制导学案的实质就是国家课程的校本化实施(二次开发),核心是"教材"变"学材"。三是实施分组学习。四是实施"独学、对学、群学"三种基本学习方式。五是构建"大课堂"概念。六是建构具体的课堂流程。流程承载着规律,"先学、展示、反馈"是课堂教学的一般规律。七是重视"先学"。先学,是课堂教学的起点。没有充分的先学,就没有精彩的展示。先学,是一条教学规律,不是可用可不用的教学方式,与传统的"预习"有着本质的区别。八是突出"展示"。展示,是解决学生学习内驱力的金钥匙。九是强调"反馈"。十是制定评课标准。评课要三看:一看学生的学习情绪和状态,二看学习过程,三看学生的学习成果。

1. "让教学回家"

"让教学回家",即变"先教后学"为"先学后教",实现"少教多学"。"先学"就是把学习的主动权还给学生,让学习成为学生自己的事情,也就是重建学习方式。"后教"就是以学论教,即根据学生的学而教,是对学的再创造。在这个过程中,促进学生的"学"是教师的准确定位,教师必须超越学生的"先学"而使学生实现由"学会"到"会学"的"质"的飞跃。道德课堂变"先教后学"为"先学后教",其核心是学习观和学习方法的变革,实质是把学习的主动权还给学生,目的是实现"少教多学"。

(1)以学定教的方式

所谓以学定教,就是依据学生现有的情况来确定教学的起点、目标、方法和策略。学生现有的情况包括学生的知识、能力基础,学生的年段认知水准,学生课前的预习程度,学生的情绪状态等。教师确定的起点就是学生的现有水平,教师确定的目标要使学生跳一跳能够得到,教师确定的方法和策略要符合学生的认知水平和学习基础。以学定教最大的优点是目中有人,以人为本,它要求教师至少要做好以下两点:

首先要有为学生服务的观念。教师所做的一切事情都是为学生的成长、成才、发展服务的,而不是仅仅为了完成教学任务。教师只有树立了为学生服务的观念,才能发自内心地去了解学生到底需要什么,然后想尽一切办法去满足学生的需求。当教师有了为学生成长服务的观念之后,就不再只是盯着学生的成绩,而是更加关注学生的成长和进步。这就是学生第一、学习第二的观念。

其次需要了解学情，即学生目前的情况。我们的教学工作要从实际出发，这个实际就是学生现有的情况。最近发展区理论告诉我们，要根据学生的现有水平，制定学生可能达到的目标。现有水平和预期目标之间的区域，就是最近发展区。学情是教学的起点，若教师连学生的基本水平都不知道，而盲目地进行教学，很可能导致以下两种情况：一是学生学不会教师所教内容，二是学生对教师所讲早已熟知，根本不需要再学。这样的教学很可能就是无效的。这里还有一个需要注意的事情，就是要对学生进行一个评估。其实，教师的工作本应该是评估学生的行为、现状、水平，然后对症下药，制定相应的教学策略。可实际上，很多教师在这方面差得还很远。

(2)"学会"与"会学"的关系

"学会"与"会学"之间是量变与质变的关系。从小到大，我们学会了很多东西。如果有人问，你会什么，你可能会滔滔不绝地讲个不停，但是你是否曾想过，这些东西有多少是有用的，或者说，在时代发展变化之后，你已经学会的东西是否还有用武之地，是否还能站得住脚。因此，我们要学会学习。

授之以鱼，只供一饭之需，授之以渔，则终身受用无穷。如果上帝一手拿着真理，一手拿着寻找真理的能力让我选择的话，我会毫不犹豫地选择寻找真理的能力，因为学会了什么只是暂时的，会学才是永恒的。一个人只有掌握了获取知识的技能和方法，才有可能获取无限的知识和技能。

"学会"，我认为是重在掌握知识，积累知识，以提高解决当前问题的能力，是一种适应性学习，而"会学"，重在掌握方法，主动探求知识，目的在于发现新知识、新信息以及提出新问题，是一种创新性学习。很显然，在当今这个时代，个人所拥有的知识是永远跟不上社会发展的节奏的，我们必须不断丰富自己。新技术革命中知识翻新的惊人速度要求人们必须学会怎样学习。唯有如此，人们才能不断学会新知，适应社会变革的需要。教育的现状也要求人们改变以传授知识为主的教育观念，

改革一切不利于学会学习，不适应自身持续生存与发展需要的做法。但换个角度，如果没有之前积累的那些知识，在完全看不懂、弄不明、听不了的情况下，即使我们"会学"，也是枉然。所以，我们应在"学会"的基础上去处理"会学"的问题。

"学会"是一个人生存所必需的技能。农民在种地的时候，会从前人的经验中学会何时播种、何时施肥、何时除草等。技术工人、政府要员、街边小贩等，都或多或少学会了一些生存的技巧。不同的是，有些人的学是在不知不觉中进行的，而有些人的学是刻意而为的。也许有很多人没有学习书本上的知识，但是依然活得好好的，或者生活条件还比较优越，那是因为他们在其他方面学会了更多的东西。

现在让我们来总结一下，有哪几类东西难以从书本中学到。首先是操作性强的东西，如游泳、体操等，与其靠书本不如靠示范，更要靠自己摸索实践。其次是不那么高雅、不那么美妙的东西。最后是全新的东西，如中国特色社会主义制度等。

"会学"即学会学习。我们可以分三个层次对学会学习进行定义。第一个层次是狭义的学会学习，指学生运用学习策略、学习方法和学习技巧，养成良好的学习习惯，提高学习效率的过程。第二个层次是指学生在教师或他人的指导下，在开放的环境中，充分发挥主体作用，积极培养学习兴趣和学习意志力，自主、自觉地调控学习情绪、学习策略、学习方法及学习技术，促进身心发展，探索学习策略，开发创造潜能的过程。在这个过程中，学习的目的不再仅仅是储存知识和形成技能。第三个层次是广义的学会学习，是指学习主体冲破教育框架的束缚，在开放的环境中，积极主动、自由地学习。学习主体能自主选择学习内容，自主支配学习时间，自我评价学习效果，调控学习过程中的情绪、策略、方法和技能。学会学习是通向认识、生存和发展的途径，它的最高境界是学习与创造的并存与通融。

有人说，未来的文盲不再是不识字的人，而是没有学会学习的人。我国自古就有学会学习和终身学习的理念，如授人以鱼，不如授人以渔；送你金子，不如教你"点金术"；吾生也有涯，而知也无涯；活到老，学到老；等等。

未来的社会将是学习化的社会。要学会生存，就要学会学习。学会学习是从学习方法的意义上说的，即"善学"与"不善学"的问题。善学者，师逸而功倍；不善学者，虽勤而功半。善于学习与不善于学习、学习得法与学习不得法会导致两种不同的学习效果。由此可知，"会学"是至关重要的。

总的说来，"学会"是"会学"的前提和基础，是对知识掌握的量的积累，"会学"必须先经过"学会"的准备，是"学会"的发展和升华。我们学习的最终目的不仅仅是要掌握更多、更深的知识，更重要的是要促成"学会"的升华，达到"会学"这一目的。

（3）学习方式的变革

本次课程改革的重点之一是促进学生学习方式的变革。学生学习方式的转变迫在眉睫，它关系到我们的教育质量，关系到师生的校园生活质量。我们今天所倡导的新的学习方式是自主学习、合作学习、探究学习，这是实施新课程最为核心和最为关键的环节。我们之所以特别强调倡导自主学习、合作学习和探究学习，是因为教育必须着眼于学生潜能的唤醒、开发，促进学生的自主发展；必须着眼于学生的全面成长，促进学生认知、情感、态度与技能等方面的和谐发展；必须关注学生的生活世界和学生的独特需要，促进学生有特色的发展；必须关注学生终身学习的愿望和能力的形成，促进学生的可持续发展。在我的解释框架中，自主学习（意义学习）是相对于被动学习（机械学习、他主学习）而言的，是指学生的高质量的学习；合作学习是针对学习的组织形式而言的，相对的是"个体学习"与"竞争学习"；探究学习（发现学习）则是相对于接受学习而言的。

根据国内外学者的研究成果，自主学习概括地说，就是"自我导向、自我激励、自我监控"的学习。具体地说，它具有以下几个方面的特征：学习者参与确定对自己有意义的学习目标，自己制定学习进度，参与设计评价指标；学习者积极发展各种思考策略和学习策略，在解决问题中学习；学习者在学习过程中有情感的投入，有内在动力的支持，能从学

习中获得积极的情感体验；学习者在学习过程中对认知活动能够进行自我监控，并做出相应的调适。

所有的能有效促进学生发展的学习，都一定是自主学习。大量的观察和研究证明，只有在如下情况下，学生的学习才会是真正有效的学习：感觉到别人在关心他们；对自己正在学习的内容很好奇；积极地参与到学习过程中；在任务完成后得到适当的反馈；看到了成功的机会；对正在学习的东西感兴趣并觉得富有挑战性；感觉到自己正在做有意义的事情。要促进学生的自主发展，教师就必须最大限度地创设让学生参与到自主学习中来的情境与氛围。

合作学习是指学生在小组或团队中为了完成共同的任务，有明确责任分工的互助性学习。它有以下几个方面的要素：有合作动机，积极承担个人的责任；相互支持，相互配合；能进行有效的沟通，建立并维护小组成员之间的相互信任，有效地解决组内冲突；对于个人完成的任务进行小组加工；对共同活动的成效进行评估，寻求提高活动有效性的途径。

合作动机和个人责任，是合作学习产生良好效果的关键。合作学习将个人之间的竞争转化为小组之间的竞争。如果学生长期处于个体竞争的学习状态之中，久而久之，就很可能变得冷漠、自私、狭隘和孤僻，而合作学习既有助于培养学生的合作精神、团队意识和集体观念，又有助于培养学生的竞争意识与竞争能力。合作学习还有助于因材施教，可以弥补一个教师面向众多有差异的学生进行教学的不足，从而真正实现使每个学生都得到发展的目标。

在合作学习中，学习者的积极参与、高密度的交互作用和积极的自我概念，使教学过程不仅是一个认知的过程，同时还是一个交往与审美的过程。研究表明，如果学校强调的是合作而非竞争，既不按智力水平分班，又不采取体罚的措施，那么这种学校就很少会发生以大欺小、打架斗殴以及违法犯罪等事件。事实证明，要想提高一个孩子的学习成绩，更有效的办法是促进他的情感和社会意识方面的发展，而不是单纯地集中力量猛抓他的学习。合作式的小组学习活动可以培养学生的领导意识、社会技能和民主价值观。

所谓探究学习，是指教师从学科领域或现实生活中选择和确立研究主题，在教学中创设一种类似于学术(或科学)研究的情境，使学生通过独立自主地发现问题、实验、操作、调查、信息搜集与处理信息、表达与交流等探索活动，获得知识和技能，发展情感与态度，培养探索精神和创新能力的学习方式和学习过程。

与探究学习相对的是接受学习。接受学习是指教师将学习内容直接呈现给学习者，而探究学习中的学习内容是以问题的形式来呈现的。和接受学习相比，探究学习具有更强的问题性、实践性、参与性和开放性。探究学习要达到的三个目标是：经历探究过程以获得理智和情感体验，建构知识，掌握解决问题的方法。"记录在纸上的思想就如同某人留在沙滩上的脚印，我们也许能看到他走过的路径，但若想知道他在路上看见了什么东西，就必须用我们自己的眼睛。"德国哲学家叔本华的这番话很好地道出了探究学习的重要价值。探究学习有助于发展学生优秀的品质，如热爱学习，珍惜学习的机会，尊重事实，客观、审慎地对待批判性思维，敢于接受自己的不足，关注美好的事物等。

所有能有效促进学生发展的学习，都一定是自主学习，但并不是所有的学习领域和学习主题都适合用合作学习的方式，也不是所有的学习领域和学习主题都适合用探究学习的方式，其实接受学习对一些学习内容来说也是必要的。过去，由于种种原因，特别是由于教学大纲规定了过多的知识点，教师只能用简单的"授一受"的方式进行教学。今天，从教学大纲到课程标准的重要变化之一就是减少了知识点，这给教师的教和学生的学留出了更多的空间，使得合作学习与探究学习的实施成为可能。真正的合作学习和探究学习一定是自主学习。只有自主学习才能帮助学生确立自主的尊严和获得可持续发展的动力。

基于自主学习的理念，有效教学应具有如下特征：一是让学生明确通过努力而达到的目标，并且明白目标的达成对于个人成长的意义；二是设计具有挑战性的教学任务，促使学生在更复杂的水平上理解；三是通过联系学生的生活实际和经验背景，帮助学生达到更复杂水平的理解；

四是适时与挑战性的目标进行对照,对学生的学习有一个清楚的、直接的反馈;五是能够使学生对每个学习主题都有一个整体的认识,形成对于事物的概念框架;六是能够迁移并提出更为复杂的问题,使学生有进一步探究的愿望。一言以蔽之,有效教学能够唤醒沉睡的潜能,激活封存的记忆,开启幽闭的心智,放飞囚禁的情愫。有效教学离不开学生的自主学习、合作学习与探究学习。

(4)课堂文化的重建

"文化"就是"人化",有了人就有了"文化"。课堂文化是指师生在长期的课堂教学活动中形成的并为师生所自觉遵循和实践的价值观念、教学理念、教学规范、教学行为以及教和学的整合体。课堂文化以价值和假设为核心,包含于课堂诸要素中,是师生秉承的价值取向和行为动机的统一体。课堂文化作为课堂教学的基本背景,强烈地影响着教师和学生的课堂生活和行为。课堂文化是课堂教学的"土壤",是课堂教学的活力之根和动力之源。我们要实施素质教育,全面提高教学质量,必须进行课程改革,必须进行课堂教学改革,必须进行新课堂文化重建。

新课程改革最终发生在课堂。课堂一般被认为是教学活动的场所。课堂指的不仅是教育情境和氛围,还是师生交往互动的心理空间,而且是以教师为代表的成人文化和以学生为代表的未成年人文化进行交融的场所。叶澜教授主张"从更高的层次——生命的层次,用动态生成的观念,重新全面地认识课堂教学,构建新的课堂教学观",并发出"让课堂焕发出生命的活力"的号召。新课堂是一种新时空、新行为、新状态。新课堂是学生自学成果的展台,是心灵对话、情感交流的舞台,是学生合作学习、创造奇迹、唤醒各种沉睡的潜能的窗口,是向未知方向挺进的旅程,是一次发现问题、探究问题、解决问题、体验生命的经历。新课堂是学生愉悦生长的地方,是充满阳光的地方,是点燃学生智慧的火把,是向每一颗心灵敞开温情双手的怀抱,是师生舒展灵性的空间。

新课堂的变化是一系列的,除教室变为学室外,空间、时间、中心、情境、角色、教师教学行为、学生学习行为、信息材料、课堂制度、课堂秩序、人和人的关系、组织单元等都发生了变化。

很显然，道德课堂就是一种课堂文化的重建，它要求我们更新教学理念，改进教学评价制度，转变学习方式，优化师生关系，让教学"回家"，倡导先学、合作、展示，注重学生的学习过程、状态、结果，这些都是课堂文化重建的实践路径。新的课堂形态、新的教学模式、新的教学方法、新的教学手段，让课堂教学成为师生的一段具有生命意义的、焕发生命活力的人生体验。

2. 编制导学案

导学案是高效课堂的抓手。导学案一开始是学生学习的"学步车"，然后慢慢地成为学生学习的路线图和导航仪。导学案也可以称作教学指导书、学案、调节教学案、学习卷。

（1）导学案的含义及基本元素

导学案是指教师编写的用来引导学生学习的方案，也叫学案。它是经教师集体研究、个人备课、再集体研讨制定的，以新课程标准为指导、以素质教育要求为目标编写的，用于引导学生自主学习、主动参与、合作探究、优化发展的学习方案。它以学生为本，以"三维目标"的达成为出发点和落脚点，配合教师科学的评价，是学生学会学习、学会创新、学会合作、自主发展的路线图。它包括学习目标、学习流程、学习活动、学后检测等基本要素，每一个要素都要有相对具体明确的指导语。

有人把导学案称为学生学习的风向标、导航仪等，这说的都是导学案的引导作用。其实，笔者个人更主张将导学案称为"学案"或"学习方案"，即学生自主学习的方案。之所以这样认为，是因为在任课教师编制导学案的同时，笔者也倡导提高学生在编制导学案过程中的参与度。当学生接受了一段时间的学案教学之后，在拿到一课时的内容时，自己已经明白了应该学什么、怎样学、学到什么程度。当然，这是学案教学发展到一定程度之后才能实现的。

（2）导学案的编制原则及使用

导学案是教师精心指导学生进行自主学习、自主探究、自主创新的材料依据。从教师备课的角度来看，编写导学案是一种创造性劳动。笔者在查阅了相关资料后发现，导学案编写应遵循以下原则。

一是课时性原则。教师应尽可能地将一课时的内容写成一个学案，也就是我们常说的一课一案。按课时内容编写导学案，有利于调控课时学习的知识量，加强授课的计划性、针对性、时效性，构建高效课堂。

二是问题性原则。教师要将教材中的知识点隐入创设的一个个具体的情境(生活场景)或课堂活动中，通过一个个具有探索性的问题，引导学生进入自主学习状态。问题的设置，应当由浅入深，由易到难，充分考虑学生的特点和认知规律，学科信息要准确，问题的针对性要强。设置的问题既要有利于学生打好基础，又要有利于加强知识的拓展，强化与生活的联系，还要具有较强的思考性，从而有效地把学生引入课本，把生活纳入课堂。

三是方法性原则。在学生读书、思考、解答问题等环节的学习中，教师都要站到学生的角度去考虑问题，以便适时地对学生进行点拨。学案中的学习目标设计，疑难问题提示，解题思路、方法、技巧等指导性内容和要素，构成了一条明晰的学法线，它就是我们反复强调的学法指导，即"授人以渔"。

四是层次性和递进性原则。导学案的设计，要体现教师对学生的因材施教，要让优等生看到挑战，中等生看到激励，学困生看到鼓励，使不同层次的学生都能得到发展。教师要鼓励不同层次的学生在属于自己的"最近发展区"内去自主探究，获取知识。教师在设疑时应考虑知识的层次性和学生个性的差异性，在设计导学导练时要有适当的梯度。要做到这一点，教师必须对自己学生的学习水平和知识状况有一个清楚的了解。

导学案的实施可以分为四个环节：课前预习、课堂探究、成果展示、课后拓展。

课前预习是培养学生自学能力的重要手段。学生可以通过课前预习发现问题，思考，生疑，再思考，获得新知。课堂探究与成果展示是培养学生合作能力的重要方式，也是达成学习目标的关键过程。学生在合作探究的过程中，体验合作的乐趣，体验获得知识的快感，体验方法和技能的重要性。同时，他们在展示和互相质疑的过程中不断获得新的提高，再加上教师适时的点拨，最终达成教师"导学"功能的落实。课后拓展是落实基础目标（文化知识掌握）的重要保障，这一点在郑州市第三十一中学"摸探展测四步教学法"中被称为"检测反馈、巩固提高"，这是检验不同层次的学生是否都有提高的一个重要环节。

（3）学案教学中的备课方式

我们经常喊"向四十五分钟要质量"的口号，却往往忽视了"台上一分钟，台下十年功"的教训。要优化教学过程，减少无效或低效的教学活动，实行精细化教学，我们就要在上课之前对上课流程和所讲内容成竹在胸，这就是备课的功夫。学案的备课方式主要有以下几个方面。

一是集体备课。这是目前各学校喊得比较多的一个词，喊是喊了，但做的到底怎么样，实际情况可能让人不敢过于恭维。集体备课要解决的问题主要是学科知识体系、学科课程标准、学科教材以及学生的学情。如果备课组甚至教研组不能很好地组织集体备课和集体教研，那就意味着备课组甚至教研组名存实亡，备课效果也就可想而知。备课组长要提前两周召集全体组员就一周内所要讲的内容进行说课，着重围绕如何确定教学目标，选择教学方法，设计教学流程，分析学生情况等方面的内容展开。

二是轮流主备。集体备课的事情做好了，接下来的任务就是轮流主备。在集体研讨的基础上，备课组长将内容进行分工，主备教师提前一周拿出导学案初稿，并交给备课组长审查修改；备课组长将一周的导学案草稿交分管领导审定，制成正式文本。轮流主备，不是一人一单元，一人一章，大家分头去备课就完事了，而是轮流分节、分课时主备，这样才能做到真合作。

三是课前备课。教师在上课前一天将导学案发给学生，并在正式上课前收齐，进行适度批阅，任课教师对导学案再次进行阅读理解和补充完善。一般来讲，这叫作二次备课。当然，如果教师对学情了解得非常透彻，这一环节可以省去，当堂发放，当堂使用也未尝不可。但一般来讲，我们还是提倡提前发放，让学生课前先自主学习。

四是课后备课。要了解导学案的课堂教学使用效果到底怎么样，教

师需要课后对导学案再进行一次备课，以做检验。简单一些处理，那就是课后教师在导学案的有关栏目或空白处填写"课后记"。

(4)学案教学的意义与使命

学案教学是以学习方案为载体，学生依据学习方案在教师指导下进行自主探究的教学活动。它的功能是通过引导学生自主学习、自主探究，确保学生学习中主体地位的落实，实现学生学习的最大效益。学案教学作为一种教学形式，是课程改革发展到一定阶段的产物，但作为课程改革发展历程中的一个组成部分，有产生自然也就有消亡，这是一个过程。

可以说直到目前为止，学案教学依然是最为科学的教学方式之一。它帮助学生系统全面地把握知识内容，克服盲目和片面，减少教材阅读和作业中的困难，有利于学生准确理解教材内容，提高学习效率，对学习新课作用尤其明显。学案好比半个家庭教师，能提供及时、关键的指导和人性化的服务。教师通过对学案的验收检查(二次备课)可以方便、清楚地知道学生理解了什么，解决了哪些问题，不理解什么，存在什么问题和困难，从而使教学更具有针对性，效率更高。学案为课堂教学提供丰富、具体的内容材料，增强了课堂教学的可操作性，使师生互动的基础得以夯实。来自学生的原汁原味的思想、观点、解释、解答、设计、作品、表现方式等，对提升教学生动性会产生预期的作用。同时学案教学也为评价学生学业成就和评价教学状况提供了方便、有效的手段和方法。

学案教学最大功能的有效发挥，必须要以学案教学的科学实施为基础。然而，现实与理想之间往往存在较大的差距，很多学校的学案教学还远不能科学实施。有的学校把学案当成了练习题，有的学校把学案处理成了教案，更有甚者，根本不用学案，这都是学案与教学两张皮的表现。当然，我们在推行学案教学的过程中也收获了很多成果，比如，郑州市许多学校已着手将优秀学案汇编成册，并在校际范围内推广，这是值得庆贺的。改革虽然艰难，但我们总算在一步一步向前进，这是令人鼓舞的。为了更好地落实学案教学这一理念，使之发挥应有的功效，我们十分有必要对学案教学这一教学方式的发展过程以及未来的趋势做一个梳理和展望，以期拨开迷雾，让参加课程改革的教师们更加清楚地看到前进的方向。

为顺应课程改革的潮流，适应学生主体性的发挥，学案教学应运而生。它直接表现为教与学关系的根本转变，这一转变让教师们措手不及，难以适应。但经过一段时间的努力、推广、实践、尝试，教师们还是慢慢接受了这个看似不够友好的家伙。他们接受了学案教学，并尝试编写学案，从而迈开了课程改革学案教学进程中革命性的一步。

接下来就是在教学中的使用问题。教师们很快发现，实践中的学案教学和理想设计中的学案教学有着遥远的距离，它具体表现为：一是不习惯，教惯了，讲惯了，一下子放手给学生，真有点不适应；二是不会用，最直观的现象就是拿着学案当教案，继续大讲特讲，似乎课堂无关乎学案；三是被动接受和抵制，毫无疑问，在最初的阶段有很大一部分教师是不愿意使用学案来组织教学的；四是担忧，这个担忧与成绩直接关联。当然，面对种种问题，我们需要继续努力。终于，学案作为一种教学载体出现在所有的班级中、所有的学科中、所有的课堂上，这是一个可喜的成果。它标志着绝大多数教师已经主动地接受了学案教学这一教学方式，并开始尝试探索正确、科学的使用方法。

在改革的进程中，问题总是要伴随出现的。在课程改革的初期，问题的丛生也应该是自然现象。这时教师们又发现，学案中的很多地方设计得都不科学，或者说不合理、难以操作、无法实施，这就促使教师们自发或者自觉地去慢慢提升学案编写的质量。此时，学校的意志也由促使教师接受学案教学，推广学案教学转变为提升学案质量。这个时候，可以说，学校的意志和教师们的共同理想合二为一了。这是学案教学实践的关键时期，是成果出现的最佳时期，也是进展速度提升的时期。事实证明，当学校的理念、精神转化为全体教师的共同理想的时候，课程改革便不再是神话。

接下来我们围绕目标设计、程序设计、检测设计等内容开展了一系列的或试点或全面发动的工作，这一切都是促进学案质量提升的必要举措。学案成册是学案质量大幅度提升的一个重要标志。学案成册与其说

是人为推动的结果，倒不如说是学案教学实践进程中的一个必然。当然，成册的学案并非完美的教学载体，我们还需要继续完善它。

再往后，有些教师有意或者无意地将国家必修教材内容与学案相结合，把学习的内容设计到学案之中去，让学习内容(学材、教材)和学习指导(学案导学)通过共同的形式来体现，这就是新的学案。新的学案上不仅有学生学习活动的具体指导和要求，还有教师们经过精挑细选并加以提炼得出的最适合学生的学习内容(学材、教材)。教师在选择学习内容时可以参照不同版本的教材(如人教版、苏教版)，这个过程将教材和学案合二为一。合二为一的新学案就是国家课程校本化的雏形，我们可以把它叫作校本必修教材。这个时候，学案教学作为一个专有名词，在发挥完自身应有的功能之后，就可以退出课程改革的历史舞台了。它带着痛苦来到这个世上，走的时候却很安然，甚至是悄无声息的、不知不觉的。

为了提升校本必修教材的质量，在实践的过程中，我们对其进行反复的修订、反复的验证。这个教材要既能直观地体现国家课程标准，又能适合我们自己的学生。它要在实践中不断完善，直到形成学校特色的课程体系。我想这应该是学案教学发展到最高阶段的必然结果吧。

3. 实施分组学习

分组学习其实就是小组合作学习，即围绕学习小组构建"动车组"系统，同质异组，异质同组，组内结对，实现"兵教兵、兵练兵"。

(1)小组合作学习的基本概念和作用

我们要想搞明白什么是小组合作学习，首先要弄清楚什么是合作。合作是指两个或两个以上的学生或群体，为了达到共同的目的而在行动上相互配合的过程。它是在一个人自主解决问题，遇到困难，需要他人帮助的时候发生的。

小组合作学习是在班级授课制背景下的一种教学方式，即在承认课堂教学为基本教学组织形式的前提下，教师通过构建合作学习小组并指导小组成员展开合作，发挥群体的积极功能，提高个体的学习动力和能力，达到完成特定教学任务的目的。小组合作学习改变了教师垄断整体课堂的信息源而学生处于被动地位的局面，从而激发了学生的主动性、创造性。

小组合作学习有利于培养学生的社会适应性。学生是未来的社会成员，必须具备社会人的主体性，而主体性并非是游离于社会的，它必须将个体融入群体之中，并要求个体自觉地为这个社会贡献自己的力量。当学生进入班集体时，就已经进入了一个特有的小社会。他们必须在集体中发挥个人的能动性，在获得集体的教益和服务集体的同时，使自身得到发展与提高，从而适应这个小集体。小组合作学习，可以培养学生的社会适应性，使学生通过适应这个小集体，逐步过渡到适应大集体，从而培养学生的社会适应性。

之所以说小组合作学习有利于培养学生的社会适应性是因为：第一，它可以为学生创造相互认识、相互交流、相互了解的机会。在合作学习中，学生可以把自我融入群体之中，使小组成员成为自己的好朋友，并与他们一起学习，一起活动，从而培养了合群性。这也是一个人适应社会所应具备的基本素质。第二，它可以培养学生善于听取别人意见的好品质。要想适应社会，能与别人密切交往，其中重要的一点就是对他人能热心帮助，真诚相待。通过小组合作学习，学生感到要想使自己在学习上有所收获，必须与小组成员相互帮助，相互取长补短，必须虚心听取别人的意见，从而培养善于倾听别人意见，帮助本组成员共同提高的好品质，具备在适应社会中所必备的条件。

小组合作学习有利于促进学生的社会性发展和健康个性的养成。社会心理学认为，人的心理是在人的活动中，尤其是在人和人之间相互交往的过程中发展起来的。小组合作学习为成员之间合作提供了机会，增加了课堂上学生之间合作、互助的频率，从而有力地促进了学生社会化程度的提高。

小组合作学习有利于培养学生的自主性和独立性。一个具有自觉能动性、自主性和独立性的人，是对事物有自己独到的见解，敢于发表自己的意见且具有社会交往能力的开放型人才。小组合作学习是培养这类人才的有效途径。小组成员能够在小组内进行充分的语言、思维及胆量的训练。

通过小组成员之间的交流，学生能够大胆地将自己的见解表达出来，从而培养与别人交往的能力。

小组合作学习为学生提供了更多的锻炼机会，促进了学生的全面发展。"需要满足论"认为，学校是满足学生自尊和归属需要的最主要的场所。小组合作学习在课堂教学中为学生创设了能够充分表现自我的氛围，为学生提供了更多表现的机会。小组合作学习使学生在小组中相互交流，彼此尊重，共同分享成功的快乐，使学生进一步发现自我，认识自我，大大提高了学生的主体地位，促进了学生的全面发展。

小组合作学习有利于提高学生学习的正确率。在问答式的课堂教学中，教师提出问题时，学生经常会出现以下几种情况：一是不思考；二是思考结果完全错误；三是思考结果正确，但方法单一。小组合作学习，可使不愿思考的学生在小组学习的氛围中不得不去思考、讨论并找到问题的答案，可使思考结果不正确的学生及时得到纠正，可使思考结果正确但方法单一的学生找到多种方法，激发了学生的学习兴趣，使组内的每一个学生都树立起集体中心意识，增强学生为捍卫集体荣誉而学习的强烈动机。这种学习积极性的提高，正是发挥个体主观能动性的具体体现。

（2）小组建设与合作学习的价值取向

在班级管理和建设中，小组历来是基本单位之一，但小组建设的合理性及其功效却历来为教育者所忽视。例如，小组构建主要依据学生的身高、视力等生理因素而导致的不合理问题，以及小组成员角色设置简单（只设组长一个角色）所导致的学生的小组认同感、归属感、责任感差和参与积极性低的问题等，都限制了小组建设对班级管理和班级学习方面功效的发挥，也不利于学生素质的提高。

《中共中央国务院关于深化教育改革，全面推进素质教育的决定》明确指出要"以培养学生的创新精神和实践能力为重点"。为使素质教育落到实处并力争取得突破性进展，2001年6月，教育部又颁布了《基础教育课程改革纲要(试行)》，指出要调整和改革基础教育课程体系、结构和内容。在素质教育的不断深化和新课程改革的推动下，基于建构主义理论的合作探究学习模式和发展性学生评价体系的构建已经在研究和实践方面取得了一定成果。

其中，合作探究学习模式的基本特征之一，是强调自主探究和合作学习，要求以学生个别化自主学习为主导，以小组合作式学习为补充，以教师导学为辅助。而根据基础教育课程改革"面向全体学生，为学生全面发展和终身发展奠定基础"的基本精神构建的发展性学生评价体系在评价内容方面不仅要求重视学生的学科学习目标，而且要求重视学生的一般发展，如学生的道德品质、学习愿望和能力、个性与情感。不难理解，无论是学习模式的创新还是评价体系的构建，都对小组建设提出了新的要求。在新课程理念下，围绕"为了每位学生的发展"这一基本精神，如何推动和改进小组建设，使其更多更好地为教学模式的创新和评价体系的构建提供支持和服务，促进学生全面发展，是深化素质教育的重要命题。

第一，合作学习能体现学生学习的主体地位，调动学生的学习积极性，增强学生学习的自信心。转变学习方式，就是促进学生由被动听讲向主动自主学习转变。小组合作学习为学生提供了参与学习的机会。每个学生都能在小组中承担一部分任务。随着参与程度的提高，学生自身的潜能就能得到发挥。小组合作学习调动了不同层次学生学习的积极性和主动性，把学生切实地推向学习的主体地位。学生在小组合作的具体实践活动中，用心去体验合作的无穷魅力，用心去感悟集体的伟大力量。小组合作学习唤醒了学生的主体意识，使学生体验到合作成功的快乐，体验到实现自我价值的自信，使学生认识到："我真行！""我并不比别人差！"

第二，合作学习能提高语言表达能力，提高学习效率。现在，很多学生在课堂上的积极性不高，甚至有些学生的表达能力也有问题。在小组合作学习中，学习任务由大家共同分担。小组中的每个成员都积极参与到学习活动中，人人都各尽所能，各抒己见，通过互相解释来学习。当学生在给其他组员做解释的时候，就必须想办法厘清自己的思路，还必须详尽地阐述一些认知细节。这样一来，学生得以从更深、更广的层

面挖掘知识，更加深刻地理解教材，从而提高学习效率。

第三，合作学习能显著改善学生的学习自控力，使学生逐步养成良好的学习习惯。有些中学生有自己的思想，但自控力差，不能约束自己，经常"开小差"。在传统教学中，这些学生经常需要在教师及家长的督促和帮助下才能勉强完成学习任务，时间长了有变成学困生的危险。而在合作学习氛围中，小组成员组成一个团结的集体，齐心协力完成小组的学习任务，如果有一个成员心思没在课堂，其他成员就会提醒他，他的自控力就会在集体的影响下得到提高。在良好的互助学习氛围中，每个学生都可以尽情地表达自己的想法或者向别人寻求帮助，这有助于学生自我教育与自行调节，从而养成良好的学习习惯。

第四，合作学习能增进同学间的感情交流，改善学生间的人际关系，培养学生健全的人格。学生之间，大多能够做到互相帮助，但是还不能上升到共患难的程度。很多学生之间的交往也具有明显的功利性特点，他们喜欢和志同道合的同学交往。合理的分组能够把不同性格、不同水平的学生分到一组。组内成员虽然有分歧，但都会为了维护集体的荣誉，相互鼓励，相互学习，相互帮助，共同进步。同时，小组合作学习有助于学生提高自我认识和塑造乐观向上的精神。

第五，合作学习有助于学生学会解决问题的方法，培养合作意识。在合作学习过程中，学生遇到难以解决的问题时，可以与同伴共同思考，寻找方法，得到答案。在讨论不同方法优缺点的过程中，在知识的相互碰撞中，学生的思路会越发清晰，从而能从多角度寻求解决问题的方法。虽然学生在观点及观点的检验方面可能会产生分歧，但解决分歧的过程也就是建构知识体系，提高推理能力和问题解决能力的过程。通过合作学习，学生可以认识到集体的力量与智慧，提高合作意识，为获得终身学习能力奠定基础。

合作学习不仅可以提高学生的学习效率，而且能够有效地提高学生的综合素质，发展学生的组织能力、沟通能力、语言表达能力，同时有助于培养学生的团队协作意识和竞争意识，从而增强了集体的凝聚力。

（3）如何建设合作学习小组

小组合作学习是课堂教学中充分发挥学生主体作用的一种有效方法，也是引导学生主动学习的重要途径。小组合作学习可以提高学生学习、交往、表达的能力，有利于培养学生的探究意识和合作精神，但是目前的小组合作学习仍存在一定的问题，难免影响整体学习的有效性。目前有两种现象值得注意：一是只把小组合作作为一种学习方式，而未作为学习过程的组成部分；二是想起来就用，想不起来就放一边了，没有把小组合作变成常规教学方式。原因在于认识不到位，或者方法不正确。

那么该如何建设合作学习小组呢？笔者认为需要从恰当的合作学习时机、合理的合作学习小组结构、有序的课堂合作常规、宽松的学习环境、多样化的评价和奖励机制几个方面着手。

第一，选择恰当的合作学习时机。合作学习是课堂教学的一种重要方式，但不是唯一方式。教师根据教学内容、学习环境等合理安排合作学习的时机。在教学中教师应做到两个切忌：一是切忌为了合作学习而合作学习；二是切忌处处小组合作，什么问题都由小组讨论来解决。教师应根据教学内容和学生的实际情况选择恰当的时机，创设合适的合作情境，进而组织合作学习。只有这样，才能充分发挥合作学习的最大作用。那么，什么时候需要进行小组合作学习呢？一是在进行类比学习时，教师可引导学生进行小组合作学习，对相关知识进行比较。二是在学习重点、难点时，教师应当充分发挥学生的主体作用，调动学生的积极性，通过小组合作，全员参与，共同探究，共同攻克学习的重点、难点。三是对知识进行整理复习、构建知识体系时，教师可以组织学生分小组自主整理。小组成员通过互检、互评、互测，进行互教、互学、互助，从而达到查漏补缺的目的。

第二，构建合理的合作学习小组结构。教师应合理划分小组，使学生充分地参与到合作中来。教师可以根据学生的基础、爱好、特长、性格特点、性别等因素，本着"组内异质，组间同质"的原则，把学生分成若干个学习小组。一般4～6人为一组，每个小组都要有学习能力、实践能力相对较强的学生，以确保组内互相学习的效率和参与实践活动的可

行性，同时有利于组内成员取长补短，共同提高。例如，我们班的小组按优、中、差把学生分成 10 个组，在分组的同时充分尊重学生的选择权，小组内分 1、2、3、4、5、6 号，分别承担不同的责任，这样有利于优势互补，互相促进。从笔者的实践来看，四人小组似乎是最有效的。

第三，构建一套有序的课堂合作常规。有序的课堂合作常规包含两个方面的内容：一方面要合理分工，明确职责。我们所分的组是六人一组，从六人中选出一位能力强的学生作为组长，每次由他安排其他几位成员的任务，并及时进行反馈。为了使小组的每位成员都能得到真正的锻炼与提高，小组成员的分工是相对固定的。1 号为组长，承担小组内的监督、组织和助弱的责任。1 号不一定是学习最好的学生，但一定是责任心最强并且有管理才能的学生。2 号学生是学习最好的，且有一定的表达能力，承担问题汇总与发言的责任。3 号、4 号学生学习中等，承担分工讨论、记录、搜集资料等学习任务。5 号、6 号是学习相对较差的学生。在合作学习时，小组成员的分工并不是一成不变的，过一定时间会进行微调，从而使小组成员在各方面都得到锻炼。各小组在学期初建立学习小组责任制，明确各自职责，完成小组任务和班内分给的任务。小组成员互相监督，互相补充，真正解决个别同学在小组交流中被动参与和在全班交流中无所收获的问题。另一方面要培养学生良好的学习习惯：一是独立思考的习惯，避免"人云亦云"、盲目跟从的现象；二是踊跃发言的习惯；三是认真倾听的习惯。当然，习惯的养成需要我们实施一些有效的策略，尤其是评价策略。用评价来引导学生习惯的养成，是一种很有效的方式。笔者使用的是三维立体评价机制，后文将对此详细论述。

第四，营造宽松的学习环境。合作学习也是自主学习的一种表现。培养学生自主学习能力的前提就是培养学生的自主意识，因此，教师要为小组合作学习创设一个民主、和谐、宽松、自由的学习氛围，激发学生的学习热情，采用多种形式鼓励学生尤其是学习后进生积极参与活动。同时，教师也应平等地参与到交流中去，并对各小组的学习情况进行鼓励、引导和帮助，让学生充分体会合作学习的快乐。

思想是行为的先导。在小组合作学习中，我们必须使学生充分认识到：合作精神、合作能力是现代人必须具备的基本素质，而小组合作学习是培养这一素质的重要途径。因此，我们应该在教学中让每个学生充分认识到小组合作学习的重要性，并培养和发展学生的团结合作意识，进而使之内化成学生稳定的道德品质。我们要培养学生学会倾听、学会表达、学会欣赏、学会合作、学会反思的优秀品质。

第五，采用多样化的评价和奖励机制。评价和奖励机制要让学生感兴趣，能够激发他们的积极性、主动性和创造性，能够激起他们的竞争意识和合作意识。笔者一直在摸索一个比较有效的评价方式。例如，教师在上课的过程中可以根据小组成员的表现进行打分，并填写评价表格。教师每节课必须评选出本节课的优秀学习小组和本节课的学习之星。每天下午第四节课后，班主任根据学生当天的学习情况，评选出当日全班优秀学习小组和学习之星，在"班级之星"展示栏中公布。每周集中时间，评选出本周优秀学习小组和学习之星，并报年级管理小组。学校每学期对优秀学习小组和学习之星进行表彰鼓励。但随着时间的推移，这些评价的效果逐渐减弱。笔者的基本理解是，人是不想被量化的。于是，我们干脆取消了一切打分的方式，转向逐步培养学生的习惯，发现效果越来越好。

小组合作学习的有效实施不是一朝一夕能够达到的，要通过一点一滴的积累和不断的训练才能逐步走向成熟。通过一段时间的教学实践，学生的合作意识和学习方法都有了不同程度的提高和改善。笔者将继续关注如何提高小组合作学习的有效性，以期让课堂真正成为全体学生的课堂，让每个学生都成为课堂的主人。

（4）开展合作学习需要解决的问题

鉴于小组合作学习的诸多好处，越来越多的教师在教学中自觉采用，甚至把它当成上公开课的点缀。但由于缺乏正确的引导，笔者经常会发现学生未能如开始所设想的那样开展合作学习，经常是组内较优秀的学生包揽了所有的学习任务，将原来由教师所主导的"满堂灌"变成由优秀学生所主持的"一言堂"。有的小组因教师要上公开课而临时凑合，在合作学习时，小组成员间不具备合作的心理倾向，无法进行有效的互动交流；有的小组则成了优等生发挥自己潜能、表现自己才能的舞台；有的小组在合作之前缺乏必要的准备，导致小组合作次序混乱，学生发言没有中心；有的小组在合作学习时提出的问题过于简单，缺乏讨论、研究、交流的价值，导致学生在合作时无所事事，浪费课堂时间；等等。导致这一切的原因是学生不知道该怎样合作，教师没有真正地教给学生合作的办法。解决这些问题的关键在于小组合作学习的组织者——教师。教师是课堂教学的组织者、引导者和合作者。组织学生开展丰富多彩的学习活动，引导学生进行自主、合作、探究，与学生合作共同解决学习中碰到的困难，是教师义不容辞的责任。因此，要想切实有效地开展小组合作学习，有几个问题是无法回避的。

一是学生合作学习的意识问题。新课程刚刚开始实施，学生刚刚从传统的教学模式中走出来，他们习惯了独立思考、一问一答的学习方式，突然间要以小组合作的形式去解决某些问题，学生会不知所措。目前，学生合作学习大多是在教师的要求下进行的。事实上，小组合作学习应该是学生的自发性行为，而不应该是教师的要求性反应。因此，要想有效地开展小组合作学习，我们应首先培养学生的合作意识。要培养学生的合作意识，我们可以采用以下三种方法：第一，建立"四人转向"合作小组，即前后桌 4 个人为一个小组。学生转过来就可以开展合作学习。长期的合作学习可以使学生感到他们是一个学习小集体，自己是这个集体中的一员，从而潜移默化地培养学生的合作意识。第二，进行学习方式培训，向学生介绍各种先进的学习方式。例如，教师介绍小组合作学习方式的优点、一般的操作方法，使学生产生自主、合作、探究的欲望。第三，举行小组合作学习竞赛活动，定期与不定期地进行评优，激发学生合作的积极性，使学生养成合作学习的习惯。

二是学生自主学习能力的问题。自主、合作、探究是新课程提倡的有效学习方式，自主学习应该是基础。学生的合作学习也是如此，如果小组成员没有一定的自主学习能力，那么他们的合作也是虚无实效的。因此，要想有效地开展小组合作学习，我们还应加强发展学生的自主能力。第一，激发情感，提高自主学习兴趣。在学习中，学生的认知、情感、技能、态度等诸方面应获得和谐发展。心理学研究表明，学生真正积极参与的关键是教学方法情感化，因此，教师应千方百计地去激发学生的学习情感，使学生的学习过程有内在动力的支持，提高学生自主学习的兴趣。第二，自学思考，激励自主尝试。读书离不开思考，自学更是如此。要使书本上的知识成为自己的知识，思考就是两者的桥梁，这是自主学习的前提。因此，教师要创设思考的氛围和空间，尽量找到新知识的生成点，直接或间接提供与新知识有关的旧知停靠点，让学生带着问题有目的地自学，为学生自主尝试创造条件。第三，质疑问难，培养自主学习能力。学贵有疑，"疑"是学习的需要，是思维的开端，是创造的基础。质疑问难是学生自主学习知识的重要环节。教师要鼓励学生质疑问难，让学生敢问、会问、善问，培养学生敢于质疑问难的勇气和精神。因此，首先，教师要从思想上更新观念，把"你今天学到了什么知识"转变为"你今天向教师提出了几个问题"，明确提问不仅是教师的权利，更应该是学生的权利。其次，教师要把课堂变成学生交流、提问的地方，让学生在学习过程中随时提出问题。下课前，教师根据学生的表现，评选出"最佳提问人"和"最佳问题"，以调动学生参与获取知识的积极性，从而培养学生多思多问的问题意识。

三是合作学习时机的问题。为了使学生尽快适应小组合作学习，在平常的教学中，我们经常开展小组合作学习，然而学生的合作热情似乎并不高。原本笔者以为是方法上出了问题，后来有一个学生道破了天机：老师，这些问题我们不用讨论也都知道嘛！为什么还要讨论？原来如此，学生在学习时，不是任何内容都需要进行小组合作学习的，只有当内容是学生个人确实无法解决的问题时才有必要进行小组合作学习，那时候学生才会有合作的热情。因此，我们在进行课堂教学时，要善于洞察学生的合作需要，抓住时机，恰如其分地让学生进行小组合作学习。那些学生力所能及的问题，要由学生独立解决，那些力所难及的问题，要由学生合作解决，而那些力所不及的问题，则需要教师引导解决。

总之，小组合作学习是一种行之有效的学习方式，是培养学生良好学习品质的学习方法。教师在教学中要把合作学习和其他学习方式尤其

是独立学习有机地结合起来，在培养学生合作精神的基础上让学生有自己的独立见解，使学生真正地做到各抒己见，取长补短，集思广益。这样，才能使小组合作学习真正地落到实处，真正地为学生的发展服务。

(5)合作学习中教师作用的发挥

组织学生进行有效的合作学习，要求施教者有较强的管理能力和调控能力，这主要体现在科学分组、学生合作意识的培养、合作过程中教师的主导作用与参与、组织小组竞赛、学习效果评价等方面。

第一，科学分组。科学合理地分组，可以使小组成员之间产生积极的促进作用。在组建合作小组时，我们应注意两点，一是注意组内学生的个性、气质、兴趣、爱好、习惯、意志品质等各方面的合理安排，二是在分组时注意考虑学生的学习能力和调节人际关系的能力。在分组时，教师既要依据学生的共同兴趣、特长等个性倾向，也要考虑学生的个性差异，让每个学生在小组中都能发挥独特的作用。只有当每个学生都觉得"我是小组的成员，我也很重要""我也能为小组出力""小组的伙伴需要我"时，学习的自动性、自发性、责任感才能自然而然地焕发出来，从而凝成一股百折不挠的合力，促进更有效的合作，提高学习效果。

第二，学生合作意识的培养。合作意识的培养是一个过程。学生不会分工，教师就要教给他们怎样分工；学生不会交流记录，教师就要教给他们怎样交流记录；学生不善于控制，教师就要提醒他们学会控制。当学生有了这样的经验，也就逐渐形成了习惯和能力。学习过程是一个由"会学"到"学会"再到"创造"的过程。

第三，合作过程中教师的主导作用。教师在合作过程中的主导作用具体表现在教师的疏导和点拨上。教师要实时监控小组学习的状况，及时介入和解决冲突和矛盾。学生在小组学习过程中，不可避免地会与学习伙伴发生意见上的分歧，如果没有正确的引导，小组成员间往往会争得"你死我活"，从而造成了学习的偏离，这时就需要教师及时进行疏导。学生在小组合作学习中遇到学习障碍时，教师要适当点拨，从而使学生的学习能进一步深入，使学生在充分发表自己意见的基础上学会分析、学会判断、学会归纳整理。在合作学习时，教师需引导学生听其他学生的发言，并从中鉴别哪些看法与自己的相同，哪些与自己的不同，避免在交流时出现过多雷同的内容，从而提高学习效率。

第四，合作过程中教师的参与。教师要参与到学生的合作之中，及时发现问题，促进合作的实效性。教师站在讲台上，让学生一组组开展学习与讨论，在看似热闹的场景中，学生是否真正开展了有效的学习活动，讲台上的教师是不知道的。从这个意义上说，全员参与，也包括教师参与。教师不应只是讨论的组织者，而应能经常性地参与到学生的探讨之中，和他们一起学习，并指导他们如何发表自己的见解，或者以教师自己的发言暗示诱导学生如何发言，并和学生一起讨论，从而逐渐培养学生发言的兴趣和习惯。

第五，组织小组竞赛。以小组竞赛的形式展开教学活动，有利于提高小组合作的效率。合作和竞争是一种客观存在的社会现象。合作学习主张"组内合作，组间竞争"。合作是以优良人品为前提的，相互信任、相互尊重、相互谦让、相互欣赏是其主要精神品质。合作学习中的竞争是外向的，一般有两种情况：一是学生个体之间的学习竞争，这种竞争大多是分层次进行的；二是组与组之间的学习竞争。合作学习中的竞争能强化小组结构，促进小组成员之间的合作，促进学生之间的互动，使学生更认真、更投入地参与到学习活动中。在合作中竞争，在竞争中合作，这是教学组织的有效方式。教师正是抓住了学生的这种需要，在"自读课文片段"中以评选小组播主的形式，展开朗读比赛，同时激励学生大胆参与，调动每一组成员学习的积极性。这个活动既面向了全体，又照顾了个体差异，满足了不同层次学生的需要。在朗读比赛中，教师还要注意读中指导，让学生在体验中读，在感悟中读，读出自己的感受，读出自己的个性。

第六，学习效果评价。学习效果评价是对合作学习动机进行强化从而提升反射水平的必要环节。我们主张从合作技巧、合作效果、合作是否愉快、进步程度四个方面对合作小组和个人进行评价，并做好记录，同时不定时地进行表扬性的强化，以激励学生再接再厉，更上一层楼。评价可分层次进行，主要包括学生的自我评价、小组成员相互评价、小

组与小组之间相互评价、教师对小组或个人的评价，一般以小组之间评价为主，个体评价为辅，强调发展性评价，鼓励人人取得进步。

(6)关于合作学习的一些问题

小组合作学习自20世纪90年代在欧美国家被率先提出以来，迅速蔓延到全世界的各个角落。在我国，合作学习小组的建设也在如火如荼地进行着。总的来说，经过很长一段时间的探索，我们取得了很好的成绩。但同时，小组合作学习的实施过程中还存在着一些需要我们注意的问题。

第一，概念上的误解。有相当一部分教师认为，合作学习就是小组讨论。由于合作学习传入我国的时间不长，很多人只是在形式上认识了合作学习，并没有从深层次上深刻理解合作学习的内涵，所以认为合作学习简单易学，容易运用。他们往往把合作学习混同于小组讨论。实际上，小组讨论与合作学习之间只不过是表面上的相似而已，它们远不能相提并论。小组讨论是一种比较经典的教学方法，而合作学习则是一种现代的教学理论与策略体系。教师们只有真正明白了这一点，才能正确地进行合作学习分组。

第二，简单分组，分工不明。前面已经较为详细地介绍了有关合作学习小组建设的一些基本问题，如如何分组，如何分工，小组建设应该遵循什么原则等。但是在当前的实践中，教师基本都是按座位对学生进行分组，导致分工不明。通过对日常教学的观察我们发现，很多教师在课堂教学过程中让学生合作讨论时，都是按前后桌进行分组，并没有根据学生的性别、气质、兴趣、成绩等特点进行科学分组。这样的合作小组构成太过简单，不够科学。另外，小组成员间没有合理的分工也是一个明显存在的问题。在很多问卷调查中，学生普遍反映合作学习没有具体分工，出现合作无序、随意化倾向，无法真正发挥合作学习的作用。

第三，部分教师缺乏合作学习的分组技巧。一个不可否认的现实是，我们的教师也是在缺乏合作的传统教育体制下成长起来的。他们在做学生时，合作学习能力就没有得到充分的培养。当他们进入师范院校接受职前教育时，也没有得到足够的机会去学习如何组织学生进行合作学习。当他们走上工作岗位后，虽然也有不少在职培训的机会，但是，我们现有的继续教育也很少涉及相关内容的培训。因此，教师缺乏合作教学的能力和技巧，无法依据学生的特点和学习内容的性质，灵活正确地组织学生进行合作学习。我们可以从以下三个方面着手改进这方面的问题：首先是为教师提供相关的培训，以提高其合作教学的能力，使其掌握合作教学的技巧，使合作学习真正以合理分组为基础。其次是实现研究者与教师之间的合作或者使教师本身就成为研究者。一方面，我国早期的研究者主要是从理论层面对合作的价值等问题进行宏观论述和探讨的，同时他们也对国外的一些研究进行了介绍，但是，他们的这些研究成果在操作性、适应性方面有一定欠缺，很难为教师的教育、教学实践提供具体的指导；另一方面，我们广大的中小学教师进行了合作学习的教学实践，虽然积累了一些经验，但是对这些经验缺乏理论的升华和提炼。这种现状不利于合作学习在我国的发展，因此研究者和教师密切合作以及教师成为研究者是必须倡导的教育导向。最后是教师与家长的合作。要实现有效的分组，了解学生的具体情况是我们面临的首要问题。仅从学习的角度进行分组显然是不够全面的，教师至少还要考虑学生的性格、爱好等方面。教师可以和家长取得联系，深入了解每一个学生。另外，学校教育需要与家庭教育协作，形成合力，共同促进学生的发展。

第四，适应我国具体国情的合作学习分组理论还不够完善。理论指导实践。追根溯源，我们在合作学习方面的理论远远不够完善。虽然国外也有很多的相关研究，但这毕竟是"他们的"，我们可以借鉴，但不可以生搬硬套。比如，国外的班额，大多为 20～30 人，而我国的班额大多为 60～70 人，甚至还有 80～90 人，这就为我们的分组带来了很多困难，也使得我国与国外的合作学习小组建设在理论与实践上有巨大的差异。合作学习的研究结果表明，小组的组成对合作学习的效果影响较大。我们应该通过进一步的实验研究，找出有效的分组方法，如每组多少人效果最佳，划分后的小组维持多长时间效果最好，小组之间的座位如何安排等。除此之外，我们还应该对不同能力水平的小组成员在小组中的作用以及他们受到的影响进行研究。这些问题还需要我们在进一步的研究中去解决。

（7）关于合作学习的进一步思考

"自主、合作、探究"六字方针是新课程标准中的一个重要理念，也是一个亮点，它切实体现了学生的主体地位。但如何把六字方针落到实处，却是教学实践中一个较为突出的问题。通过观课，笔者发现了以下现象。

第一，有观课必定有讨论几乎成了定例。"讨论"这个词在教育界流行起来，恐怕已经有些年头了。曾几何时，它风靡课堂，深受教师的喜爱，尤其是在公开课上，安排一个讨论的环节似乎就是一个出彩的点。教师们似乎并不去过多地考虑是否有讨论的价值。

第二，讨论气氛异常热烈几乎成了常态。因为有了观众，表演便显得格外卖力，这是戏。这说明大多数人都有展示的欲望和被认可的需求，于是课堂上的讨论也就成了一个被观众欣赏的戏的片段，观众越是要看，讨论的气氛越是热烈异常。

第三，重形式轻结果几乎让讨论成了负效的症结。自然地，这样的讨论也就成了一种形式上的负担。因为有了需求，所以就有了市场，但我们不必把这个市场看得格外好，因为过于看重了形式，必然轻视了实质的内容。课堂时间，争分夺秒，宝贵异常，如果教师把精力都放在形式上，那必定导致课堂教学的低效、无效甚至负效。

合作学习不等于讨论。讨论必然出现在争议或者困惑之后。为解决这些争议或困惑，大家坐下来，议一议，争一争。理不辩不明，讨论过后，大家可能就清晰了许多。但也不是所有问题都能通过讨论得以解决，有些事吞云吐雾半天，茶水喝干，也议不出个结果，这也是常有的。合作学习是学生个体在自主学习过程中遇到了疑难，需要向他人求助时的一种自然而然的学习方式，它出现的主要标志是个体的困惑。当然，当集体有了困惑的时候，也可以采取讨论的方式解决。这里有几点是需要注意的。

第一，合作学习是建立在自主学习的基础之上的。没有学生个体自主学习，合作学习就是不必要的。前面说了，学生个体在自主学习过程中有了困惑，需要向别人求助时，才会出现合作学习。如果学生个体没有困惑，哪里用得着"合作"呢，更无须论及"讨论"了。

第二，合作学习是自主学习的另一种形式，换句话说就是合作学习也是自主学习的一种，只不过我们通常所说的自主学习多偏重于学生个体的自主，而合作学习则偏重于群体的自主，这多出现在我们经常提到的分组学习、小组合作学习中。想一想，同桌两人，一个向另一个解答，这不正是两个人的自主吗？

第三，合作学习是以展示为直接目的的。心理学研究表明，每个人都有被认可的需求，这正是课堂展示的心理学基础。同时，合作学习结束之后，如果没有展示，教师就没有激励的根据，没有激励，学生也就失去了继续自主学习的动力。正是基于以上两点，我们把"展示"认定为课堂的灵魂，相应地，自主与合作是前提，是基础，检测反馈是归宿，是结果。

比较常见的几种合作学习形式如下：

第一，对学。对学特指两个人的合作。这种方式是最为有效的合作学习方式，基本得到了教师们的共同认可。两个人合作，不受外人影响，最直接，也最方便，同桌两人即可实现。但是，当同桌两人有了共同的困惑时，就需要组内的合作了。

第二，组内合作。我们制订的《建立学习互助小组实施方案》中指出，每个小组 4～6 人为佳。一般来说，一个问题只要组内有一人可以解决，那么他便有帮助组内其他成员解决问题的义务和责任，这是小组合作的基本特征。相应地，展示与评价也都要以小组为单位进行。

第三，组间合作。组间合作往往出现在展示的过程中。当某个小组出现了集体困惑，就需要向班内其他小组求助，这样就出现了学习成果展示、提问、质疑等环节。我想，这应该是课堂真正出彩的地方。

第四，教师与学生合作。教师与学生的合作也是合作学习的一种形式，如果仅仅把合作学习界定在学生的范围之内，就犯了狭隘主义错误。教师与学生的合作多出现在展示和检测反馈的环节，这也正是我们的"三三四"教学模式中的"学生展示，教师点拨"的意旨所在。

4. 实施"独学、对学、群学"三种基本学习方式

（1）独学、对学、群学的基本概念

独学是指学生个体的独立学习。高效课堂要求学生的学习从独学开

始。所有能有效促进学生发展的学习都一定是自主学习，我们常把它称为自学。培养学生的学习能力也主要指培养学生的自学能力，所以独学非常重要。

对学是指学习小组内同质学生的合作学习，即同等学习程度的学生间的合作学习，一般为2名或3名学生。对学一般是高效课堂上独学之后的一个基本步骤，目的是解决独学中同层次学生所存在的问题，这些问题有可能是共性问题，也有可能是个别问题。因为处于同一层次的学生有着相同或者近似的"最近发展区"，所以他们有平等的话语权，便于沟通合作。因此，他们可以通过这种小型合作的方式解决有关问题。学生正是在这种发现问题、探究问题、解决问题的过程中逐渐培养了分析问题的能力、解决问题的能力、思维能力和创造能力。如果学习内容过难或过易，对学环节可以省略。

群学是指学习小组(一般由6～9名学生组成)内部学生间的学习。群学在高效课堂上一般安排在独学或对学之后。群学体现的是整个小组同学对有关问题的讨论、交流，交流的问题主要包括小组学习成果的分享、小组内共同关注的焦点性问题、小组内共性度高的疑难问题，此外还有综合实践类活动任务的合作等。

(2)如何开展独学

根据近年来所开展的一些实践我们发现，要想让独学高效进行，必须做到以下几点：

第一，做好学情预测。教育学相关理论告诉我们，备课不仅要备教材、备教法，还要备学生。备学生就是做好学情预测。学情预测是教学设计的重要组成部分，是做好独学的基础。具体做法是：教师针对本节课或本单元的教学内容，确定学生需要掌握哪些知识，具备哪些生活经验，然后分析学生是否具备这些知识和经验。可以采取单元测验、摸底调查、问卷等较为正式的方式，也可以采取抽查或提问等非正式的方式。如果教师发现学生知识、经验不足，一方面可以采取必要的补救措施，另一方面可以适当调整教学难度和教学方法。另外，教师可以针对新知识的特点，帮学生预设知识储备。教师要设法在学生的已有知识(旧知识)与教材中的新知识之间铺路搭桥，找准旧知识的结合点和新知识的生长点，使学生头脑中的知识经验与要学的内容产生联系。知识储备环节设计的功能是"以旧识新、使新变旧，减缓坡度、自然过渡"。教师应分析不同班级学生理解掌握新知识的能力如何以及学习新的操作技能的能力如何，据此设计教学任务的深度、难度和广度，还可以进一步分析学习能力较突出的学生和学习能力较弱的学生，并因材施教，采取变通灵活的教学策略。

有一点需要注意，那就是切忌单纯为了学情分析而去分析学生或者将学情分析孤立于教学设计之外。学情分析是系统教学设计的有机组成部分，它与教学设计的其他部分存在极为紧密的互动关系。学情分析是教学目标设定的基础，没有学情分析的教学目标往往是空中楼阁，这样的课堂也不可能是高效的。另外，教师进行学情预测时还要重视对环节应用中的时间的预测，以保证课程目标的完成。

第二，做好情境预设。兴趣是最好的老师，情境预设的目的就是要激发学生独学的兴趣和欲望。当学生对自学课本产生兴趣时，就会在大脑中形成兴奋中心，表现出高度集中的注意力、敏锐的感知力、超强的记忆力和丰富的想象力。在实际教学中，教师要充分发挥主导作用，努力挖掘教材的趣味因素，设置悬念，渲染气氛，激发学生的自学兴趣，使学生把自学课本当作一种自我需要。教师预设的情境应具备启迪性、趣味性、知识性、关联性等特点。

第三，做好目标预置。独学要高效，目标来引导，目标就是独学的方向。目标预置就是目标设计的问题。课堂目标不具体，自主就会无压力。那么，如何才能把目标具体化？我们认为要从以下三个方面努力：一是课堂目标内容要具体化。教师在制定课堂目标时，既要展示大目标，又要展示阶段性的小目标，如自学的范围、思考的内容、自学的时间、要达到的程度、自学后教师如何检测，等等。二是课堂目标设置要分层化。教师在拟定各层次教学目标时，力求分清各层次学生的情况，随时提高或降低教学难度，以学生不感觉太难为原则，使处在不同起点的学生都能在原有基础上获得较好的发展，以增强学生的自信心。三是课堂

目标难度要梯级化。教师要通过递进式的目标将难点问题简单化，引导学生将梯级的简单问题系统化，回归到难点目标的整体高度。

(3)独学过程中教师的作用

要求学生自主学习，并不是说教师就可以消失了。相反，教师可能有更多的工作要做好。

第一，做好学习引导，保证独学的方向。前文已经对导学案的相关内涵及作用进行了详细的介绍和说明，这里重点谈一谈导学案在学生自主学习过程中的"导"的作用。导学案是高效课堂的抓手。编写导学案，研究学生是第一要义。在每周一次的备课组集体活动中，先由中心发言人主讲本课时的知识目标问题，然后教师们在此基础上研究学生的学习原理，研究学生的认知规律，研究学生的知能状态，最后备课组长根据学情，依据"导"为关键、"学"为宗旨、"案"为文本的原则提出要求，指定教师编写，也就是备课组长分工→提出相应要求→个人编写→个人汇报→集体讨论修订→分头整理→制成学案→印刷。编写导学案，关键是善"导"，宗旨是利"学"，形式是文"案"。教师的善"导"，就在于找到教学内容与学生认知过程切合的"点"以及切合的"序"，在学生与教学内容之间架起合适的桥。"引导学习"是导学案的要旨。

第二，做好方法指导，保障独学的效率。掌握了正确的方法才能事半功倍，立竿见影，而不得法者，往往事倍功半或劳而无功。教师要加强对独立自学环节的方法指导，保证方法指导的实效性，关键是做好两个层面的工作：一方面，授课教师要针对具体内容给出建议，让学生知道应该怎么做。比如，针对具体知识特点，出示看一看、想一想、议一议、练一练、说一说等方法性字眼。另一方面，巡课或观课教师要进行介入性指导。独学并非意味着学生的学习与教师的指导相脱离，而是指学生在相对自由和宽松的环境中，自主探究，发现和解决学习中的问题。在这一过程中，教师应担负起课堂辅导员的职责，关注学生的学习状态，并对学生提出的问题做出及时的回应。

第三，做好过程督导，巩固独学的成果。在学生自学时，教师要巡视，在巡视中督导学生的独学。在学生自学时，教师要观察、了解学生的自学情况，端正学生的自学态度。在学生自学时，教师要及时表扬自学速度快、效果好的学生，激励他们更加认真地自学。对于自学速度慢、效果差的学生，教师要加强督查，或者可以跟他们说几句悄悄话，帮助他们端正自学态度，使他们变得认真起来。教师要面向全体学生，不得只顾辅导一两个学生，而放弃督促大多数学生。教师不得在黑板上抄写检测练习或做与教学无关的事情，因为这样会分散学生的注意力。

检查学生的自学效果是一个必不可少的环节。教师可以通过检查，纠正学生自学中的不足，也可以使学生看到自己运用学法所取得的成绩，获得成就感，激发学生运用学法的兴趣。所以在学生自学后，教师应采取一定的方法检查学生的自学效果，了解学生的自学情况。教师一般可以采取学生自查、小组互查、教师抽查等方式检查学生的自学效果。

(4)对学及其基本要领

前文谈到，对学是指学习小组内同质学生的合作学习。对学体现的是同层次学生对独学中发现的问题的交流、讨论。学生可以在对学中分享自己的独学成果，解决独学时未能解决的问题，并在解决问题的过程中发现新问题、探究新问题、解决新问题，不断提升，从而培养发现问题、研究问题、解决问题的能力和创造能力。开展对学的两个基本要领如下：

第一，收获分享。小组内的同质学生进入对学环节后，不能简单地核对答案，而是要将各自在独学中收获的成果与对方分享、交流，如"我觉得这个词应该这样理解……""我是用联系上下文的方法理解的""我是这样做的……""我的思考过程是……"。

第二，质疑求证。质疑求证是指学生对独学环节中遗留的问题交换意见，如"你为什么这样思考？我的观点是……"。学生要将在对学中仍未能解决的问题用红笔做好标注并向组长报告，以便在群学环节中交流。

在学生开展对学的过程中，教师也要做一些工作：一是关注学习状态。在对学阶段，教师的主要任务就是高度关注对子间的学习状态，如各层次对子间的倾听、交流等情况。二是了解学情。教师在这一过程中要对学生在对学中无法解决的问题做好跟踪调查，分层了解，及时掌握

第一手资料。三是点评小结。在这一环节中，教师要对各学习小组给予鼓励性、客观性和针对性的评价。

(5)群学及其基本要领

群学是学习小组内不同程度学生的合作学习或"学习对子"(异质结对)间的帮扶学习。群学在高效课堂上一般安排在独学或同质学生的对学环节之后。群学体现的是整个小组学生对有关问题的讨论与交流。

群学仍然是以解决问题为主线的，它的基本流程如下：

第一，分享。分享指的是分享独学或对学的学习成果，一般由组长主持。组长：先请一个学习对子汇报学习收获，其他对子补充或质疑。

第二，解惑。解惑指的是解决对学过程中各对子间存在的问题、难以互相解释的问题及疑惑。组长：这道题有谁会？都不会，请一个同学记录下来，或者写在黑板上。

第三，拓展。拓展指的是对学习过程中的难点、重点、易错点、拓展点等进行有价值的拓展、延伸，对所探究的知识进行深度和广度上的挖掘。组长：这个同学的观点、想法和你们一样吗？谁能讲讲自己的看法、想法？

第四，合作探究。合作探究指的是在综合实践类活动的课程与课型中，由学科组长安排小组合作探究，完成探究任务。

第五，帮扶。帮扶指的是对子间进行帮扶学习，解决遗留问题。组长：这个同学这道题还不懂，请学习对子或某个同学来帮助他。

群学对学生和教师有不同的要求：

第一，对学生的要求。以学习小组为组织单位，由学科组长组织成员对照导学案开展有效的合作、探究、对子帮扶，真正实现"兵教兵、兵强兵、兵练兵"。群学中的疑惑要及时展示在黑板上，为教师和其他学习小组提供信息。

第二，对教师的要求。要关注学生的学习状态，进行学情调查。教师在这一过程中要做好小组学习问题的跟踪调查，并做好必要的问题记录，选择合适的处理方案，适时点拨指导。教师要注重对各学习小组的群学环节给予鼓励性、针对性、指导性和全面性的评价。

5. 构建"大课堂"概念

(1)"大课堂"的概念及其基本内容

现代课程教学论把课前的教学设计、课中的教学实施、课后的教学评价综合起来称为"大课堂"。也有人赋予了这三部分更为具体的内容，即课前充分的预备、课中精彩的展示、课后深刻的反思。我们认为，只有三者完美地结合，才能提高课堂效率。

课前：

任何一堂成功的课都离不开教师课前认真细致的备课，而备课的充分与否在很大程度上影响了教师上课的自信程度、讲课效果以及学生听课的效果，所以备好一堂课是上好一堂课的关键。

第一，备好每个知识点。教师必须能明确地指出本堂课的知识要点，能准确地罗列出每节课需要告诉学生的详细知识点，如掌握哪些字词、能用哪个句型等。当然要做到这一点，教师就必须深刻理解教材和学科课程标准。与此同时，教师还要了解学生的学习状况，找到讲解新知识的切入点。

第二，备好预设。学生在掌握具体知识的过程中，可能会产生这样那样的问题，这就需要教师能对出现问题之处提前进行预设，能设想出学生在掌握某个知识点时可能出现的问题，乃至在哪个环节出现问题等。

对于如何备好课前的预习，教师可以根据自己多年积累的经验，采用导学案，把自己认为是重难点的知识罗列出来，让学生根据导学案，结合教材进行个体探讨。

课中：

第一，要充分凸显学生的主体地位，让学生能充分展示自己的才华。课堂应该是学生展示自我的舞台，教师要把课堂的主动权交给学生，尽可能让更多的学生发表自己的意见，这也就是我们所提倡的"我的课堂，我做主，课堂因我的存在而精彩"。教师要充分调动学生展示自己才华的积极性，让学生在展示自己的过程中暴露出自己在学习过程中存在的问题，并引导学生通过集体的智慧来解决遇到的问题。这里需要特别指出的是，教师要让学生自我解决问题，而不是单向灌输。我们认为，只有

学生亲自发现的、亲自解决的问题才能让学生难以忘怀。

第二，开发学生思维，促进知识生成。要提高课堂效率，就要提高学生在课堂中的思维强度。教师要把学生的思维积极地调动起来，让他们用自己的头脑思考问题。课堂教学的最高境界是学生能在教师传授的基础上，把知识进行组合，从而生成新的知识。

第三，教师在上课时要充满热情和激情。教师在讲台上应该是一个演讲者，一个演员，教师能否吸引观众，就要看他是否投入，是否精神饱满、激情澎湃。我听过一些教师的课，他们基本上是照本宣科，并且语调平淡，把课讲得单调乏味，学生们直打盹。其实这个时候我特别同情学生，因为听教师这样讲课简直是一种折磨，所以我希望教师在讲台上讲课时是充满热情的。教师要用热情而坚定的目光不断环视学生，而不应只是定格在一个学生身上，要关注每一个学生的听课状态；教师要用抑扬顿挫、激情昂扬的声音去震撼学生的心灵，要用形象的语言、绘声绘色的描述吸引学生的注意力，让学生在你的课堂上困意全无，让学生不听你的课就会想你。教师要用自己的激情点亮学生的双眼，引发学生的热情，让学生在你的真情、热情、激情的感染下，张开嘴巴，开动脑筋，让45分钟的课堂成为师生合作灵动的舞台。

课后：

第一，教师个体的反思。教师课后要认真思考本节课自己收获了什么，最成功的地方是什么，哪一个地方讲得特别到位，学生们听得特别明白，自己当时采用了什么样的方法、什么样的语言，把那种成功的方法和语言仔细回忆一下，看是否能够应用到以后的教学中。对于上节课中存在的不足，教师一定要在下一个班或下一堂课中避免，绝不能使同一个问题在两个班相继上演。只有善于反思、善于总结、善于创新的教师才会不断进步，他的课也才会越来越精彩。

第二，督促学生做好知识的完善。通过一堂课的学习，学生可能会带着不同的状态离开课堂，大部分学生可能不能百分百理解教师所讲内容。教师应该鼓励学生课下相互学习，共同解决课堂中未解决的问题，对于实在难以理解的问题，可以鼓励学生向教师询问，同时要求学生把导学案做进一步的完善。

(2)教学设计的标准

人无论做什么事，都要有一定的标准。教师的工作依据的是教育学、心理学的原理和要求，教育学和心理学为教师提供了相应的工作标准。教学设计，这一教学工作开展的前置性关键问题的解决，自然也有着相应的标准。一般我们理解的教学设计其实就是备课。过去我们认为备课包括备教材、备教法、备学生等方面，今天我们以新课程改革的相关理念来重新界定一下教学设计的标准。

第一，正确理解教材。教育学的相关原理告诉我们，教师对教材的把握有三个阶段：懂—透—化。不同的教材把握阶段基本对应相关的教龄阶段。一般工作三五年的年轻教师，可以做到"懂"的阶段。工作三五年到十年的教师，基本就可以对整个学科知识体系做到"透"。"化"的境界就不是每位教师都能够达到的了，很多教师工作了一辈子，也就停留在"透"的水平上了。一般来讲，学科知识包括三种性质的内容：学科特有的规定性内容，即"文法性知识"；具有上、下位关系的内容；其他内容。学科教师对教材的把握，基本的要求是能够分析教材所涉及的基本事实，画出概念图和思维导图；能够整体把握学段教材，描述知识的上、下位关系。当然，更高的要求是，整体把握教材并能够对教学内容的教育价值进行分析。

第二，对学生情况进行实证分析。学情调查与分析，说白了就是备学生。教师要先弄明白学生的起点，然后根据学生的能力、性格、气质等方面的状况确定学生通过学习后可能达到的水平，这里的起点与可能达到的水平之间的空间，其实就是最近发展区。学生的原有知识和生活经验都各不相同，不同的学生有着不同的思维能力，所以教师要从学生的实际出发，针对不同的学生设计不同的目标要求。这样做，才是符合心理学规律的。

第三，清晰地确定与表述课时目标。有了对教材的充分认识，有了对学生的充分了解，接下来教师就要根据课程标准的要求确定每一课的教学目标或者叫作学习目标。目标解决的是我们要把学生带到哪里去的问题。这里有两个基本要求，一是教学目标要符合课程标准的要求，二是目标的表述要具体、可测、可评。一般来说，知识与技能目标的表述具体，具有可观察性或可检测性；过程与方法目标与知识内容有机结合，具有可操作性；三维目标表现为一个过程的多个方面，要有机整合。教师在制定教学目标时应注意以下几点：一是目标的行为主体必须是学生，而不是教师；二是目标设计与编写要用可测、可察的外显行为来界定，行为动词必须是可测量、可评价且具体而鲜明的；三是教学目标的陈述要反映学习类型，不同的学习类型通过不同的能力动词来陈述，如区分、识别、生成、采用等；四是目标设计与编写要全面考虑教学效果，除了顾及认知领域的目标，还要同时顾及技能和情感、态度、价值观领域的目标；五是教学目标要指向全体学生，是所有学生所要达到的一般要求。

第四，以学生为主体设计教学活动。解决了要把学生带到哪里去的问题之后，接下来要思考的问题是怎样把学生带到那里，这就是教学活动的设计。教学活动的设计是为教学目标服务的，这里要注意以下几方面的问题：一是教学流程安排要清晰地体现学科知识的逻辑关系；二是活动的设计要符合学生的认知规律；三是活动的组织要有清晰的指令，问题明确，过程具体，解决问题的方法能有效渗透，不同学生各有收获；四是能够抓住课堂生成的问题进行拓展，对课堂可能出现的问题有应对的办法；五是有意识地对活动的效果进行观测和调整。

教师在以学生为主体设计教学活动时要注意以下几个关键点：一是一定要有问题设计，特别是纲领性问题(主问题)，并对主问题进行适当分解，给学生的思维搭设必要的台阶；二是要有学生活动设计(包括课后作业)，特别是任务驱动式活动，真正落实以学生为主体的学习活动。教学环节的设计要突出重点，富有层次，要和教学目标(特别是重点、难点)相互照应。

(3)教学实施的要求

课堂是教学活动的核心。再好的设计，不会用的人拿着，也上不好课，这就是教师作为专业技术人员的充分体现。专业的人做专业的事，课堂教学就是极为专业的事情。教师在实施教学时要注意以下内容：

第一，教学语言精练、生动。虽然课程改革要求充分突出学生的主体地位，但教师的讲授仍然是必不可少的。讲授法仍然是一种很重要的教学方法。教师在讲授时要做到语言精练、生动；要充分运用表情、手势等加强信息传达的效果；要根据学情灵活地进行讲解、阐释、举例。

第二，熟练运用板书。优秀的板书设计就是对一节课系统化、简明化的概括。板书设计要巧妙地突出重难点和知识间的联系，要有明显的结构性。板书要随着课堂教学的进行而生成，字体要端正，大小合适，教师还要兼顾一定的书写速度。

第三，恰当运用多媒体等教学工具。在信息化时代，多媒体等工具对教学效率的提升有着很突出的积极意义。恰到好处地使用这些现代工具帮助学生学习，可以收到事半功倍的效果。当然，多媒体课件的制作及演示要符合特定学科的教学要求。除多媒体外，教师也要能够熟练地进行实物教具的演示或操作等，动作要规范。

第四，恰当地提问与有效追问。课堂提问和追问是引发学生思考的有效手段。教师在提问时要注意以下几点：一是要根据教学设计时构想的主问题，选择恰当的时机和对象，以恰当的方式提问，必要时对主问题进行变通处理。二是根据课堂上变化的学情，临时提出一些散问题，或引起学生注意，或促进知识掌握，或启发思考。三是要用学生能够理解的语言进行提问，提问要精短、有序。四是掌握重复问题、重新表述问题、调焦（宽问题变窄问题）、停顿、搁置、分配等提问技术。五是根据学生回答问题的情况，进行灵活有效的追问，对困难者起支架作用，对优秀者起深化和拓展作用。六是鼓励学生提出问题，重视培养学生的问题意识。

第五，对重难点内容和学生的反应做出强化。斯金纳认为，强化是行为形成和改变的最根本规律。他通过大量的动物实验，发现强化安排的效果主要取决于时间和次数的分配，这种分配叫强化时程表。斯金纳把强化时程表主要分为五种：正确的反应每次均予以强化、定比间隔强化、定时间隔强化、不定比间隔强化、不定时间隔强化。其中，不定比间隔强化和不定时间隔强化效果最佳。

课堂教学中的强化方法有：运用重复、板书、提问、语音变化、手势、表情等多种手段，对教学重难点或需要注意的地方进行强化；选择恰当的时机进行强化，特别注意结课时的强化；运用口头语言（表扬或含蓄批评等），表情，体态语（鼓掌、摇头、握手等）对学生的发言或行动做出评价，以正强化或负强化的方式促进学生的学习。

第六，合理调控课堂节奏与内容的走向。课堂是一个教学事件随机发生的场所，现场生成的事件对教学效果有着不可忽视的影响，所以教师要十分注意并恰当地加以使用。教师既要能根据课堂上不可预知的学情，灵活调整教学设计时各环节的时间分配，或做出取舍，又要注意大体按照教学设计的思路，控制课堂内容的走向，不因偶发事件或枝蔓错误而偏离主航道。

第七，面向全体与关注个别学生。新课程改革要求教师面向全体学生，致力于全体学生的全面发展。虽然现实中有很多困难，但教师也要尽量关注每一个学生，尤其是在课堂教学过程中，不满足于少数积极学生烘托的课堂气氛，要注意对沉默和边缘的学生予以特别关注。教师要能够利用提问、目光交流、走动接近、个别指点等形式，对沉默和边缘的学生进行感情和智力的支持，要针对学生的个体差异，运用面谈、笔谈等形式，进行有效的个别化指导。

（4）教学评价

因为后面要对教学评价和观课等问题进行专门的论述，所以这里只简单地对教学评价的基本功能与方法进行阐述。

教学评价评的是学生的学业水平。教师要注意两点：一是能够利用提问、活动观察等对学生的学习进行过程性评价，并及时利用评价结果促进学生学习；二是能够选择题目或命题，以考查学生当堂课的学习效果。

教学评价对教师来说具有教学反思功能。教师要能够根据学生的表现，分析自己的教学设计和教学实施过程的成败，养成反思的习惯，并能够根据反思结果提出自己近期改进教学的想法。

教师要注意引导学生对学习效果进行自我评价和互评，通过设计学生自评和互评的活动，为学生提供参与学习评价的机会，如为全体学生提供集体讨论他们作业的机会。教师要引导学生制定阶段性学习目标，向学生示范评估的方法和策略，帮助学生形成自我反思的技巧，如让学生通过完成学习小结对自己的学习情况进行评价，或者把学生的学习小结在班内进行展示，并组织学生进行交流和反思。

6. 建构具体的课堂流程

我们所建构的具体的课堂流程是"先学—展示—反馈"。流程承载着规律。"先学—展示—反馈"是课堂教学的一般规律，这是郑州市道德课堂的基本流程。教师在实施过程中要注意以下内容：

（1）先学

首先，提示课堂学习目标。提示课堂学习目标一般有三种方法：一是课前制作好课件，设计好学习目标或者自学问题，以学习目标或问题引导学生自学；二是做好学案，在学案上体现学习目标，让学生自己阅读；三是运用合适的教辅资料，让学生通过阅读教辅资料了解学习目标。道德课堂提倡的方法是以学案的形式呈现学习目标。教师在设计课堂学习目标时应注意以下几点：第一，要认真钻研教材和大纲，准确地制定学习目标，既不降低要求，也不拔高要求。第二，要层次清楚、简明扼要。第三，如果用课件展示，一定要让学生默看一遍，不要急于关闭。

其次，指导学生自学，即学法指导。教师在指导学生自学时要注意做到具体化。学生根据课堂学习目标或者问题进行充分的自学，完成指定的学案、练习或者找到问题的答案，在遇到疑难问题时做好标注，以备合作学习时用来讨论。自学指导要层次分明，使学生看了之后能做到三个明确：一是明确自学内容，即知道学什么。学生在每次自学前必须写清楚自学的内容（或范围）。二是明确自学方法。例如，看书，是围绕思考题看书，独立找答案，还是边看书边与同桌讨论，解决疑难。怎样做比较好，就怎样做。自学理科时，学生应抓住新旧知识相衔接的地方重点看。三是明确自学后的要求，即用多长时间，完成什么学习任务，届时如何检测等。

教师在对正在自学的学生进行辅导时应做到三个重视：一是重视巡

视中等水平的学生和后进生，甚至可以跟后进生说几句悄悄话，使他们端正自学态度，变得认真起来。二是重视面向全体学生进行辅导，不得只顾辅导个别学生，而忽视督促大多数学生。三是重视全程辅导。教师不得在黑板上抄检测练习，或做其他与教学无关的事，因为这样会分散学生的注意力。

最后，组织小组合作学习。小组合作学习是在学生独立自学的基础上进行的互助学习。学生在自学时若遇到无法独立完成的学习任务或问题，可提交小组进行集体解决。已经"学会"的学生教会"不会"的学生，帮助他们找到"不会"的原因，即"兵教兵"。在此过程中，教师要注意加强对小组的评价，一定要让所有学生都合作起来，尤其是边缘学生。

（2）展示

展示有很多种方式，展示内容不同，采用的方式也就不同。一般来讲，根据内容的难易程度，展示方式可分为三种：一是小组式展示。对于学习内容不是太难的情况，学生可以选择以小组的形式进行展示。在学生展示的过程中，教师要进行相应的点拨。二是纠错式展示。教师让不同层次的学生上台板演或者展示他们的学习成果，从中找出"易错点"和"关键点"。这种形式针对的是不太难但容易出错的内容。三是抢答式展示。教师以问题为牵引，以小组竞赛等形式引导学生展示，找出"难点"和"运用点"。这种方式针对的是较难的学习内容。

在学生展示过程中教师需要注意的是：第一，要解放思想，真正让后进生回答问题或板演，千万不能搞形式主义，只叫尖子生讲或练，这样表面上正确率高，实质上掩盖矛盾，不能最大限度地暴露学生自学后存在的疑难问题，或者以小组为单位，让小组的每一个成员都进行展示。第二，要面向全体学生，让他们在别人回答问题时认真聆听，随时准备纠正错误。第三，要运用好评价语言，对不同的学生进行有针对性的评价。展示方法可以并用，教师要灵活地进行取舍。

（3）反馈

反馈一般当堂进行，即当堂布置课堂作业（一般是提前在学案上设计好的）。教师督促学生独立完成课堂作业，并批改一部分学生的作业。反馈内容的设计要低起点、多层次，有必做题，有选做题，有时还要有思考题。学生在进行反馈时，教师要勤于巡视，尤其关注后进生。学生若有困难，教师课后要主动"开小灶"，也就是做到"日日清"。反馈完成后，教师要当堂批改一部分学生的作业，尤其是后进生的作业，要让他们尝到成功的喜悦。同时，教师要充分运用评价机制的激励作用，确保教学质量。

"先学—展示—反馈"的教学流程中有两条清晰的线索贯穿全过程：一条是充分放手让学生学练和展示，这是一条明线，突出了学生的主体地位；另一条是教师的指导，这是一条暗线，表现了教师的主导作用。教师的点拨要贯穿学生学习的整个过程。

7. 重视"先学"

先学，是课堂教学的起点。没有充分的先学，就没有精彩的展示。先学，是一条教学规律，不是可用可不用的教学方式，与传统的"预习"有着本质的区别。

（1）为什么要先学后教

这个问题其实就是教与学的关系问题。一般来说，心理学家和教育理论家有四类观点可以解释二者之间的关系。厘清二者关系，对我们理解教与学是大有裨益的。

第一类观点是学习和教学没有关系。有人认为学和教是不同的、相互独立的。教，可能仅仅是影响学习的条件之一，学生在没有教学的情况下也能学习。反过来，即便教学很得法，如果学生不感兴趣，没有学习的欲望，或者学习的准备不足，学习可能也不会发生。

第二类观点是教学是学习的补充。对于学生到底是怎样学习的，很多人都不清楚，也可能不懂得这方面的理论与方法，或者根本就不曾想过还需要关注这些内容，于是他们就很直接地认为，我们需要以专门的教学为指导，从而直接在学生的学习上发生作用。教学只是影响学生学习的手段，只能作为学习的补充而已。

第三类观点是学习和教学是相互作用的，甚至二者之间是相互依赖的，谁也离不开谁。持有这种观点的人认为，在理解学习之前无法组织

教学。学习是教学的前提，反过来，教学又能够施加作用于学习，二者之间是相互促进的关系。意思是说，学生的学为教师的教提供了前提，同时又促进了教师的教；教师的教反过来作用于学生的学，对学生的学起到促进作用。

第四类观点是学习是教学的基础，我们只有知道了学生现有的学习情况，才能够有针对性地组织教学。我们现在经常提到的学情调查，究其依据，多源于此。

我们更多关注的是后两种观点，学习是教学的基础，但教学反过来也促进学习。当然，我们这里所说的学习多是指发生在校园内的、有组织的、规模性的、统一的学习事件。人们进行的自主的社会性学习并不在此列。

(2)学习方式的转变：从被动走向自主

新课程改革的重点之一是如何促进学生学习方式的变革，而学习方式的转变意味着个人与世界关系的转变，意味着存在方式的转变。学生学习方式的转变迫在眉睫！它关系到我们的教育质量，关系到师生的校园生活质量，关系到年青一代拥有一个什么样的未来，关系到国民的综合素质，乃至综合国力的强弱。为此，我们必须提倡新的学习方式，即自主学习、合作学习、探究学习，这也是世界教育发展的必然趋势。

长期以来的高考、中考的"应试效应"造成了"重教轻学"的局面，教师的天职似乎就是在课堂45分钟内尽快授完课，这导致了"一言堂""满堂灌"的陈旧的教学方式。学生处于被动的学习状态，导致主体地位的缺失。

由于一些教师喜欢"照本宣科"，很多学生过分依赖教师的"正确答案"，而不愿另辟蹊径，限制了自主发现问题、解决问题的能力的发展，也阻碍了个性的发展。

在学校教育中，学习方式直接影响甚至决定了学生人格的形成过程与发展结果。认知学习理论认为，人的认知不是外界刺激直接给予的，而是外界刺激与人的心理相互作用产生的。因此，教师在教学过程中，应突出学生的主体地位，以学生为中心，真正理解教育的目的，着眼学生的未来。如果一个在学校中度过 9 年或 12 年的孩子，整天处于被动应对、机械训练、死记硬背、简单复习的状态中，他对所学的内容也就难免生吞活剥，一知半解，似懂非懂。这样的人很难成为有创新精神的人，也很难成为独立思考的人。为此，我们必须提倡新的学习方式，即自主学习、合作学习、探究学习。

(3)什么是自主学习

自主学习是就学习的内在品质而言的。自主学习是一种独立性学习，独立性是自主学习的核心品质，是从"我要学"向"我能学"的强化。

关于自主学习，国内外已经有大量的研究，它们主要是针对以教师为中心的课堂教学模式的弊端提出来的，目的是转变学生在学习中过分依赖教师的情况。有西方学者指出，当学生在元认知、动机和行为三个方面都是一个积极的参与者时，其学习就是自主的。

我国学者庞维国把自主学习概括为"能学、想学、会学、坚持学"，具体包括以下几个方面：学习者参与提出对自己有意义的学习目标，自己自定学习进度，参与设计评价指标；学习者积极发展各种思考策略和学习策略，在解决问题中学习；学习者在学习过程中有情感的投入，有内在动力的支持，能从学习中体验积极的情感。

建构主义者认为，学习能力是与生俱来的。学习是在一定的社会文化情境中通过参与活动、与他人交往而实现意义建构的过程。因此，我们有理由认为，每个学生都是积极的探究者和知识建构者；学生原有的知识经验是新知识的生长基点；学生需求、兴趣和自主情感是有效学习的内部基础；学生的自主学习需要教师提供有利的外部条件(正确的引导及其他人的互动)；学生的学习技能不是靠教师"教给"的，而是他们在参与学习活动的过程中"学会"的。

(4)如何有效地自主学习

通过研究我们认为，以下几种方式可以帮助学生有效地开展自主学习。

第一，任务驱动，激发自主。语言学习的过程是感受语言→理解意思→练习→活用语言→语言输出的过程。课堂的任务驱动来自教师的诱

导。在特定的教学情况下，教师设计任务，运用教学策略，引领学生通过主动参与建构知识，丰富学习经历，激发学生的创新思维和创造意识，鼓励学生主动地成为学习的主体。在任务型教学中，教师是教学活动的创建者，要引发学生兴趣，组织课堂，引导学生相互合作。同时，教师也是学习方法的指导者，应激活学生思维，引发学生的互动。

第二，民主互动，展现自主。心理学家马斯洛认为，只有在真诚的、相互理解的师生关系中，学生才会敢于和勇于发表见解，自由想象和创造，从而热情汲取知识，发展能力，形成健康的人格。可见在民主的教学氛围中，教师只有积极开展师生、生生互动的实践活动，开展教师、学生与文本的平等交流互动，才能使学生在课堂上产生智慧的火花，进行主动学习。

第三，方法领略，学会自主。学生学习的主动性与积极性的成功获得在很大程度上与教师的教授方法有关。初中生学习大都存在一个从依赖到逐渐独立的过程。首先，教师除了引导学生主动学习，掌握科学方法外，还应该帮助学生建立适合自己的学习方法和策略。一是帮助学生反思自我，明确自己想要学习什么和获得什么。二是帮助学生设计恰当的学习活动。三是帮助学生寻找、搜索和利用学习资源。四是帮助学生对学习过程和学习结果进行评价。其次，教师要开发和提供充分的课程资源，如图书、报刊、音像资料等。最后，教师要给学生充分的空间，使他们学会观察，学会分析和思考，从中明白事理。

第四，自我调控，目标自主。自我调控能力是自主学习能力的重要组成部分，它能够使学生有意识地依据目标制订学习计划，进行实践及评价，在课堂上保持高度注意力，主动参与分析、推理、归纳等认知过程，提出合理的、有挑战性的目标，主动拓展知识。首先，教师要选择恰当的切入点，加强学习计划性的指导，这是行为控制的第一步。它可以促使学生养成良好的学习习惯和思考习惯，从而提高自我监控水平。其次，学生不断反思学习过程中的优势与不足之处，增强自我意识，调整学习策略。

第五，重视评价，实现自主。学生是否能够自主、有效地学习，依赖于教师是否能够提供有利的外部条件。由于学生的学习基础和生理、心理素质参差不齐，教师要因势利导，为学生提供充分展示自我的途径和场合，使学生参与交际，并体验成功的乐趣，从而增强自信心。学生一旦体验到成功的乐趣，自然产生更为主动的学习心态。

8. 突出"展示"

教师应突出学生的"展示性"学习，鼓励人人参与，个个展示。展示，是解决学生学习内驱力的金钥匙。

(1)课堂因展示而精彩

展示是学生在课堂上汇报自主学习成果和合作学习成果的过程，是有效课堂教学中最重要的一个环节，为学生施展才华提供了舞台。精彩的展示是学生学习持久的、强大的驱动力，可以有效提高课堂效率，培养学生的自信心，使学生的自尊心、表现欲得到满足，从而以更大的热情投入学习中去。可以说，展示是解决学生学习内驱力的金钥匙。

每个班级里总有一部分学生不愿意或者不主动参与展示，那么，在有效课堂中，我们应当如何引导学生积极参与课堂展示呢？

第一，树立"展示就是好样的"思想。在有效课堂开展初期，学生对展示往往有很大的顾虑：怕出错，怕讲不好，怕同学、老师笑话。针对这种情况，我们树立了"展示就是好样的"思想，目的是使学生明白，课堂上的展示是允许学生光明正大"犯错"的时候，学习的进步就是在纠错的过程中实现的，从而使学生形成一种意识，即成功只会向积极勇敢的人点头微笑，只要你敢参与展示，哪怕你讲错了，其他同学也会为你的勇敢而鼓掌，而喝彩，教师也会给你鼓励，为你加油。作为教师，当学生展示得好时，要及时做出激励性、表扬性的评价，或给他所在的小组加分，让他感受到为小组争光的自豪感，从而使学生更加自信。自信繁衍成功，成功激活快乐。通过一段时间的尝试，学生们放下了顾虑，逐渐敢于并乐于在课堂上进行展示。

第二，充分的自主学习和合作学习为高质量的展示做准备。在有效课堂中，学生是课堂的主角，学生在每一个环节的表现都直接决定着展示的质量，所以我们要让学生明白，没有充分的自主学习，就没有与他人合作交流的知识基础，就不会有在小组讨论中与同伴的侃侃而谈、交流切磋，吸收同学丰富思想的机会也会减少。求知欲强的学生往往会认真地进行自主学习，而另外一部分学生就要靠另一种动力驱使他们进行自主学习，即以第二天他将要在全体同学面前展示自己为动力。这个年龄段的孩子真的很在意自己在同学面前的形象，他们很渴望在展示中塑造自己的良好形象。在这样的心理驱动下，他们就会迈开自主学习的第一步，然后就会有与同学充分交流合作的第二步，最后就会顺理成章地有成功展示的第三步。

第三，对学生进行展示培训。每个学生都希望自己的展示精彩，但哪个学生也不是天生就会，所以教师要有意识地对学生进行培训。例如，展示前，要有充分的准备。展示时，要面向大家，声音洪亮，语速适当，避免口头语；体态要落落大方，自然得体，避免扭捏；语言要逻辑性强，简洁标准，避免啰唆；板书要规范，避免字迹潦草。教师可建议学生回家照镜子反复练习，让学生体会台上十分钟、台下十年功的道理。同时要求不展示的同学一定要认真听讲，随时准备质疑，当展示者讲到精彩处要给予掌声。

第四，用好激励性、表扬性评价这一温柔的"武器"。有人说：好孩子是夸出来的。在学生展示后，教师不要急于去讲解学生展示不到位的地方，一定要先给学生一个肯定的评价，也就是说，教师找到所有学生在展示中存在的闪光点并进行表扬。比如，他声音很小，你可以表扬他语言逻辑性强；如果他前言不搭后语，你可以表扬他站姿标准，精神饱满；如果他一会儿挠头，一会儿咬手，你可以表扬他声音洪亮，语速适当；如果他知识都讲错了，你还可以表扬他字很漂亮(也可以表扬他的幽默，给大家带来了快乐)。学生是很在乎教师的评语的。如果教师什么都不说，就会打击学生展示的积极性。学生的积极性没有了，自主学习效果就会变差，需要教师讲解的地方就更多了，这样就会又回到原来的灌输式教育。一句表扬、一句激励，对学生来说，听在耳中，美在心里，给他自信，催他上进。一个人有了自信和上进心，什么事会做不好呢！

第五，千方百计地创造质疑和"对抗"的机会。学生在充分展示的过程中，能够质疑是很难得的，因为他们听课听了近 10 年，都是静静地接受知识，有不会不懂的一般也要等到下课才去问教师，这还是爱学习的学生，大多数学生会随着下课铃声的响起把不会的都忘掉，而这些没有解决的问题就成了以后学习路上的绊脚石。有效课堂鼓励学生随时质疑。教师会告诉学生提出问题往往比解决问题更有意义。那么提出的问题由谁来解决呢？第一解决人当然是进行展示的学生。如果展示的学生能够很好地进行解答，则问题顺利解决。如果展示者给予的解答并不能让同学满意，这时大家就开始围绕问题而积极思考，看谁能说出令同学们信服的观点来。有的同学就会大胆表达自己的看法，这时的课堂就成为一个开放的课堂，谁都可以站起来表达自己的观点。同学们的观点各异，这时大家就会各说各的理，从而出现我们难求的"对抗"场面。在质疑和"对抗"中，有的同学充满激情地表达自己的看法，有的同学在倾听别人的发言时，捕捉瞬间跳跃的思维，也大胆阐释自己的主张。在"对抗"中，学生学到了知识的真谛，同时享受到了辩论的快乐，既锻炼了口才，又增强了自信。在质疑和"对抗"中学到的知识最令人印象深刻，因此教师要千方百计地创造质疑和"对抗"的机会。

第六，学生展示时教师做什么。有家长说：课上都是学生讲了，教师不讲课了，教师清闲了。其实不然，教师是放手不撒手，闭嘴不闭心。在课堂上，学生是主体，但教师是主导，教师要用心听学生的每一句话，随时准备解决课上生成的问题，欣赏学生的一举一动，让学生更加自信，同时创造平等、自由、和谐的氛围，理顺课堂环节。如果将学生的展示比作一颗颗明珠，教师就是将明珠连为一体的强有力的细绳。在课堂中，教师讲得少了，有人说不对，因为说得少学生不懂；教师讲得多了，有人说不行，因为没给学生展示的机会。到底怎样讲才对呢？当讲则讲就对了，即适时地精讲点拨。当学生提出问题后，教师要像足球运动员那样把"球"踢回去，但是学生踢来的"球"和教师踢回去的"球"不是同一个"球"，教师的聪明才智和作用就体现在这里。当然教师也要自行判断，该出手时就出手。

(2)展示的操作问题

展示是整个课堂的主旋律，学生的"动"应贯穿于整节课堂的始终。学生通过动口、动手、动脑，来展示预习的成果，以达到活跃思维、锻炼勇气、培养能力、塑造人格的目的。教师要有全员参与的意识，调动学生的学习热情，让他们无拘无束地"动"，随心所欲地"说"，在课堂零干扰的状态下主动求知，以学促教。教师要鼓励学生大胆表达与别人不同的见解。

一般来讲，展示分组内小展示和班内大展示两种。组内小展示也是合作学习的一种，是由小组长组织的在组内进行的展示，这种展示主要用于解决学生在合作学习中遇到的一些最为基础的问题。小组长将组内交流后还未解决的问题汇报给学习组长，再由学习组长汇报给教师，便于教师把握学情，为班内大展示做好铺垫。班内大展示要求小组选派代表在班内展示共性问题和易错点，教师要适时追问、点拨、启发、引导，并对课堂进行调控。教师点评的内容应该具有针对性、拓展性和补充性。教师可以对展示组的人员参与度、精彩度、准确度等方面进行点评、打分。

我们知道，单纯地说、做，无法调动学生的积极性，久而久之，再诱人的课堂也会淡然无味。只有多元化的展示形式才能使课堂变得精彩。我们常用的展示形式有：第一，口头展示。概念的形成、现象的描述等内容丰富、容量大的内容可以使用口头展示。第二，书面展示。定理的证明、推理、探究的过程，题例的解答等可以使用书面展示。第三，表演肢体语言展示。展示的同学用手势、表情、姿态，帮助其说明，增强表达的效果，这种展示可以作为口头展示的补充。第四，实物模型展示。学习空间图形之前，教师可以提前让学生制作模型，使学生通过展示、比较，认识图形之间的关系，加深对相关内容的理解。

从内容的角度来讲，展示贵在"精"。学生展示的内容必须是深入探究的问题，绝不是各小组对导学案上问题答案的重复性讲解。在实践教学中，有的教师在学生小组讨论、交流之后，就让学生分组或自荐按照顺序把学习任务中的内容一个一个都展示出来，这样既浪费了时间，又不能抓住重难点;也有的教师只注重学习任务的展示,认为只要把学习任务中安排的内容完成,就达到了教学目标,忽略了课堂内容的适当拓展和延伸。

展示的内容要突出三大特性:一是问题性。展示的内容应是组内或全班的共性问题或易错点。展示并不是把导学案上的内容照搬到黑板上,而是呈现本单元的重难点。对于那些简单易懂的内容,展示的必要性就不大。二是互动性。展示过程中要体现出师生、生生的交流,如沟通求助、质疑"对抗"等。三是创生性。教师要引导学生重点展示自己独特的思考或发现的一些规律,包括学习方法的总结,学习的新发现、新感悟等,这样就避免了展示不高效的情况,也体现了展示环节的必要性。

课堂展示对学生的姿态、语言等都要有明确的要求。展示的学生如需用板书协助说明观点时,一定要侧身而立,不要挡住旁边同学的视线。发言时声音要洪亮,语言尽量简洁,节奏不要太快,注意用语文明礼貌。例如,"大家请看这一题""请听我讲""我的想法是这样的""大家还有不同的意见吗""有没有同学要补充"等。

(3)展示的价值取向

我们总是去探讨先进的教学方法,想方设法让教师讲好、讲透、讲深,却忽略了学生的学习状态,忽略了如何最大限度地去调动学生的积极性和主动性。我们很多的课堂是教师的"一言堂",教师讲得累,学生听得少,教师既是导演又是主角,学生只是配角,甚至是观众或看客。所以,转变教师的课堂观念成为一个重要的问题。

有很多学生感觉课堂45分钟难挨,为什么? 是听累了,没有表现的机会。很多学生一上课就紧张,为什么? 总怕教师提问,答不上来。如果教师给学生充分展示的机会,让学生敢问,敢说,敢上黑板展示,敢讨论,就能激起学生学习的兴趣。如果学生在展示之后得到好评,得到尊重,获得成功的感觉,他就会千方百计地去表现,去展示,即使说错了,做错了,也能满足表现的欲望。这就要求教师在课堂上要关注学生智慧火花的迸溅和灵感的生成,要关注学生的心灵成长,要注意课堂上学生参与教学的人数和密度,力争人人参与。

事实上，教师要少讲、精讲，甚至不讲，就要把学习的权利还给学生。试想：教师不给学生展示的机会，怎知学生掌握得如何？教师不给学生展示的机会，怎知学生还存在哪些不足？教师不给学生展示的机会，怎样体现学生的主体作用？怎样激发学生学习的内驱力和兴趣？教师应该致力于学生学习能力和学习习惯的培养，让学生始终懂得学习是自己的事，这样才能最大限度地调动学生的积极性。兖州一中的课程改革做到了这一点。在他们的课堂上，师亦生，生亦师，师生相长，教学相长，教师上课也是"上学"。在生生互动、师生互动的激荡和交流中，教师作为"首席学习者"，成为全班最优秀的学习者。师生实现了角色的平等转变，一个班级师生50多人，人人是教者，人人是学者，教师就是这样在成就学生中发展了自己。

课堂上教学生学会学习，让学习成为他们终身拥有的能力，明确学生的主体地位，培养学生的责任意识和实践能力，让学生敢说话，敢评价，也会评价，这才是让学生在课堂进行展示的魅力所在，这才是教学的真谛。

9. 强调"反馈"

"先学—展示—反馈"的课堂教学流程的实质是：全过程都让学生学。它主要包括"教师引导学生先学，学生进行课堂展示，教师再组织当堂反馈"这样三个步骤。布鲁姆的掌握学习理论强调学生在学习过程中要不断经历"反馈—矫正"，从而完成学习目标。反馈不仅是评价业已完成的学习任务的前提，同样也是开展下一步学习活动的参照。因此，学生的当堂反馈既是"先学—展示—反馈"课堂教学流程的最终步骤，也是帮助学生解决问题、开展下一轮学习的起点。

"先学—展示—反馈"模式还强调"兵教兵"。学生先自学，自学学不会的学生可以向教师求助，由教师指定学生帮助其解决问题。如果求助学生后问题仍然没有得到解决，那么这个问题才由教师来解决。学生完成自学后，教师开始进行检测。在检测时，教师要请一些学习中等或偏下的学生到黑板前板演，其目的是使问题充分暴露出来，这符合道德课堂十大行动策略中的第九条：强调"反馈"，对于学生在展示性学习之后反馈出来的问题，仍然通过"兵教兵"的方式来解决，这同时又符合了第六条："建构具体的课堂流程"，即"先学—展示—反馈"和第四条：实施"独学、对学、群学"三种基本学习方式。反馈在整个课堂教学流程中扮演着承上启下的重要作用。因此，在实践中教师要重视反馈的重要作用，保证每一位学生都能通过反馈与矫正不断完善自我。

10. 制定评课标准

制定评课标准，即评课三看：看状态，即学生的学习情绪和状态；看过程，即学生的学习经历和体验；看成果，即让学科知识增长的过程成为学生人格健全和发展的过程。

(1)从听课评课到观课议课

在传统教学中，学校领导为了提高教师的课堂教学水平，经常深入课堂去听课，听完了再评一评，对教师的课堂教学进行指导。过去，这是提高教师课堂教学水平最有效、最直接、最实际的做法。随着素质教育和新课程改革的不断深入，仅仅用听课评课的形式指导课堂教学是远远不够的，或者说是不科学的，在很大程度上不能激发教师的工作热情，反而会挫伤教师的自尊心。那么，在新的形势下该怎样指导教师的课堂教学呢？观课议课应运而生。

听课与观课相比："听"指向声音，"听"的对象是师生在教学活动中的有声语言往来；而"观"强调用多种感官(包括一定的观察工具)收集课堂信息。在多种感官中，"眼睛是心灵的窗户"，透过眼睛的观察，除了语言和行动，课堂的情境、师生的精神状态都将成为感受的对象。更重要的是，观课追求用心灵感受课堂，体悟课堂。评课与议课相比："评"是对课的好坏下结论、做判断；"议"是围绕观课所收集的课堂信息提出问题、发表意见，"议"的过程是展开对话、促进反思的过程。"评"有评价者与被评价者，有"主""客"之分；"议"是参与者围绕共同的话题平等交流，"议"要超越"谁说了算"的争论，改变教师在评课活动中的"被评"地位和失语现状。评课活动主要将"表现、展示"作为献课取向，执教者重在展示教学长处；议课活动以"改进、发展"为主要献课取向，不但不怕出现问题，而且鼓励教师主动暴露问题以获得帮助，求得发展。评课

需要评课者在综合分析课堂信息的基础上，指出教学的主要优点和不足；议课强调集中话题，超越现象，深入对话，促进理解和教师自主选择。如果说评课是把教师看成等待帮助的客体的话，议课则把教师培养成具有批判精神的思想者和行动者，帮助他们实现自身的解放。

总之，观课议课是参与者相互提供教学信息，共同收集和感受课堂信息，在充分拥有信息的基础上，围绕共同关心的问题进行对话和反思，以改进课堂教学、促进教师专业发展的一种研修活动。

(2)观课议课，一种新文化的建构

从听课评课到观课议课的转变，其实是一种新的教研文化的建构，这是从以下几个方面而言的。

第一，议课要议出联系。课堂教学是教师整体专业素质的体现。在课堂上，教师的教育价值观念支撑和影响教的行为，教的行为引起和转化为学生学的行为，学习行为直接影响学习效果。观课议课的首要目的是帮助教师认识教育观念、教学设计、教的行为、学的行为、学的效果之间的具体联系，实现教师专业素质的整体发展。

第二，议课要议出更多的教学可能性，拓展可能性空间。教学可能性空间是多种教学路径、方法、行为、效果等发展变化的可能性集合。议课的任务不是追求单一的权威的改进建议，而是讨论和揭示更多的发展可能以及实现这些可能的条件和限制。议课的过程，是参与者不断拓宽视野，不断开阔思路的过程。譬如食用鸡蛋，那就是使参与者在传统的煮鸡蛋的食用方式基础上，再多了解煎、炸、炒、蒸等可能的方法，掌握相应的方法以后，自己根据需要进行加工，并不断创新。介绍煎、炸、炒、蒸的方法，不是否定煮鸡蛋的方法或者丢弃煮鸡蛋的方法，而是多提供一些选择，以满足加工者的不同特点，适应不同消费者的需要。

第三，观课议课引发教师对日常教学行为的反思。观课议课强调以课堂为平台反省自己，通过深度对话帮助教师认识教育假设，更新教育观念。

从听课评课到观课议课，是一种观念的转变，更是对教师劳动的充分尊重，体现了平等、和谐、愉悦的氛围，是改进课堂教学、提高课堂效率、实施素质教育的必然要求。所以说，这是一种新的文化建构。

(3)观课议课的三个策略

观课议课是在听课评课基础上的发展和延续，是教育教学新形势新发展的需要，是新课程改革的重要组成部分，是推进课堂教学改革、实施素质教育的重要手段，同时也是尊重教师、理解教师、平等对待教师的有效途径。观课议课的三种策略如下：

一是以学论教。观课议课者要把学生的学习活动和状态作为观课议课的焦点，以学的方式讨论教的方式，以学的状态讨论教的状态，以学的质量讨论教的水平和质量，通过学生的学来映射、考察教师的教。以学论教要求把观课焦点从教师转移到学生，把重心从关注教学活动转移到关注学习状态，从关注教育过程转移到关注课堂情境。从活动到状态，意味着要反对教学中的形式主义，提倡和追求有效教学；从过程到情境，意味着不仅要关注教师的教学预设，更要关注课堂教学中的种种生成，关注教师的实践性智慧。

二是直面问题。人是不完美的，但与其他物种相比，人知道自己不完美，承认自己不完美，并努力追求完美。人的不完美的现实与追求完美的实践是推动人自身不断发展的动力。直面问题既是观课议课取得实效的前提，又是推进工作的困难所在。在具体操作上，最核心的是激发教师专业发展的强烈动机，培养教师的自我批判精神和反思精神，使教师能始终对自己教学"不满意"并立志改进。"课"是研究教学、改进教学的载体，是献课者和观课者共同对话交流的平台。没有问题和困惑的课堂是不存在的，教师没有必要为课堂中的问题大惊小怪。观课议课者要充分尊重教师的参与需要，致力于建设有利于围绕问题对话交流的语境，为教师创造安全的、能自由发表意见的物理空间和心理空间。

三是平等对话。议课是一种对话。观课议课以参与者既平等又对立的关系为基础，这种关系不是自我省略与自我删除。对话者必须充分意识到自身的独特性，不轻易放弃自己的观点，同时又要尊重他人，理解对方的行为和处境，在对话中看到他人，并保障他人发表意见的权利，认真倾听他人的意见，理解他人的立场和观点。被观课议课者，既不能

消极接受评判，不敢敞开自己的心扉，又不能采取高傲的、拒人于千里之外的非合作态度，要做到自信而不封闭，虚心而不盲从。

观课议课的三个策略如果能够真正运用好，教师的积极性、主动性就会大大增强，课堂教学水平就会明显提高，教师就能更好地发展学生的能力，提高教学质量。

(4)观课议课的特性

总体来看，观课议课有以下特性：

第一，主题性。主题性是现代意义上的观课与传统意义上的听课最本质的区别。观课的主题性决定了观课者的明确的目标取向。

第二，生成性。教学教研是教师人生中的一段重要的生命经历，是教师生命中有意义的构成部分。教学教研是教师职业的最基本构成，它的质量直接影响着教师对职业的感受与态度、专业水平的发展和生命价值的体现。生命的基本特征是"生成性"，"生命观"主导下的教学教研的内在本质也是生成性，因此，"生成性"也是对教学教研现实的规律性概括。强调教学教研的生成性，就是尊重教师的生命意义及价值，培育其生命成长，焕发其生命活力。

第三，一线性。观课议课是教师改善自己课堂教学的有效手段，也是教师实现专业发展的有效途径。一线教师主体参与，也是观课议课的主要特点。教师不是以旁观者和观察者的角色进入对象的，而是以参与者和研究者的角色与对象融为一体的，他们在课堂评价的互动交流中不断地通过体验、反思来发现自己教学中存在的不足，以修正自身的教学行为，领悟教学的技艺，体味教学的乐趣和生成过程，感受自己生命意义的存在价值。因此，新课程中的评课是教师与"经验视界""文本视界""生命视界"的真正融合，是创生一种新"视界"、新智慧的过程，是教师与新课程的对话、与自身的对话、与教师的对话过程，是一种对话文化、融合文化和生成文化。

第四，日常性。观课议课主要适用于日常的教研和教师培训活动，学校是最适宜的场所，教师是其中的主体和主角。日常性既是观课议课的主要特点，又是它的意义和价值所在。

第五，互动性。在观课议课活动中，观课议课者和被观课议课者以平等的身份参与其中，展开平等对话和民主沟通。

第六，探究性。斯皮尔伯格说：评价的目的不是为了证明，而是为了改进。新理念下的观课议课是一个学习和思考的过程。观课议课者不仅要关注教师的教学行为，更应该关注学生在教师引导下的各方面的发展，通过学生学习方法的变化了解教师理念的变化。

第七，反思性。对课堂观察的总结和分析不仅仅是为了呈现观察结果，它实际上是教师对观察研究过程的总结反思，是教师研究性学习的深入。议课反对孤立地评价效果和行为，强调在平等对话的基础上，从教和学的行为入手，帮助教师认识教育观念、教学设计、教的行为、学的行为、学的效果之间的联系。议课不是对他人的课堂进行"指点江山与激扬文字"的卖弄，而是通过对问题和困惑的讨论，发掘行为背后的立场、观点和价值追求，建立观念、行为、效果之间的联系，进而改进教学，拓展教师的实践性知识。

(5)观课应树立的五种意识

第一，对话意识。对话关系是一种主体间的关系。首先，对话者必须充分意识到自身的独特性。"我以唯一而不可重复的方式参与存在，我在唯一的存在中占据着唯一的、不可重复的、不可替代的、他人无法进入的位置。"其次，对话强调对他者的尊重，在对话中要看到他人，在交往中使他人成为对话者。将独立而平等的对话关系运用于观课，既可克服唯唯诺诺的消极接受评判的心态，又可防止高傲的、拒人于千里之外的非合作态度，从而实现真实的倾听和切磋。

第二，欣赏意识。观课是以对授课者的尊重为基础的。授课是一种劳动，是一种有创造性的劳动，是艺术性的劳动。在这个过程中，授课者最大限度地发挥了他的聪明才智。观课者应带着欣赏、尊重的态度，充分感受授课者所授课程的价值，客观地评判授课者在授课过程中暴露出的问题。如果观课者怀有不以为然的态度，观课的效果往往是负面的。

第三，交流意识。观课者在观课前可了解与授课相关的情况，如观课活动主题、教师情况、教学预设、学情程度等，也可了解授课时可能

出现的问题，带着对某一问题的思考、探索进行观课。有了这些交流的基础，观课者在观课时就有了较好的切入角度。观课者与授课者在观课前后都应该有交流，并且观课前的交流的作用往往超过观课后的交流的作用。

第四，分享意识。观课者要把授课者的工作成效视同己出，积极地参与到授课者的工作之中，从而分享授课者的成功。这样的意识有利于发挥观课者的主观能动作用，避免观课者处于被动听课的境地。

第五，援助意识。任何教师对个人的教育教学水平都有一定程度的认识，即自己已具备某些优势，还存在某些不足，需要向别人学习。带着"援助"的意识，带着自己在教育教学中的一些问题和思考，"观"别人的优势，"照"自己的不足，思考如何有针对性地进行调整，可以使观课的效益最大化。

(6)做好观课的三个环节

要想在观课中有较好的收获，观课者要做好三个环节的工作，即观课前的准备、观课中的表现和观课后的交流反思。

观课前的准备：

我们反对匆匆忙忙不做任何准备的观课，提倡观课者做有准备的观课。观课准备情况可分为三个层次：第一个层次是一般性的准备。观课者在观课前要了解基本情况，如熟悉教材、教案、练习册，设想一下如何上好这堂课，甚至可以了解一下授课班级学生的情况，包括知识基础、学习习惯、学习态度、班风班貌等。第二个层次是自己先讲一讲这堂课。备好课之后，观课者可找个班级自己试着讲一下，从而对这堂课有个总体的把握。把这两个层次的工作综合起来，观课准备就能比较充分。第三个层次要以前两个层次为基础，观课者在征求授课者的意见后，形成探讨的问题或主题，然后带着问题或主题去观课。

观课中的表现：

观课者在观课的过程中应具备三种角色：授课者角色、学习者角色和观课者角色，而且要根据情况随时实现这三种角色的转换。

第一，授课者角色。观课者在观课时，对授课者课堂的出色表现或是不足之处要进行客观分析，不能不顾现实情况无限设想授课者的能力而做出不恰当的判断。

第二，学习者角色。观课者有时也可把自己设想为学生，从而思考在课堂上要怎样学习才能有较高的课堂效率。观课者要重视学生的个体差异，了解学生的实际接受情况，做到真正地关怀每一个学生。因此，学习者的角色也是观课者时时要扮演的角色。

第三，观课者角色。"旁观者清"，站在旁边者的角度，观课者可以冷静地对待课堂上的一切。观课者在课堂上所要做的工作，一是认真观察，注意搜集课堂上所能捕捉到的信息，特别是可视线索，如面部表情、手势、身体语言等；二是记录，最简单的记录方式是笔录，有条件的可以利用录像机技术做记录，还可以采用录音技术进行声音记录，但各种方法都有利弊，要综合使用；三是要注重深入地分析思考，以比较高的视角俯视课堂，能够见人之所未见，有自己独立的见解。

观课后的交流反思：

观课后交流的焦点是课题内容、教学处理过程和学生的行为表现，但观课者、被观课者不要急于找结论，应对原先计划的内容展开探讨。

观课者和授课者通过交流反思，使一堂课有新的建构。一堂课下来会出现这样那样的问题，观课者和授课者要树立"问题是我们的朋友"的理念，在交流讨论过程中敞开问题，直面问题，但切忌把讨论会变成批评会。因此，交流反思要有个明确的方向，与其问"你觉得这一堂课怎么样"，不如问"针对事前我们感兴趣的问题，你（我）想先谈哪（这）一个环节（部分）"，罗列观课的有关资料，再仔细讨论，集思广益。比如，观课者和授课者都有兴趣探讨学生能否掌握某一个课题，那么，交流反思的重心就要放在以下方面：授课者在讲授的过程中，从"课题"的哪一方面入手，向学生提了什么问题，授课者是怎样回答的，是谁回答了什么问题，教师分别做出什么样的反应。观课者拿出当时的这些情况，提出自己当初的设想，突出现在的思考，与授课者一同探究、研讨，直至"重构"和"重建"出更好的教学设计。在观课的互动中追求课堂教学的"重构"和"重建"，这是观课实践活动最基本的目的。

观课者和授课者通过交流反思，使某个问题有质的突破。交流反思要处在"观课"的具体情境下，观授双方都"审视"自己的经验，"解决"自己的问题，获得一种突破问题的贯通感，从而提升理念，实现双赢。

（三）道德课堂教学评价

课堂教学评价是与课堂教学有关的测量与评价的总称，它是指为促进学生学习、改善教师教学而实施的，对学生的学习过程与结果、教师的教学所进行的测量和评价。

道德课堂教学评价，即依据道德课堂的理念，为引起、维持和促进学生的学习，以及通过诊断修正教师的课堂教学行为，对学生的学习过程与结果、教师的教学所进行的测量和评价。道德课堂注重过程性评价，特别是学生学习的过程性评价，以学生学习的过程性评价诊断教师的教学，以学生学习的过程性评价促进学生学习生态的改善，以学生学习的过程性评价变革课堂生态，使教师和学生在课堂生活中享受到幸福和快乐，提升教师和学生的生命质量和生命境界。

通过道德课堂教学评价，学生改善学习习惯、学习理念、学习行为、学习状态，向我要学、我会学、我能学转变，促进自我意识的觉醒。教师全面地诊断教学过程，调节矫正教学行为。师生共同努力，实现道德课堂"至于德"的目标。

1. 道德课堂教学评价的原则

道德课堂教学评价原则是开展道德课堂构建和评价的基本行为准则，也是将道德课堂的理念转化为道德课堂实践的关键因素，关系到道德课堂建设的成败。道德课堂教学评价应遵循以下原则。

（1）过程性原则

过程性原则强调以课堂教学过程中评价对象的表现为评价的主要内容，以促进评价对象的发展为根本目的，使评价过程成为促进发展和提高质量的过程。道德课堂教学评价改变以往评价中过分重视总结性评价的倾向，把评价对象当前的状况与其发展变化的过程联系起来，强调过程本身的价值，强调评价者与评价对象之间的交流和相互理解。

（2）发展促进原则

《基础教育课程改革纲要(试行)》中明确指出："改变课程评价过分强调甄别与选拔的功能，发挥评价促进学生发展、教师提高和改进教学实践的功能。""教师在教学过程中应与学生积极互动，共同发展。"由此看来，课堂教学评价尽管不排除检查、选拔和甄别的功能，但其根本目的在于通过评价，促进学生和教师的发展，即"为了学习的评价"。第一，应着力于人的内在情感、意志、态度的激发，着力于促进个体的和谐发展，强调以人为本；第二，应强调评价主体多元化，主张使更多的人成为评价主体，特别是使评价对象成为评价主体，重视评价对象的自我反馈、自我调控、自我完善、自我认识的作用；第三，应在重视教学过程中的静态、常态因素的同时，更加关注教学过程中的动态变化因素；第四，应更加强调个性化和差异性评价，要求评价指标和标准是多元的、开放的和能够体现差异的，对信息的收集应当是多样的、全面的和丰富的，对评价对象的价值判断应关注评价对象的差异性，有利于评价对象个性的发展；第五，应在重视指标量化的同时，更加关注质性评价的作用，强调用质性评价去统整定量评价，充分发挥质性评价在评价情感、态度和其他一些无法量化的因素中的作用。

我们要坚持发展性原则，即反对静态的、功利的课堂教学评价，反对通过评价单纯地给教师评优、评差或评分定级，对学生进行鉴别和选拔，反对用单一、刻板的计价标准去衡量所有教师的课堂教学，否则，就改变不了以往课堂教学的弊端，不仅束缚了教师的教学，压抑了学生潜能和个性的发挥，阻碍学生的全面发展，而且评价的调节、教育功能也不能得到充分发挥，教师和学生在评价中也就不能得到教育、激励和发展。

（3）全面性原则

道德课堂教学评价不仅要注重对课堂学习效果进行评价，还要注重对课堂学习过程进行评价；不仅要重视学习目标中知识目标的完成，还要重视情感目标等的完成。既要有衡量教师将知识、技能有效传递的指标内容，又要有衡量学生思维、创新能力、人生观、价值观的发展指标内容。

（4）开放性原则

以往的课堂教学评价考虑较多的是规范性和客观性，对开放性考虑不足，致使课堂教学评价唯技术至上，只见物不见人，导致评价模式相对封闭，把被评价者看作被动的受评客体，将评价结果强加于被评价者，伤害了被评价者的积极性。用整齐、划一、僵化的指标来框定教师和学生的教与学的行为，束缚了教师的手脚及创造性，使课堂失去了活力，教师成了传递知识的"技工"，学生成了被塑造的"产品"。道德课堂评价坚持开放性原则，以多元的评价标准，从多角度进行评价，不仅给被评价者在评价过程中留有一定的发挥个人特长的空间，还鼓励教师的创新。道德课堂教学评价主张建立民主、开放的评价环境，体现平等、协商的精神，建立学生、教师和他人共同参与的评价模式，开展多种形式的评价。

2. 道德课堂教学评价的主体构建

道德课堂教学评价的目的在于优化与发展，不在于选择和判断对错。一方面，评价可以使学生发现学习中存在的问题，帮助他们找到最佳、最有效的学习方式，优化学生的学习过程，提升学生的学习行为，激励学生的学习热情，最终促进全体学生的进步与发展。布鲁纳认为，与其让学生把同学之间的竞争作为主要动机，还不如让学生向自己的能力提出挑战。美国人本主义心理学家罗杰斯认为，学习是由学生自我评价的，因为学生最清楚这种学习是否满足自己的需要，是否有助于学到自己想要知道的东西，是否有助于明了自己原来不甚清楚的某些方面，从而自己引导个人的思想、情绪，自然地显示症结所在的情绪因素，并自己调整这种情绪的变化和决定变化的方向，改变相应的态度和行为。所以，学生应该参与到评价过程中来。学生的自我评价可以使学生从自我的角度了解自己和教师，分析自己和教学，从而发展自己。同时，学生的自我评价为教师提供了第一手的资料，有助于教师从学生的角度理解自己的教学状况，改进教学。另一方面，道德课堂作为一种新课程理念下的高品质课堂形态，对教师的教学理念、行为、素质提出了更高的要求。教师参与课堂教学评价，可以使教师站在自己的角度审视自己，进行自省，寻找差距，充分理解道德课堂的教学理念，使自己的教学思想和行为向道德课堂的要求靠拢，同时不断调控教学过程并使之优化，以提高课堂教学的服务水平，帮助教师探寻最有效的课堂教学模式，最终为学生的全面发展服务。

学生的自我评价与教师的自我评价不可避免地带有主观色彩，但作为评价的主体，学生和教师可以更好地发挥各自的主导作用。

他人的评价更趋于客观，可以为教师的课堂教学和学生的课堂学习提供咨询服务，使教师和学生不断地对自己的教学和学习进行反思、总结与改进，促进教师的专业化发展和学生的不断进步。一次评价不仅是对一段课堂教学活动的总结，更是整个教学活动的生长点、向导和动力。

道德课堂评价应改变传统以他评为主的方式，重视学生和教师自评以及师生、他人之间的互评。评价的主体应包含处于主体地位的学生，处于引导地位的教师，当然，也包括第三者。

3. 教师与学生自评体系的构建

在当下的课堂教学中，教师仍然处于主导地位，所以，评价的主要目的是促进教师由控制者、主导者向组织者、引导者转变。

（1）教师自评体系的构建

教师的教育教学理念支配着教师的课堂教学行为，教育教学理念很难转变，所以需要持续的转变。道德课堂的逐步构建，需要教师不断提高理念以及服从于理念的能力。

首先，理念的自我评价。理念的自我评价突出一个"还"字，还学生课堂学习的主体地位，还学生课堂学习的自主权。具体要求教师完成六个转变：教师变学长，讲堂变学堂，教室变学室，教材变学材，教案变学案，教学目标变学习目标。

其次，能力的自我评价。教师要对"四个三"进行自我评价：第一，我回答好了三个问题吗？即我要把学生带到哪里？我怎样把学生带到那里？我已经把学生带到那里了吗？第二，我做到三个读懂了吗？即读懂课程标准和教材（学材），读懂学生，读懂课堂。第三，我把握住教学的三个前提了吗？即把握学科思想，掌握学科知识体系，明确学科课程目

标。第四，我的三种基本能力提高了吗？即设计教学的能力(编写学习指导书、编制导学案)，实施教学的能力(构建课堂生态)，评价教学的能力(达标评测、跟踪发展)。

教师自我评价量表如表 2-2 所示。

表 2-2　教师自我评价量表

评价项目	一级评价指标	二级评价指标	评价结果
理念的 自我评价	就本节内容， "还了吗"	教师变学长了吗	
		讲堂变学堂了吗	
		教室变学室了吗	
		教材变学材了吗	
		教案变学案了吗	
		教学目标变学习目标了吗	
能力的 自我评价	三个问题	学习目标是否准确	
		学习过程设计是否合理	
		学习评价是否科学有效	
	三个读懂	课程标准要求是否清楚分解到位， 学习材料组织是否有效	
		学生的知识基础、能力基础、 心理状况是否掌握	
		课堂状态是否清楚了解	
	三个前提	本节涉及的学科思想是否清楚	
		本节内容在学科中的地位和作用 是否明确	
		本节知识与技能、过程与方法要求 是否清楚	
	三种能力	本节学习过程设计是否合理	
		本节学习策略确定是否得当	
		本节评价方式方法应用是否合理	

(2)学生自评体系的构建

一所学校好不好，在家长的嘴里；一节课好不好，在学生的感觉里。学生的感觉是什么？首先是精神的愉悦，其次是收获的满足。所以，学生的自我评价要从精神和物质两个方面进行。

学生自我评价量表如表2-3所示。

表 2-3　学生自我评价量表

评价项目	评价指标	评价结果
学习态度	上课准备	
	提问积极	
	小组合作学习	
	全程参与	
	全心参与	
	上课情绪好、心情愉快	
学习收获	掌握了知识	
	掌握了学科方法	
	理解了学科思想	
	学习感悟	
	交往感悟	
	最大收获	

4. 道德课堂教学评价体系的构建

《基础教育课程改革纲要(试行)》明确指出：建立促进学生全面发展的评价体系。评价不仅要关注学生的学业成绩，而且要发现和发展学生多方面的潜能，了解学生发展中的需求，帮助学生认识自我，建立自信。因此，我们要发挥评价的教育功能，促进学生在原有水平上的发展。我们还要建立促进教师不断提高的评价体系，强调教师对自己教学行为的分析与反思，建立以教师自评为主，校长、教师、学生、家长共同参与的评价制度，使教师从多种渠道获得信息，不断提高教学水平。

传统课堂教学评价的重点是教师的专业水平和表现，人们更多地关注教师在课堂教学中的行为，以及其行为中所表现出来的专业水平，忽略了在课堂教学过程中师生之间的互动，特别是课堂教学过程中学生的参与情况、情绪状态以及学生学习水平的评价。道德课堂尊重新课程理念，倡导发展性评价观，突出评价促进学生发展和教师专业成长的双重功能。首先，将关注学生在课堂中的表现作为课堂教学评价的主要内容，即关注学生是怎样学的，怎样发展的，以什么状态发展的。其次，关注教师的行为，关注教师如何引领和促进学生的学习，如何组织学生探究、发现知识，如何评价和激励学生学习，如何激发学生学习兴趣和热情等，以此来评价教师课堂行为表现对学生发展的价值。为此，我们制定了"三看"评课标准：看过程，看课堂上学生和教师的学习过程，即共同经历体验；看状态，看学生的学习情绪和状态；看成果，不仅看学生的学科知识增长情况，还要看学生人格的发展情况。

道德课堂教学评价体系分为三部分：学生学习状态评价、教师教学行为评价、学生学习效果评价。

(1)学生学习状态评价

"立足过程，促进发展"是道德课堂教学评价的核心理念，要义在于尊重个体差异，关注人的全面发展，关注人的终身发展，关注个体的主观能动性，关注个体的体验，关注个体的情绪感受。对学生学习状态进行评价的目的是提高学生的自我认知能力，培育向上、向善的学习情感，增强自信心，激发求知欲，保护好奇心；培养学生终身学习的能力和习惯；促进学生对生活经验和信息的整合和积累；促进学生的精神成长。

学生学习状态评价是道德课堂教学评价的核心，是评价的出发点和归宿。评价内容分为以下三个方面：

第一，情感状态。良好的情感状态是有效学习的前提和保障。良好的情感状态包括学习准备充分；学习兴趣浓厚；学习积极性高，情绪饱满；学习主动，求知欲强；合作探究意识强。

第二，参与状态。参与状态是学生主体地位的重要体现。学生参与的数量、广度、深度是衡量主体地位发挥程度的重要标志。参与的数量包括参与的人数、参与的时间、参与探究问题的数量。对参与广度的评价主要是看是否各个层面的学生都参与了，学生是否全程参与了，以及学生课前、课中甚至课后的表现怎样。对参与深度的评价主要是看学生参与的是表面问题还是深层问题，是主动参与还是被动参与；是否有比较多的学生主动参与；学生是否能倾听他人的意见，并进行正确的评价，勇于提出自己的观点，说出自己独特的感受。

第三，思维状态。评价学生的思维状态主要是看学生是否能集中注意力，独立思考，敢于质疑问难，发现问题；学生是否能通过动手实践、相互合作、尝试探索等手段提出问题；学生是否能积极思考，采用多种角度、多种方法分析问题；学生是否能积极主动地去搜集信息、整理信息，形成自己的假设、观点，解决问题；学生是否能提出探究性问题，有独到见解和创新意识。

(2)教师教学行为评价

道德课堂要求教师不再是教学控制者、成绩评判者，也不仅仅是知识传递者，而是遵循"师道、师德"，转变教师角色，充分信任学生。教师是学生学习的助理，是学生的学长，是学生学习的组织者、引导者、参与者、激励者、合作者，与学生是平等的同伴关系。实现了这种角色转变的教师被称为"道德教师"。角色即人格，离开了道德教师这一角色，教师便缺失了人格。道德教师的基本品质是发现学生、研究学生、基于学情和指导学法，即从"四学"出发，高度认识并充分相信学生的自主学习能力。相信学生就是师德。在传统旧课堂中，因为施教者不相信学生，所以不敢放手让学生自己学，由此造成了教师普遍的包办、代替、灌输和强迫。在这种背景下，学生的学只能是有限的学习。学生是天生的学习者。学习是学生自己的事，教师要敢于放手让学生自主学习，让学习真正发生在学生自己身上。道德课堂的师德，强调在师生之间构建"学习共同体"。在课堂上，教师要处理好与学生、文本、环境、教学资源和经验的关系。

对教师教学行为的评价主要依据以下几个方面：

①学习目标

第一，知识与能力并重，过程与方法并行，情感、态度、价值观共

同渗透。

第二，制定的学习目标要科学，表现为：依据课程标准、学材、学生情况科学设置学习目标；建立在课程标准解读的基础上；分层设置。

第三，制定的学习目标要全面，表现为：既有知识和技能目标，又有过程和方法目标，还有情感、态度、价值观目标。

第四，制定的学习目标要具体，表现为：可操作、可观、可测；目标呈现方式灵活多样。

②学习环境

一是创设生动的情境。根据学习内容，灵活应用生活展现、实验演示、图画再现、音乐渲染、表演体会、语言描述、图文转变、网络建构等方式，构建激发兴趣、激活情趣、有吸引力、有感染力的学习情境。情境要体现关联性和新颖性。

二是构建良好的学习氛围。学习氛围指课堂的气氛和情调。良好的课堂氛围可以促进学生学习，促使学生思考。

三是营造民主、平等、关爱的关系。民主、平等是指在学习、尊严、知识等面前人人平等，不因家庭背景、地区差异而受歧视，不因成绩落后、学习困难遭冷落。教师应创设相互关爱、教学相长的学习环境。

四是构建轻松有序的环境。轻松是指心理轻松，没有思想负担，没有顾虑，可以敞开心扉，可以自由提问，可以畅所欲言。教师要尊重学生的任何猜想、幻想、设想，尽可能让学生自己做解释，在聆听中与学生交流想法，在沟通中与学生达成共识。

五是构建和谐的关系。和谐的关系包括生生和谐、师生和谐、环境和谐、氛围和谐。教师要关注各层次学生的发展，尤其要善待"差生"，宽容"差生"。

③学习设计

教师应遵循教育教学规律和学生成长规律以及学生的认知规律，以先学后教，以学定教，少教多学为原则进行教学设计。

首先，编制好导学案(学习指导书、学案)。按课时编写导学案，坚持学生的主体性，突出学法指导，坚持问题形式呈现，问题设计要精心。

教授课堂学习内容时要做到分层探究，有序引导，由浅入深，由低到高，螺旋式上升，同时关注不同层次学生的需求。设计可供学生在研究中学习的内容，设计可供师生丰富完善的"留白"处，注重创新性学习和创新意识的培养。

其次，构建"先学、展示、反馈"的学习流程。先学内容选择好，先学时间安排好，先学方法指导好，先学检测规划好。创建尊重、民主、和谐、安全的环境，使学生敢于展示。学生展示时，不轻易打断学生。对学生的表现进行适当评价。安排对子之间反馈、小组长组织反馈和课代表对本节课全体学生的学情进行反馈。

再次，应用好"独学、对学、群学"三种学习方式。独学时间和空间安排充分，独学方法指导得当，坚持不独学就不对学、群学；对学、群学安排有序，方式多样，效果好；学习方式应用灵活，实事求是。

最后，合作学习设计好。学习流程、课堂发言、作业要求、合作规则等设计合理、规范。小组合作学习目标明确，时机适当。学习小组的评价全面、有效。不同角色分工合理，职责明确，团队意识和互助意识强。学生有效参与，教师的作用发挥充分。

④学习引导

首先，方法指导具体、有效。自主学习是转变学习方式的核心。教师应指导学生自主确定目标，选择方法，监控过程，评价结果，矫正行为。先学、独学有准备，对学、群学有比较，反馈有反思。教师指导学生将准备、比较、反思形成完整的链条，让学生在先学中了解结构，明确目标，认准疑难；在展示中侧重知识比较，印证观点，破解疑难；在反馈中掌握运用要诀，尝试迁移变化，感悟知识生成。学生掌握了正确的学习方法，就拥有了终身可持续发展的能力。

其次，问题设计具有引导性。问题表现形式多样，内容具有发散性、类比性、迁移性和生成性。能够激发学习兴趣，活跃课堂气氛；激发质疑意识，深化课堂探究；激励学习意志，聚集重点所在。

最后，教学策略应用得当。激励性策略到位，追求长效应。指导性策略到位，深入浅出，相机引导，提高能力，激发感悟。探究性策略到

位，问题设计合理、有层次，利于展开探究，探究价值高。"先学、展示、反馈"环环相扣，逻辑性强。

⑤学习评价

首先，我们建立了以激励为主的评价体系，形成了以信任为基础的评价方法。

其次，评价方法灵活多样，如纸笔测试、提问发言、板演、表演等。

最后，评价具体，具有促进性。评价可以使学生了解自己的长处，明白自己的不足以及需要努力的方向。评价具有操作性，既全面又突出重点。

(3)学生的学习效果评价

第一，目标达成。所有学生达到了基础目标要求，掌握了基础知识和基本技能。不同层次的学生在原有基础上有所提高，总结出了学科方法，对学科思想有新领悟。

第二，效果满意。学生激发了自主性和创造性，不同层次的学生都能感受到学习的乐趣。

第三，问题生成。学生生成了新的问题。

(四)道德课堂制度保障

1. 培训制度

道德课堂的构建和实践关键在人，在于广大教育教学管理者和广大教师的观念转变。首先，校长转变观念后可以引领学校构建道德课堂、道德文化、道德评价。其次，学校中层干部经过培训后，既可以有效引领道德课堂发展，从操作层面为构建道德课堂提供动力和具体的途径，又可以建立教师培训的骨干队伍。最后，教研组长、班主任是构建道德课堂的主力军，是道德课堂理念"落地"的关键。学校通过开展校长、教学校长理念培训，教务主任、政教主任、教科室主任理念和技术培训，骨干教师理念和技术培训，形成良性的教育培训生态，进而促进和保障道德课堂的有效开展。

2. 课题引领制度

郑州市建立健全的市、县(市、区)、学校以及教师的道德课堂研究制度。郑州市组织力量，引领总课题研究，解决"战略"问题；各县(市、区)、学校根据本单位实际，承担子课题，构建有本单位特色的道德课堂实现模式；教师承担小课题研究，解决道德课堂构建中的具体问题。

3. 指导制度

专家组队伍深入学校，深入课堂，对道德课堂建设进行具体指导。在实践中，郑州市逐渐探索出一套较为完善有效的专家督导制度。郑州市聘任了31位全国知名的教育专家担任市政府兼职督学，目的就是"借脑"解决教育教学管理中的重大决策问题，增强督导工作的权威性和实效性，切实提高郑州市教育督导的专业水平。中国教育学会原副会长、教育部原副总督学郭振有，教育部中学校长培训中心前主任、华东师范大学终身教授陈玉琨等专家亲自参与了学校三年发展规划督导评估工作。实践证明，外聘督学从理念和文化层面提升了郑州市的教育督导水平，专家通过透视各县(市、区)教育工作和市教育行政主管部门直属学校教育教学工作，提出了他们的基本判断，并对各县(市、区)和市教育行政主管部门直属学校的教育改革、发展、创新中出现的问题进行了理性分析，提出了应对策略，有效推进了道德课堂建设。

建立道德课堂构建的指导制度，就具体、关键环节进行规范，有利于道德课堂建设的整体推进。在具体实践过程中，郑州市根据自身教育发展特点和道德课堂开展状况，因地制宜地在政策层面进行指导和规范，先后出台《郑州市中小学教师学科课程纲要编制指导意见》《郑州市教育局关于导学案编写与使用的指导意见》《郑州市教育局关于加强中小学作业建设指导意见》等，为促进道德课堂在郑州市的开展和推进提供了保障。

4. 交流制度

郑州市在实践道德课堂的过程中，致力于打造有助于全市教科研群

体交流互动的平台和制度。立足于道德课堂的全面开展，郑州市建立了基于多层次、多平台，覆盖面广泛的交流制度，在全市层面建立课程和教学工作会交流机制、校本教研交流机制、德育建设交流机制；在县市层面建立道德课堂建设交流机制；在校际层面建立交流机制，如校长、教学校长、教务主任、政教主任、教科室主任交流机制，教研组长、班主任、骨干教师交流机制。

第三章

道德课堂区域实践

基于对推进道德课堂建设不能仅停留在理论阐释层面，必须在实践中探索与完善的深刻认识，我们提出，推进道德课堂建设必须注重实践研究，在行动中实现道德课堂的构想。道德课堂从理念到实践有一个过程，遵循"从理念内化到行为改善，从自我诊断到自我建构"的原则，"小步子，快节奏"，循序渐进地实施。在道德课堂理念的指引下，我们对以往的课堂教学和教育行为进行了全面的审视、持续的反思、深入的总结和科学的矫正，在郑州市范围内，依照道德课堂的内涵、特征和要求，探索道德课堂的实践模式，优化课堂生态，构建具有郑州特色的课堂文化。

一、 践行道德课堂理念的措施

（一）转变教师教学观念

第一，要求教师在教育教学过程中，秉承道德的准则，使用"合道德"的方式，让学生在充满尊重、关怀、民主、和谐的环境中，在身心愉悦、人格健全、精神自由、生命自主的学习过程中，体验到学习的快乐和幸福，获得学业进步和身心全面发展。在课堂上，让学生在获得知识、技能的同时获得向上、向善的情感体验和心灵感悟，促进学生的思维发展和精神成长，我们认为这是最道德的课堂，是教师职业道德水准的具体体现。

例如，郑州市中原区航海西路小学情趣课堂所倡导的"让教育引领师生至善至美"的办学理念，旨在追求美的境界，让美的旋律贯穿课堂，让孩子们欣赏美、享受美、追求美、创造美，让"尚美"成为他们的学习目标和精神需求。情趣课堂就是在努力实践"尚美"教育理念，优化教学结构、教学语言、教学情感、教学手段的基础上，积极追求课堂上的以美启智、以美导真、以美怡情，感染学生，激发学生创造美的兴趣和潜能，让课堂真正成为培育与展现学生情趣美的阵地。郑州市金水区黄河路第二小学的绿色课堂，是充满活力与生机的课堂，是教师的教与学生的学高度和谐的课堂。绿色课堂提倡的是人文素养和科学精神相容的教育，追求的是全面和谐的教育，注重的是基于民主的尊重孩子个性的教育，崇尚的是健康的、无污染的、可持续发展的教育。每一朵玫瑰都有它的花期，每一个学生都有他的成长过程。在课堂上，教师以生为本，遵循规律，守护花开；学生通过课堂自学合作、推理探究等，得以健康成长。另外，郑州市金水区南阳路第一小学的阳光课堂也体现了这一理念。阳光是富有生命力的，是世间万物勃发的基础。阳光既给人以温暖，给人以爱的感觉，又给人以光明，点亮人的智慧。因此，阳光课堂可以被诠释为一种蕴含温暖、爱、光明、智慧的课堂。在阳光课堂理念中，"阳光"有两个最基本的内涵——爱和智慧。其中，爱是基础，是学生成长所需的空气；智慧是雨露，是不断滋养学生的养料。正如缺少了空气和雨露，植物便无法生长一样，没有了爱和智慧，学生也不可能健康成长。阳光课堂实质上是一种"爱智共育"的课堂，它强调以爱心呵护成长，以智慧引导发展，培养阳光少年，成就学生的阳光人生。

又如，郑州市二七区陇西小学的舒展课堂是关注师生生命存在、成长、发展状态的课堂。舒展课堂是自然、真实的课堂，是能给学生的生命成长提供充裕空间和养分的课堂。它不仅关注认知的发展，还关注生命的浸润。在舒展课堂中，教师把每个学生都作为一个完整的、鲜活的、能动的、独立的、有着多层次发展需要的生命体来关注、关怀，不仅关注学生当下的学习，更关注生命的发展，不仅关注知识的收获、能力的提高，更关注心灵的润泽、智慧的开启、体验的丰富、发展的和谐。舒展课堂具有以下几方面的特征。

一是生动的对话。舒展课堂是既关注学生生命存在状态，又关注教师生命存在状态的课堂。教师可以如漫步在林荫道上，与学生相携款款而行；可以如身临人迹罕至之境，与学生共同寻幽览胜；可以如登顶泰山之巅，与学生一起指点江山；可以如浮游于大海之上，与学生并肩劈波斩浪。教师可以在这样的状态中享受生动的对话所带来的快乐。

二是灵动的思维。舒展课堂是预设与生成、开与合、收与放、动与静的统一，是联系课内与课外、学校与社会的开放课堂。在这样的课堂上，教师不是机械地按照预设的环节进行教学，而是调动一切可变、可动的因素，捕捉鲜活的、富有价值的生成性资源，以学定教、顺学而导。学生在尊重、自由、民主的学习环境中，质疑探究、合作交流，实现灵活开放与动态生成的有机统一。

三是鲜活的语言。舒展课堂中可以有"吾爱吾师，吾更爱真理"的求真，可以有"凤歌笑孔丘"的豪气，可以有"赌书消得泼茶香"的情趣，可以有"坐地日行八万里"的雄阔，可以有"谈笑有鸿儒"的高谈阔论，可以有"但为君故，沉吟至今"的九曲柔肠……

四是真实的情感。舒展课堂追求本真。"本"，即以学生发展为本；"真"，即真实。在课堂上，每个学生都可以表达不同的立场、观点和意见，提出自己的思路、方法和技巧。

五是和谐的交往。舒展课堂关注教学生态系统中的各种因素，尊重学生的个性差异，满足多样的个体需求，追求师与生、生与生、情与理、导与放、思与悟等方面的平衡、协同、融洽、和谐，构建具有动态平衡特征的生态化课堂教学环境，使课堂真正成为师生生命体验的审美空间，实现多元、多向、全方位、立体式的互动和不同层次的提升。

六是舒展的生命。舒展课堂与传统课堂最大的不同是，舒展课堂的起点不是知识，它不仅关注认知的发展，还关注生命的浸润。舒展课堂上的教师把每个学生都作为一个完整的、鲜活的、能动的、独立的、有着多层次发展需要的生命体来关注、关怀。

再如，郑州外国语学校的思悟课堂所倡导的课堂教学是为了"让一个人摆脱对另一个人的依附"。教师在课堂教学中所做的一切都是为了让学生尽快"独立"，从而达到"教是为了不教"的目的，让学生学会思考，提高思维能力，改善思维品质，达到自解自悟。思悟课堂凸显了学习的本质，瞄准了学习的核心要素和关键要素，重点关注了学生思的问题、思的机会、思的状态、思的经历、思的方法、思的习惯、思的效果，让学生的思考成为完成教学任务的主渠道。在思悟课堂教学中，学习是课堂教学的逻辑起点。学科教学范畴是对学科教学活动的本质及其各种可能关系的认识。思悟课堂教学通过设置主要教学流程，明确每一环节的目的、教师的任务、学生的任务等解决"通过学习怎样培育人和通过学习培育什么样的人"两大问题。解决怎样培育人的问题，一方面要解决好教与学的矛盾，明确教与学的各自职能及其辩证统一关系，揭示学科教学的教学范畴：教育就是引导，教的真正含义乃是优化和促进学生的学，教是为了学。教师的引导有四大特征：情感性、启发性、促进性、反馈性，其核心特征是启发性。启发教学实质上是正确处理教与学的辩证关系，是一切教学规律、策略、措施和方法的灵魂，是引导作用的根本标志。变教为诱、变教为导是发挥教师引导作用的精要。作为主体的学生有三大特征：能动性、独立性、创造性，其核心特征是独立性，突出地表现为思维的独立性，即独立思考。变学为思、变学为悟是实现学生主体地位的精要。另一方面要解决好主体与客体的矛盾，明确学生是通过学习认识客观世界并获得全面发展的主体，揭示学科教学的心理范畴：学生的学习是通过亲身体验和探究，使经验重新建构，使知识重新发现的过程。教师要科学地认识教学过程的运行机制，使学生的学习过程发生实质性的转变，使学生在亲身体验中实施探究性学习。解决培育什么样的人的问题，实质上就是学科教学领域落实素质教育的问题，它揭示学科教学的发展范畴：从知识与技能，过程与方法，情感、态度、价值观三个维度确定学习目标，使知识、能力、品德三位一体，通过及时的教学反馈，促进学生全面发展。各学科知识体系之中本来就包含各个知识点的理论价值、应用价值、能力价值和教育价值，教师的引导作用就是要善于挖掘出各学科内容中蕴含的各种丰富价值，使它们有机地融为一体，以便更和谐地实施素质教育。

第二，要求教师把课堂还给学生，还学生学习的主体地位，还学生学习的自主权。教师通过分组合作学习，以"独学、对学、群学"三种方式，抓好"课前、课中、课后"三段，构建"先学、展示、反馈"的课堂流程，实现课堂教学的重建，提升每一堂课的学习质量。

例如，郑州市金水区文化路第三小学的生命课堂，它的课堂文化形态的基本特征为：自主合作、真实有效、情趣交融。其中，"自主合作"是课堂实施的策略，"真实"是构建生命课堂的基石，"有效"是生命课堂追求的核心目标，而"情""趣"是生命课堂的两只翅膀。

自主合作。"自主"是指教师在课堂上要"放权让位",相信学生、尊重学生、关爱学生,把学习的主动权还给学生,把选择、时间、空间、问题留给学生,让学生主动质疑,自主探究,在手动、口动、脑动、心动、情动的"动感课堂"中,实现"自主认知、自主学习、自主教育、自主管理、自主评价、自主发展"的目标。"合作"是指教师在课堂上"鼓励合作学习,促进学生之间的相互交流、共同发展,促进师生教学相长"。教师注重小组建设,引导学生为了完成共同的学习任务,利用生生合作、师生合作的方式,合作探究、碰撞思想,进行有明确责任分工的互助式学习,从而高效完成学习任务,培养合作精神、创新精神,强化平等、竞争意识,发展交往、协作能力。

真实有效。"真实":每一个生命体都以自己独一无二的生命特性真实存在着,所以生命课堂关注个体差异,关注师生的真实对话和真情交流。"真"有三层含义:第一层,"真"即规律、本质。教学是一个遵循教育规律、符合学生身心发展特点的过程,教师要运用科学的教学方法,避免闭门造车,违背规律。第二层,"真"即真诚、真情。学习是师生真实对话、真情交流的过程,教师要展现真实的师生情感,避免虚情假意、敷衍了事。第三层,"真"即有获、有效。学习是学生由"不会"到"会"的真实变化过程,教师要使学生真正获得学业进步,避免空走"过场",学而未解。"有效":生命课堂作为师生生命历程中的一个篇章,应该为生命成长奠定坚实的基础,让学生能够习得知识、获得技能,让教师能够积累经验、提升智慧,因此生命课堂应该是有质量、有实效的。生命课堂是追求教学质量和教育实效的课堂,其"学生快乐、教师幸福、家长放心、社会满意"的最终目标,核心就是为师生生命成长奠定坚实的基础,让学生能够习得知识、获得技能、形成情感,让教师能够积累经验、完善方法、提升智慧。

情趣交融。"情"指教师怀情而教,学生动情体验,教师启发学生,学生感染教师,师生达到情感共鸣;"趣"指轻松愉悦的课堂氛围。课堂就是教师和学生共同经历的一段愉悦的生命历程,学生在轻松愉悦的氛围中获得知识,习得技能,发展思维,陶冶情操,提升生命的质量。

又如，郑州市金水区优胜路小学的简约课堂——简而有约的课堂，讲究教者得法，授之以法；追求学者愉悦，受益无穷。"简"，是表现于外的形式和内容，"约"，是蕴含于内的本质和灵魂。

简要——简单而精要。简约课堂教学目标简明，课堂提问简要，教学环节简化，教学手段简便，师生思路清晰，聚焦核心问题，培养学科思想，发展综合素养，在简约中见实效。

丰厚——简洁而丰富。简约课堂抓住学生发展的敏感区，将学生引向深度思维并适度留白，引发学生联想、丰富学生认知、愉悦学生身心，以厚重的人文情怀点亮学生的生命体验。

智慧——简练而灵动。简约课堂采用科学、适切的评价方式直指教学目标。教师采用激励性、启发性的评价语，及时捕捉学习生长点，引导学生带着各自的经验和思考参与学习探究。师生在智慧的碰撞中实现共同发展。

本色——简朴而本真。简约课堂将课堂自主权还给了学生，学生自主自学，合作探究，充分表达，平等对话，多元互动，和谐交往。课堂真实质朴，倡导多样化、个性化学习，彰显学生本位和学习本色，促进学生个性化、持续性发展。

简约课堂，简要是丰厚的体现，丰厚是简要的根基，智慧是本色的彰显，本色是智慧的沃土。简约课堂，是简而有约的生态课堂，是教学相长的共生课堂。

第三，道德课堂要实现最终的质的飞跃，需要教师变非理性教学为理性教学，变"教本"为"学本"，把知识课堂打造成情感课堂，需要学生由被动学习变主动学习，由苦学变乐学，由单纯地依赖教师发展到自主、合作、探究学习，最终形成师亦生，生亦师，师生相长的课堂生态，实现学生学习品质和精神品质的共同提升。

例如，郑州市金水一中的合作课堂就是在以班级授课制为主的教学组织形式下，改善传统的师生单向交流的方式，采用小组合作学习的形式，构建全班教学、小组集体合作学习、学生个体学习的教学动态组织系统，通过师生、生生的多项互动交流形式，让每一个学生都有语言实践和自我表现的机会，以培养学生听取别人意见的良好习惯，促进学生之间的互相启迪、互相帮助，以解决学习中的各种问题，共同完成学习任务。为了完成共同的学习任务，成员之间有明确的责任分工。在课堂上，教师开展合作学习，给学生群体一项共同的学习任务，让每个学生在这项任务中承担相应的责任，在活动中相互支持、相互配合，遇到问题能协商解决，通过沟通解决群体内的冲突，对个人分担的任务进行群体加工，对活动的成效进行共同评价，提高学习效率，增强合作精神。

又如，在郑州建业外国语中学的五学课堂上，学生人手一张备课组教师们精心研制的学案，每张学案的内容分为五个部分，即五学课堂的五个环节，分别为标学、互学、示学、用学和评学。标学环节：学生齐读标学内容，明确本节课的学习目标。互学环节：学生根据互学提纲进行自学、两两互学、团队内互学。示学环节：各团队讲解员向全班同学讲解，上下互问，生成许多新问题。用学环节：当堂检测，小组互评。评学环节：一是教师在课堂的每个环节对学生进行正向评价；二是教师在课堂结束前对本节课的知识点进行总结、升华，这是课堂的点睛之笔，也是教学艺术性的体现。五个部分的出发点和落脚点都是学生的"学"，教师将学习的主动权还给了学生，激发了学生的学习兴趣，使学生养成了良好的学习习惯，通过课堂打造学生的未来领导能力(演讲演示能力、团队协作能力、项目管理能力)。"五学"既是五个有机的组成部分，也是对一节课的"知识包"的五轮学习(标学轮廓学、互学剖析学、示学互动学、用学检测学、评学归纳学)。通过不同层次的学习和不断变换的学习形式，学生实现了知识、技能的生成与进阶。该校一位学生的话充分说明了五学课堂的魅力："刚开始，我觉得五学课堂不可思议，好端端的课，老师不讲偏让学生讲。但慢慢地，我觉得这样的课堂才是能让我动脑思考的课堂。一开始，我还喜欢单干，不参与团队的互学，但我发现没有其他同学的帮助，很容易形成思维定势，所以我懂得了互帮互助。之前，我还认为老师加分的举动只有对幼儿园的小朋友才有用，但渐渐地，我发现每天评分的时候，如果团队排在倒数有多么羞愧。我开始在课上积极发言，每一分都去争取。五学课堂使我更自信，更阳光了！"

总之，建构道德课堂，需要教师在每节课教学之前回答三个问题：一是，你要把学生带到哪里去？教师要回答的是学生的课堂学习目标，学什么，学到什么程度。二是，你怎样把学生带到那里？教师要回答的是学习策略和学习过程问题。三是，你如何确信你已经把学生带到了那里？教师要回答的是学习效果的评价问题。回答不好这三个问题，教师就上不出成功的课来。

（二）提升教师构建道德课堂生态的能力

每一位教师都在课堂上营造着一种课堂文化氛围，构建着一种课堂生态，学生都在进行着某种"文化适应"和自然成长。课堂中面临的问题实质上就是文化（生态）的问题，可以说，构建和谐的课堂生态是现代学校文化的最高境界。我们要构建道德课堂生态，就必须进行课堂教学改革和创新，围绕教师、学生、文本之间互动的教学活动，实现从"单向型教学"向"多向型教学"的转变；提倡以问题为纽带的探究式教学，实现从"记忆型教学"向"思维型教学"的转变；通过合作学习，在教师之间、师生之间、生生之间形成和谐的课堂人际关系，实现从"应试型教学"向"素养型教学"的转变。下面列举几个相关案例。

案例一

郑州一中——主体课堂教学理念下的教师角色定位

从 2009 年年末朱丹校长公开提出主体课堂教学理念开始，郑州一中主体课堂教学改革已经进行了七个年头，它不仅使学校取得了骄人的高考成绩，而且极大地提升了郑州一中的教育教学品质。2010—2011 年，学校正式成立了四个主体课堂实验班。在郑州市道德课堂建设的进程中，郑州一中主体课堂教学改革扮演了重要的角色。主体课堂最核心的内涵之一就是充分给予学生自由，充分体现学生学习过程中的主体地位。

当前，我国基础教育存在的根本问题在于，以生命活动的名义摒弃真正的生命活动。以模拟生命活动来控制真正的生命活动的教育教学思路和方法，失去了学习者生命活动的支持。而纵观近两百年来的教育发展史，我们可以清晰地看到一个规律，那就是教育教学过程中学生的主体地位在不断上升，而教师的主体地位则不断趋于下降，甚至隐匿。教师是教育教学的管理性主体，但教师不是教育教学主体。就本质而言，在教学真正发生的过程中，唯一的主体是学生，这就决定了教师是为真正的主体服务的，是辅助性的。如何完成这一转变，首要问题是把时间还给学生，让学生成为课堂的焦点和中心。

在这个背景下，如果想更好地实施教学，教师的角色必然会面临新的改变和定位。主体课堂的教学理念对教师有如下要求：

第一，教师要具备开放的心态，以欣赏者的身份平等参与课堂。

在学习《祝福》时，学生们一起探讨文章的主题，大家踊跃发言，各抒己见，讨论的内容也由浅层的文本内容逐步延伸到文学和文化层面。我们班有位女同学平时默不作声，但是那天在课堂上她站起来发言了，用存在主义的观点解读了《祝福》的主题。她说存在主义者把恐惧、孤独、失望、厌恶、被遗弃感等看作人在世界上的基本感受，而鲁镇的所有人正符合这一特点，所以鲁迅笔下的那个社会是个没有希望的社会。她还由此给我们讲解了尤涅斯库和他的《秃头歌女》。她回答完后，班内爆发出雷鸣般的掌声，大家为她的精彩发言而喝彩，这时，教师更应该毫无保留地融入这种赞美之中，表达出自己对她的欣赏。因为教师的赞美与肯定，不仅是对学生的答案的认可，更是对学生的新视野和新思维的肯定。这种肯定本身也是一种引导，它会使我们的语文课变得越来越开放，越来越有深度。

第二，教师要深化文本解读，以独特的视角引导学生回答并激发争论。

我们经常遇到这样的问题：自己精心备好了一节课，在提问学生的过程中，因为预设内容很多，迫于时间关系，我们总会时不时打断学生，以"暴力"的方式替学生完成了回答。我认为这实际上就是对课堂生态的一种破坏，其最终结果是学生可能在很用心地听、很用心地记，但他们对这个课堂系统在心理上慢慢疏远了，直至不愿再主动参与，这就像有些鸟儿极其不情愿地离开自己熟悉的但却被破坏了的生态环境一样。

在具体教学过程中，在深度解读文本的基础上，我们有意识地设置一些开放性的、模糊性的、争论性的探讨内容，并给学生足够的时间来交流表达，如对苏轼思想的认识，对荆轲的评价，如何看待鸿门宴中项羽的失败，周朴园对鲁侍萍是一种怎样的爱，《祝福》中谁最坏，等等。可能这些是老生常谈的话题，但它们也是一些见仁见智的话题，拥有无限被延伸的可能。在教师给学生充分自由的表达空间和时间后，这些问题就具有了新的生命和活力。学生会产生各种观点，会交流争论，企图说服对方，于是课堂被无限放大。在这样的过程中，学生越来越主动，甚至把教师抛在一旁。所以，我觉得只要课堂的问题及视角具有足够的吸引力，就必然会吸引学生参与，这种参与既主动又有深度，这样的课堂在我看来就是一个多元和谐的优秀课堂。

第三，教师要具有广博的知识，并深入浅出地点拨学生，引导课堂。

不可否认，在我们给了学生足够多的时间和空间之后，不同班级之间的课堂差异就不可避免地出现了。学生是一个个鲜活的个体，他们有着不同的家庭背景、生活经历，因此他们的视角、他们的观点也必然是多元的，这就要求教师随时做好应对不同观点、不同内容等挑战的准备。在面对两节甚至更多不同内容的课堂时，教师要能够巧妙地将它们引领到同一目的地，做到殊途同归，这就要求教师具有广博的知识和极高的智慧。比如，我所教的两个班在讨论《窦娥冤》时，第一个班在讨论过程中纠结于"蔡婆的态度为何摇摆不定"，大家围绕这个问题深入辩论，而到了另一个班，大家讨论的焦点则变成了："既然窦娥是一个十分善良的女子，为何还要立下亢旱三年的誓言，以致连累当地百姓受苦？这是否会影响窦娥的形象？"大家围绕这个问题争论不休。从学生讨论的情况看，两节一样的课，似乎上出了不同的内容，这就需要教师引导学生认识到本课的目标和任务。实际上这部戏剧讨论的就是在黑暗的社会下，小人物悲惨而摇摆不定的命运，实际上两个问题都可回到这个主题上来。此时教师的重要作用就体现出来了，即让学生明白他们讨论这个问题的目的和意义是什么。

教师要做到这一点，需要广博的知识，因为学生们会在什么问题上展开争论是无法预设的，教师一定要深度解读文本，从而能够从容应对每一节课中随时出现的不同问题。

教师一定要对教育心生敬畏，不仅关注学生对知识的掌握情况，更关注学生以后的发展。因此，我们应该通过自己切实有效、持续不断的努力，给学生提供足够多面对未来世界的能力。主体课堂的改革方向，就是这种努力最好的体现。

案例二

郑州五中——以课堂改革促教学生态转变

在新课程实施的背景下，郑州市倡导道德课堂建设的理念，进一步提出了推进道德课堂建设的十大策略。郑州市教育局田保华副局长多次强调："课程改革改到深处是课堂改革。如果课堂改革不正确，不到位，不成功，那么课程建设与实施就会难以正确，难以到位，难以成功。因此改革课堂，应是课程建设与实施的攻坚战。"郑州五中以更新教师课程理念为前提，以改革课堂教学模式为突破口，以"减负增效"为手段，以让"学生会学"为目的，不断探索课堂改革，取得了丰硕的成果。

第一，推进课堂教学改革，探索课堂教学模式。

在新课程实施的背景下，郑州市一方面提出了道德课堂建设的理念，为学生的多样性需求提供了条件和平台，切实体现了以人为本的课程改革理念和科学发展观的要求；另一方面要求课堂教学必须体现学生的主体性，体现师生平等、生生平等的课程改革理念。为此，郑州五中加大课堂教学方式的改革，不断探索新课程实施下的课堂教学模式，多次召开不同层次的会议，研究课堂教学模式。为了既发挥学生的主体作用，又发挥教师的主导作用，既提高学生的积极性，又提高课堂的效率，郑州五中经过反复研讨和实践，目前形成了六环节教学模式，即目标展示、学生自学、同伴互助、教师释疑、反馈训练和拓展延伸。其含义分别是：目标展示让学生清楚本节课的目的和要求。学生自学是为了发挥学生的主体作用，培养学生的自学能力，使学生渐渐"学会学习"。学生自学前，教师可以进行学习方法的指导，或者提出一些具体的要求。同伴互助，一方面培养了学生的合作精神和交流能力，另一方面解决了自学中无法解决的问题，既减轻了教师的负担，又培养了学生的合作意识和探究能力。教师释疑是发挥教师主导作用的重要环节。教师通过组织、引导，帮助学生理顺知识点，既调动学生的积极性，又引导学生做进一步的探究。反馈训练是为了检测学生对本节课教学内容的掌握情况以及仍存在的问题。拓展延伸是为了提高学生利用所学知识解决实际问题的能力，能更好地拓展学生思路，提升学生思维能力。通过一段时间的实施，我们认为效果是明显的：学生的自学能力、质疑能力和合作交流意识都有了显著的提高。

第二，编制学习卷，提高课堂教学效率。

怎样构建道德课堂，提升师生生命质量，让学生既学得轻松，又学得实在，既掌握知识，又有时间去探究、创新，既能减轻学生过重的课业负担，又能提高教学质量？学习卷正是我们在探索中找到的解决这一问题的理想工具。

学习卷是我们借鉴学案教学的原理，结合六环节教学模式生成的，是教师教和学生学的文本材料，是六环节教学模式的重要组成部分。学校要求教师细化、解读课程标准，准确把握学科的价值思想和知识体系，将其细化为每一课时的学习目标，并以学习卷的形式呈现给学生。所有年级、所有教师一律不准组织、推荐或变相安排学生征订任何教辅材料，学生学习过程中的所有检测题、练习题一律由教师精选后，以学习卷的形式发放。

学习卷的使用，不但减轻了学生的课业负担，而且减轻了家长的经济负担，更重要的是留给了学生更多的可自由支配的时间，增强了学生学习的自由度，给学生提供了进行社会实践、互助探究、独立思考的时间，不但没有影响教学成绩，反而提高了课堂效率和教学质量。短短三年，我校高考本科升学人数增长了 6 倍，高中录取分数线超过一些省示范高中。郑州五中以惊人的速度实现跨越式发展，成为郑州教育界杀出的一匹"黑马"。

第三，推进基于课程标准的教学，指向深度学习的课堂教学变革。

基于课程标准的教学就是指，教师根据课程标准确定教学目标，设计教学评价，构思教学设计，实施教学，评价学生学习和开展补充教学等。

基于课程标准的教学一般包括以下四个环节：一是将课程标准分解为学习目标，让学生明确学习结果的预期表现；二是根据学习目标编制评价方案，以检测学生完成学习任务后的学习质量；三是围绕学习目标展开教学，让学生在问题探索中完成学习任务；四是运用评价方案检测学生的学习质量，通过补充教学达成学习目标。

基于课程标准的教学清楚地回答了田副局长提出的三个问题：一是基于课程标准的目标叙写研讨活动——体现的是要将学生带到哪里，解决学什么、学到什么程度的学习目标问题。二是评价任务的制定与实施研讨活动——体现的是检验学生有没有到达那里，解决怎样才能证明学生学会了的评价问题。三是基于评价任务设计教学活动（教学设计）——体现的是如何将学生带到那里，解决的是怎样进行教与学才能帮助学生更好地学会的问题。

第四，取得的一些效果。

通过课堂改革的探索，郑州五中课堂教学生态取得了三大转变：一是通过对课程标准的分解和学习目标的界定，促使课堂教学从基于经验的教学转变为基于标准的教学；二是通过基于目标的评价任务设计，促使课堂教学的主体产生改变，从而推进教学活动设计从组织学习内容到设计学习经历的转变；三是通过基于"教学评一致性"学习卷的设计，使学习卷的设计更加符合学生认知规律，促进了学生从学会知识到学会学习的转变。

教师的专业发展效果显著，教师的科研能力得到增强，课题、专著等教育科研成果丰硕。两年来，郑州五中教师立项省级课题 3 项（其中一项为省基础教育重点课题），立项市级重点课题 4 项，一般课题 9 项。获郑州市教学成果一等奖 1 项，河南省教学成果二等奖 1 项。在《中学数学教学参考》《河南教育》等杂志发表专业性论文 3 篇。《初中数学课程标准解读与分解》一书由郑州大学出版社公开出版发行。

　　近年来，郑州五中共有67人在郑州市课堂达标评优课活动中获市级优质课一、二等奖，22人获省级优质课奖，2人获国家级优质课奖，15人获得省级骨干教师或省级学术技术带头人称号，35人获得市级骨干教师或市级学术技术带头人称号，9人为郑州市教研室中心组成员，3人的博客荣获郑州市优秀教育博客奖。青年教师发展共同体成员应邀到兄弟学校做专业成长报告3人次，应邀到北京、福建等地学校做报告2人次。

　　学校的教学质量逐年提高，社会声誉越来越好，教育教学质量居同类学校首位。近年来，高考本科上线率屡刷新历史纪录，一本上线率5年来提升了8倍。2015年高考招生时，郑州五中的高中学业成绩增值评价增值率位居全市同类高中第一名。

案例三

郑州市二七区汝河路小学——小学"单元整合、群文共享"
班级读书会教学模式研究

　　在整个小学阶段，语文是孩子学习的重中之重。孩子对这个世界的正确的认知和情感、态度、价值观的形成大多是从语文学习中来的，孩子的理解能力、分析能力、解决问题的能力也大多来自语文的学习。所以，小学语文学习的优劣关系着孩子一生的学习和发展。我们学校一直在摸索"不断提高语文教学质量，不断提高孩子语文水平"的种种方法，"语文课堂要由课内向课外延伸，全面激发孩子的阅读兴趣，提高课堂效率"是大家达成的共识。"单元整合、群文共享"是我们在课程改革背景之下，结合学校的小学语文课堂教学现状，为切实提高学生的阅读量，反复思考，大胆尝试后提出来的。

　　一、提出这一模式的问题背景

　　语文课程标准指出，九年义务教育的学生课外阅读总量最低应达到145万字，并指出要培养学生广泛的阅读兴趣，扩大阅读面，增加阅读量，提倡少做题，多读书，好读书，读好书，读整本的书。在新课程实施的这几年，课外阅读的重要性日益被教师们认识，但是，课外阅读在具体实施的过程中还存在很多问题。

第一，局限于教教材。

为了让学生在短时间内取得一个好成绩，教师已经习惯了仅仅局限于教材来教语文，一学期教二三十篇课文，将这些课文"嚼烂""喂"给学生。这样一来，学生的所得十分有限。语文教学确实存在着"少、慢、差、费"的不良现象。

第二，课外阅读缺乏指导。

在引导学生开展课外阅读时，教师大多只是布置，而缺乏具体的指导。"孩子们，读书可以丰富知识，在课外多读书吧！"教师仅仅停留于此类说教式的宣传、鼓动，而没有系统、科学、理性的思考，更没有尝试有效、多元、丰富的阅读推广办法，所以真正能养成自觉阅读习惯的学生是不多的。

第三，课内外阅读分离。

课堂教学与孩子们课外阅读经常是两张皮，教师没有做到有效地衔接和拓展。学生课内所习得的阅读方法，未能在课外得到有效的运用，而且课内所阅读的课文也是零散的，缺乏整合性。

第四，阅读材料匮乏。

我校开展的班级读书会，主张师生共读、亲子共读一本书，主张师生之间、生生之间的阅读交流和讨论。然而受经济条件的制约，在一学期内教师很难让全体学生去买上几本相同的书。

以上问题，我们该如何去解决呢？于是，我们便有了"单元整合、群文共享"这一构想和尝试。

二、实施这个模式的积极意义

当前国内的新教材有很多种，不管哪一种，几乎都是以"主题单元"来选编课文的。这样的编排方式，不仅使精读课文、略读课文和课外阅读形成一个整体，更好地发挥陶冶情操和训练阅读的功能，而且加强了"三个维度"之间的联系，有利于全面提高学生的语文综合素养。因此，在教学过程中，我们不能仅就一篇篇课文进行孤立教学，而应把它们看成一个有机的整体，用同一个主题进行整合。例如，人教版五年级下册第四单元就是以"感动"为主题组织课文的。"单元整合、群文共享"就是

依据新教材主题单元编写这一优势，在实施过程中与传统教学相比较的基础上发现的一种特殊学习方式。

"单元整合、群文共享"从操作层面上看，是班级读书会的课内形式，它有其自身的积极意义。

第一，适应主题单元教学。

它以相同主题的一组文章为阅读和交流对象，旨在充分利用教材提供的学习资源，拓宽学习和运用领域，实现教学内容、教学时空、教学方法的全面开放，使全体学生在学习内容、学习方法相互交叉、相互渗透和有机整合中开阔视野、熏陶情感、发展思维，在不增加师生负担的前提下，使学生阅读的数量和阅读的能力得到提升，为后续学习和终身发展奠定扎实基础。

第二，适应学生实际情况。

班级读书会是师生在课外共读一本书或几本书，然后在课内进行交流的活动。由于受经济条件的制约，很多学校很难在一学期内让班上每个学生都买上一本或几本相同的课外读物。所以，更有效地利用我们身边的现有资源，为学生的课外阅读服务，是我们这个活动的初衷。

第三，使课内、课外、生活得到有效的衔接。

孩子们的课内阅读与课外阅读经常是两张皮，二者是分离的。班级读书会能更好地体现"得法于课内，得益于课外"这一理念，使学生的学习由课内延伸到课外，再延伸到生活中。比如，在课内学习了"童话"这一主题单元后，再在课外阅读相关文章，在以后生活中阅读到童话时，学生也能联想到课内学过的相关知识。

在理解了相关的概念后，我们更加坚定了开展"单元整合、群文共享"这一活动的信心，但在具体的实施过程中却出现了一些问题。

三、实施过程中的问题和解决原则

第一，学生学习交流的时间不够。

我们平时学习一篇课文都需要2～3课时，而在40分钟内既要完成对课内4篇课文主题的回顾，又要对课外的多篇课文进行充分的交流和探讨，还要对这一主题进行适当的拓展，感觉40分钟的课堂教学时间不够用。

第二，课堂的"精彩"难以呈现。

比如，四年级上册第四单元的课文虽然都是围绕"感动"这一主题进行组织的，但每一篇都是在记述不同的人与事，课文中所描述的"感动"都是通过完整的事件来体现的，这就使得教师很难在课堂教学中通过学生零碎的汇报把"感动"这一主题鲜明地呈现出来，当然也就难以达到传统意义上所谓的"好课"的标准。

后来我们经过反复思考和探讨，阅读了相关理论，最后形成了以下两点共识：

第一，活动的组织形式应该不同于一般的语文教学。

活动的组织形式应该是粗线条的，不必抠得太细。它不以解决语文的基本能力为目的，鼓励学生自己扫清文字障碍，也允许学生在课外阅读的某些点上"不求甚解"。教师遵循"兴趣第一，儿童本位"的原则，把课堂还给学生，让课堂成为学生交流和分享阅读收获的一个平台。教师只在某几个点上将学生阅读引向深入，体现思想的交流和碰撞，引发学生的争论，这样就解决了课堂学习时间不够的问题。

第二，课堂以学生学有所得为基本原则。

我们不追求课堂的精彩与精致，而追求课堂的朴实与落实。这种想法主要源于台湾一位教师在成都的献课，她组织了一节班级读书会，整堂课中没有教师精彩的演绎，没有教师澎湃的演说，只有一种简单的合作，一种纯粹的交流，但细细想来，学生的收获却是实实在在的。

总的原则就是自主学习，组织交流，粗枝大叶，不求甚解，学有所得。在形成了以上认识以后，我们开始了具体的实施，从而形成了一整套策略。

四、教学的策略

（一）填写群文阅读记录表

单元学习接近尾声的时候，教师要求学生用自习时间，可以课内，也可以课外，自主阅读课外相关文章，并做好批注，填写群文阅读记录表。

群文阅读记录表				
课文标题	作者	主要内容	最精彩的片段或句子	想提出的问题

群文阅读记录表是为了让学生的自主阅读更有目的、更有重点地进行，并让学生记录整理阅读之后的心得及想法。教师也可以通过群文阅读记录表了解学生的阅读状况，适时给予合理的阅读建议。学生更可以通过群文阅读记录表的撰写，训练做读书笔记的习惯和能力。学生一开始进行课外阅读时，教师就鼓励他们做好阅读记录，养成习惯。针对不同的年级，教师可以有不同的要求。比如，当天课堂所呈现的群文阅读记录表可以包括主要内容、精彩片段、想提出的问题等几个方面。教师要把握的是，既不让阅读记录成为学生的负担，又不让学生觉得它是无关紧要的琐事。

（二）五步教学法

在课堂的汇报交流中，教师主要采用"五步教学法"这样的操作模式，即主题回顾、阅读概览、片段分享、精彩赏析、主题拓展。

第一步是主题回顾。旨在简单回顾课内的几篇课文，提炼出这个单元的主题，并以画知识树的方法进行呈现。这实际上也是在训练学生的归纳概括能力，使学生能够用简练的语句对文章内容进行概括。

第二步是阅读概览。学生在回顾课内文章的基础上延伸到课外同步阅读，这同样需要学生对课外阅读的几篇文章进行整体把握。在课堂上，多数学生都能借助课外填写的群文阅读记录表进行较为准确的概括。

第三步是片段分享。这是课堂的主体环节。在这个环节中，开展民主、互动、多元的对话，不仅能让孩子们一同分享到阅读心得，而且能营造出浓厚的团队读书氛围，提高了个体与群体的阅读素养。在这里，学生的感悟无论是深刻的还是肤浅的，都是属于他们的独特感悟，教师都应充分地尊重，让他们感受到成功的喜悦。此时，教师摆正自己在活动中的角色最为重要。教师应该是学生阅读兴趣的激发者，应该是学生开展阅读活动的引导者，应该是读书会过程的组织者，还应该是阅读活动的参与者与聆听者。

在这个环节中，教师不是一味地将课文讲深，而更多的是关注学生多元的理解，所以课堂似乎少了一些精彩，但其实这样学生更感兴趣。记得我们在第一次对学生进行试讲后就做过一次随机的调查，几乎百分之九十的学生感觉这样的上法比平时的语文课更有趣。理由是：学生对文章有新鲜感，不像平时的课堂将课文嚼得过细、过烂，因而乏味，更为重要的是"聊书"的形式让他们感觉很轻松，而且很有成就感。

第四步是精彩赏析。在学生充分交流的基础上，教师也需要在一两个点上引导学生的思考向纵深发展。该选择怎样的点来展开呢？这就需要教师设置一定的话题。话题是讨论的灵魂。一个好的话题，既能反映阅读材料的主题，又能激活学生的阅读积累和生活经验，触动学生思维和心灵的琴弦。好的话题可以是对学生阅读中可能存在的疑问的预设，也可以是课堂上的临时生成。一般有价值的话题的产生应基于四个方面：一是着眼于对作品的整体把握；二是产生于学生的认知冲突或矛盾点；三是来源于作品的文体特征和作家的表达风格；四是能够连接学生的生活和感情世界。

第五步是主题拓展。课堂的功能只相当于一个例子、一块试验田、一把钥匙，更广阔丰富、更生动多变、更精彩的世界在课外，在生活中。这样，学生有了课内阅读所扎下的根，又有课外阅读和生活中生发出的枝和叶，必将结出累累的硕果。

（三）画知识树

在以上环节中，师生共同画知识树来完成主题回顾和阅读概览：知识树的树干表现的就是本单元的主题——感动、父爱、童话等；知识树的树叶表现的是课内和课外的几篇文章；果实则对应的是该篇文章所表达的主题。最后师生通过描述知识树来整合和深化本单元的主题，拓展和丰富教学内容。

以上就是我们在开展"单元整合、群文共享"过程中所采用的填写群

文阅读记录表、五步教学法和画知识树的教学策略。

"单元整合、群文共享"这种班级读书会教学模式丰富和完善了小学语文单元教学模式,不仅有利于培养学生整体把握文章的能力,而且有利于提高学生的自主阅读能力,让学生充分享受到阅读带来的乐趣,体会到成功的喜悦。

二、 道德课堂实践模型的构建

在实践突破层面,构建道德课堂实践模型(见图 3-1),在一定程度上解决了课程改革理念不落地的现实问题。我们以"基于课程标准的专业化方案设计,基于课程标准的有效性教学实施,基于课程标准的发展性学生评价"为操作策略,找到了国家课程校本化的实践办法,构建了道德课堂的实践模型:以课程改革的顶层设计为指导,围绕学校教育的核心要素,从全面落实课程改革的目标、任务出发,以负责的态度和专业的方式,从构建课堂文化生态,加强课程建设,实施基于课程标准的有效教学,开展教育质量综合评价等层面系统推进课程改革,通过影响教育教学质量的关键要素的有效互动,整体优化育人生态,提升育人质量。

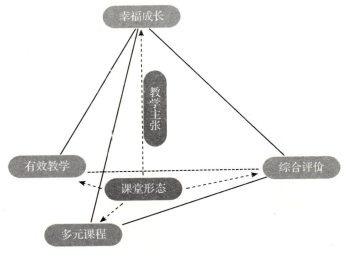

图 3-1　道德课堂实践模型

三、 区域推进课程改革的有效路径

道德课堂实践遍及郑州市 1300 多所中小学，包括民办学校，成为郑州市区域推进课程改革的有力抓手。2016 年，郑州市进行了第二次道德课堂有效形态认定活动，共有二七区春晖小学慧通课堂等 70 余种课堂模式得到认定，涵盖了各级各类的中小学，范围之广前所未有。应该说全市教育工作者改革立场坚定，认识明确，方向清晰，课程改革提出的各项目标和任务在各层面均能得到积极的探索，"以人为本、立德树人"的总目标有了清晰的实践路径，形成了"以道德课堂理念构建新教学框架，区域推进课程改革"的郑州模式。

（一）区域推进有效模式的构建

在区域推进有效模式(见图 3-2)的构建过程中，我们以道德课堂文化内核引导教师明确价值取向，增强改革的主动性；通过具体项目的实施，引导道德课堂各层面的实践走向深入；紧扣学校教育的核心要素，以调研视导、问卷访谈、学业测评、课题研究为手段，对发现的问题、经验及积累的数据进行深入分析，强化问题解决指向，不断完善符合道德课堂价值取向的实践策略，做到文化引领探索，理论指导实践，评价校准方向，专业保证实效，从而使认识、目标、行为、结果实现有机统一。

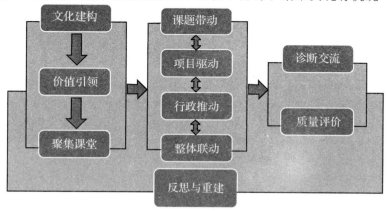

图 3-2　区域推进有效模式

（二）学校各具特色的实践创新

在构建道德课堂的过程中，我们始终坚持"只给理念、各自探索"的原则，激发学校的主动性和创造性，让构建的过程成为理念认同的过程、方法生成的过程、问题解决的过程。我们通过开展道德课堂教学诊断交流活动、道德课堂评价标准大讨论活动，形成了郑州市道德课堂三级累进评价标准（见图 3-3）。

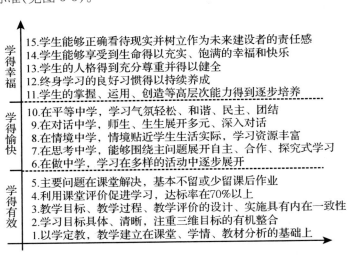

图 3-3　道德课堂三级累进评价标准

在道德课堂实践模型和评价标准的框架下，各学校基于校情和学情探索具有校本特色的教学模式。不同学校、不同学科、不同教师、不同学习内容、不同教学情境都可以呈现出不同的课堂形态。全市 1351 所中小学进行了深入探索，许多区域、学校形成了道德课堂理念下的各具特色的课堂形态，如基于学生主体的郑州一中的主体课堂，基于目标构建的郑州一〇二中的网络环境下的自主课堂，基于教师风格的郑州市二七区的多彩课堂、郑州七十四中的理解课堂、郑州五十二中和郑州师范学院附属小学的生命课堂、荥阳三中的全参与课堂、郑州一〇七中学和中原区的生本课堂、金水区纬三路小学的情智课堂、惠济区的和谐课堂等。截至 2013 年，全市共认定 32 所学校的课堂形态为道德课堂形态。课堂形态的构建过程使教学生态明显改善，学业质量显著提升。下面列举几个案例。

案例四

郑州一中——主体课堂

一、主体课堂的基本理念

老子说，万事万物都有内在的规律，教育教学自然也不例外。不遵循师道，则无以获尊严；不遵循学道，则无以传学问。郑州一中在20世纪60年代就提出了"智力靠自我开发，身心靠自我磨砺，人格靠自我塑造"的教育观点，最终把"培养自主精神"确立为育人理念。围绕这一内核，搭建由社团活动、艺术选修、ST教学①、自习课堂和主体课堂元素构成的平台，形成较为丰满的学校文化体系，追求"海阔天高，鱼跃鸟飞"的教育理想。在这样的背景下，在教育局大力提倡教育改革的春风吹动下，主体课堂应运而生。

我们现在正进行的英语主体课堂以及其他学科的主体课堂，都是以"先学后教，不愤不启，不悱不发"为特征，让学生从"被主体"到真正的主体。学生在教师的指导下明确学什么，怎样学，学到什么程度，真正明晰学习的过程和要素，形成自己发现问题、分析问题、解决问题的习惯和能力，从根本上转变被动学习的习惯，变"喂食"为"觅食"，由"觅食"而"自己动手，丰衣足食"。

二、主体课堂的操作模式

（一）主体课堂教学的实施准备

学习材料。教师对教材进行二次开发，编制学习指导书。学习指导书的作用是指导学生自主学习，达成目标。学习指导书的核心是指导学生的学习方法，并引导学生生成属于自己的学习方法。学习指导书的基本内容不是告知、讲授、包办，而是引导、点拨、启发。学习指导书的

---

① ST是英文Separately＋Together的缩写，指统一和个别相结合的教学方式，包含学科奥赛、研究性学习、讲座课程、分层次教学、选修教学五个板块。

基本要求是设置诱导性问题,激发学生的学习兴趣,并体现出由浅入深、由表及里的认知过程。学习指导书的基本范式是知识沙盘、自主学习、交流研讨、归纳总结、自我测评,根据需要可以增加知识链接环节。学习指导书统一印发给学生,与教材一起成为学生的学习资源。英语指导书分为阅读、单词、语法和写作四个类型。以单词指导书为例:"知识沙盘"可以让学生一目了然地把握知识点难易程度和学习顺序;"自主学习"根据知识的难易程度分为 a、b 两级,学生根据教师设置的问题和教师的适时点拨,通过查字典和翻阅资料独立完成学习任务;"交流研讨"是学生在碰撞中擦出火花,在交流中得到真知的重要环节,在这个环节中,学生的语言表达能力和独立思考能力会得到提升;在"归纳总结"中,学生得到的是学科思想和普遍规律;通过"自我测评",学生自查、自省,进而自修。而在阅读和写作指导书中,我们还会增加"知识链接"环节,给学生介绍每个单元的话题背景和写作句式。

课时安排。主体课堂的课时应该符合组织学习过程的需要。要充分完成学习过程,我们就需要相对较长的完整的学习时间。根据现在的学时分配办法,结合国家课程标准的学习规范,我们将课时时长设计为 40 分钟、80 分钟两种类型。

教室布置。主体课堂强调学生对种类资源的自主利用,强调学习过程中的合作研讨,因此我们把座位布置为面对面的形式,改变了传统的统一面朝黑板的模式。

(二)主体课堂的学习过程

自学。学生依据教材,结合教师编写的学习指导书,明确学习重点、难点、知识点,应用学习方法,自主达成学习目标,并在自主思考过程中生成新的学习目标和学习内容。

研讨。学生通过个体自学存在的疑问、生成的新问题,采用自由研讨的形式,集思广益,相互激发思考,在一定程度上解决问题。

精讲。教师对于前两个环节中不能解决的共性问题或重要问题以及新生成的问题中价值较高的问题进行补充式讲解,对于学习内容中体系性知识、普遍性方法进行总结式讲解,对于具有深远意义的学习内容进行升华式讲解，对于学生尚未解决的个别问题进行课后单独辅导式讲解。

测评。教师通过一定形式（如测验）对学生的一般学习目标的达成情况进行衡量，让学生了解自己学习目标的达成程度。

在学习过程中，教师突出强调学生的自主作用，着力培养学生自己想办法解决问题的能力，避免越俎代庖，弱化学生的自主精神。同时，教师从专业学识和专业经验角度设计学习过程，指导学生学习，尽量避免高中学段学生自学的盲目性以及对整个学习目标达成情况的担忧。

三、主体课堂的推进历程

（一）进行主体课堂研究实验

1. 成立主体课堂实验课题组

我们正式成立了郑州一中主体课堂实验课题小组，朱丹校长亲自挂帅。课题组的主要任务是进行主体课堂实验的理论研究和实践探索，坚持主体课堂常态化教学，开展各种课堂观摩，及时总结实验理论，整理汇总实验材料。

2. 设立主体课堂实验班

我们在新高一年级设立了四个主体课堂教学实验班，标志着主体课堂研究从实验室走进了实验田，将主体课堂的教学改革理念、课堂模式长期化、日常化地呈现出来。建立课题组周研讨机制，召开专题教学工作会、考试质量分析会，诊断教学、协调服务；召开学生恳谈会，倾听学生声音，校正方向；召开家长会，沟通交流，获得认同。

（二）开展主体课堂实践探索

我们组织主体课堂实验探索课研讨活动，随后再组织两轮主体课堂实验交流课活动，后期又组织主体课堂实验观摩课活动，由主体课堂实验课题小组的教师进行展示，进一步明确主体课堂的操作模式，确定学习指导书的编写体例。如今，一步步走来，主体课堂实践探索活动已经由刚开始的受到大量质疑到如今成为我校课堂研讨的主要内容，许多教师已经开始在班级中进行常规化实验。

目前，四个主体课堂实验班与普通班在精神风貌、求知欲望、考试成绩和能力发展等方面进行的对比表明：主体课堂实验班的学生在历次考试中都能够超额完成指标，且他们在整体自学能力、语言表达能力、团队协作能力、公共场合的心理调控能力和自主精神等方面已经逐渐显现出优势来。一些有实战意义和理论意义的成果正在整理中，主体课堂的各学科学习指导书、习题集和精讲集也已经付梓成书，三本书相辅相成，相得益彰。

四、主体课堂中的教师和学生

自主体课堂实施两年以来，主体课堂实验班的教师一直在反思中前行，每周研讨机制让课题组教师在问题分析中孕育思想，突破一座座险峰。如何写好学习指导书是共性问题。陈怀中老师认为，写好指导书是整个主体课堂实施的关键，它在学生 20 分钟的自学中起着启发和引导作用，一节课中学生的学习效果如何，学生能否研讨起来，研讨的问题是否深刻等的关键都在于指导书的编写。设置的内容太难，学生理解不了，自学困难，甚至 20 分钟都自学不完，研讨无法正常进行；设置的内容太容易，学生没有可研讨的问题，那么时间就浪费掉了。因此，写好指导书是对教师的考验。教师需要了解学情，吃透知识，预设问题，随机应变，而这些都需要时间的付出和精力的投入。

我们应该营造什么样的课堂生态呢？陈琳老师认为，传统课堂上教师经常以简单的方式替学生完成思考和回答，实际上这是对课堂生态的一种破坏，其最终结果是学生对课堂在心理上慢慢疏远了。主体课堂在时间和环节上保证了学生发表其观点的可能性，并且规定教师不能随意打断学生。这样，主体课堂不但营造了一个原生态系统，使学生可以在这个生态系统中自由成长，而且还规定了课堂生态的保护机制，以便让这个生态更和谐地发展。

关于主体课堂中的"道"与"德"，化学老师王孝军也有深刻的认识：主体课堂中的"道"，首先是学生的学习之道，自学是研讨的基础，研讨是自学的升华，测评是自省的过程。其次是教师的指导之道，写好学习指导书就要立足学情，解析课程标准，做到有的放矢；调节动态的课堂需要教学机智的生长和运用；精讲既要讲预设内容，更要解决生成的问题，这些都彰显着教师的综合素养。主体课堂中的"德"，主要是课堂的生态环境，以学生发展为本，提高和增强学生学习的自由度和主动性，让学生在交流与合作中有收获，有成功感，有发展的潜力储备。这样的生态环境使学生的"智"转化为"慧"，使学生的"情"升华成"德"。

"春江水暖鸭先知"，蹚过河去，学生体会到的是成长，是成功，是课堂改革带来的学习革命。

学习的形式变了。学生王瑞麟说："主体课堂的形式非常棒，让课堂由教师的独角戏变成了全员参与的大舞台，使学生可以离课堂、离知识更近。"马震说："我们借学习指导书的指点，一步步地自主学习每节课的知识点，遇到不懂的地方，通过自主讨论进行解决，再不懂才向老师求助。"

学习的效率高了。李旭冉说："'原始'的课堂将大部分时间用于对课本文字的复制，而这种'空听'的课堂只是'充实'，却不'高效'。一方面，没必要由教师重复课本内容；另一方面，单单'接受'毕竟是被动的、低效的。而主体课堂的自主学习环节正是将'被动'化为'主动'的过程。'自主'学习使我们对书本'疏而不漏'，充分利用了课本，课中精讲的'概括'将重难点突破、巩固，极大地提高了课堂与课下的效率。"王婷说："刚加入时，由于老师把大部分的课堂时间给了我们，而我们又不懂得如何利用这些时间，经常使时间白白流逝，一天下来，觉得什么也没有学到。后来时间长了，终于明白路就在自己脚下。自主与合作的学习方式让我们将知识网络中的'洞'一个个地补起来，同学之间的交流，让我博采众长，成了进步的最佳途径。"

我们会学习了。孙浩哲说："主体课堂的教学模式让我重燃了读书的欲望，让我感受到了前所未有的学习乐趣！"范敬宜说："新颖的课堂总会让我产生新的兴趣，也就让我产生源源不断的学习动力，这一点很让人欣赏。"王岩说："主体课堂让我学会了自主学习，初中时，我从来没有预习书本的习惯，慢慢地我学会了预习并爱上了预习。"唐睿说："初到一中时，听闻自己被分到实验班，加上对此的不了解，独自郁结许久，成绩也一直不尽如人意。随着时间的推移，'自己的问题自己解决，不会的问题同学解决'的理念已深深植入我心。课堂气氛越来越活跃，虽然老师讲

的时间不长，但一节课收获的知识竟比平常还要多，更为重要的是我养成了良好的学习习惯，主体课堂真的让我改变了许多。"王思凡说："主体课堂更重要的是带给我们团结向上的气氛、勇于探索的精神和良好严谨的思维习惯。我想，这才是一笔真正宝贵的财富吧。"

案例五

郑州七十四中——理解课堂教学形态

第一部分：简介

理解课堂是师生借助一定的教学条件在自我理解与相互理解的同时，使各自的生命意义得到更好实现的过程。

一、理解课堂的内涵

理解课堂的内涵：分材调节、以学定教、关注后进、知者加速。这里的"材"一指学习材料，二指因材施教，其核心为：按照"顺势为学"的原则，让教学任务随学生的差异自然分化，以"分材自学稿"为抓手，引导不同层次的学生针对自己存在的学习问题进行研究，进而在教师指导下适时调控、矫正、回授和补救。

二、理解课堂的基本环节

理解课堂主要由心理准备、沟通理解、解题理解、反思理解与跟踪理解五个环节组成，构建的是一种涵盖了课前、课中、课后三段的大课堂概念。

(1)心理准备(习练理解操)。

(2)沟通理解(旧知链接、自学检测、新知探究)。

(3)解题理解(巩固训练、达标反馈)。

(4)反思理解(补读帮困、知者加速、网络构建)。

(5)跟踪理解(问题跟踪、多重循环)。

三、理解课堂的重要抓手

理解课堂的三个重要抓手为：分材自学稿、自学互帮板、小组合作学习。在这三个抓手中，自学稿在学生的自主学习和合作学习中起到了导航仪和拐杖的作用，它像一条线一样，把课前预习—课中探究—课后跟踪紧紧地串在了一起。

四、理解课堂的特色标识

理解课堂的特色标识即"三读理解，六有提升"。理解课堂在学法上要求教师指导学生学会"八字读文，五看读图，六元读题"，即"三读理解"。在教师操作上要求"六个做到"：注意激发学生的主动性，做到课堂有状态；注意内容重构，做到内容有要点；注意分材自学稿的编制，做到自主有引导；注意合作方式，做到合作有实质；注意提升思维，做到思考有路径；注意类型化，做到练习有类型，即"六有提升"。这既是理解课堂的特色标识，又是评价理解课堂是否达标的六条标准。

第二部分：理解课堂教学形态解读

一、理解课堂的核心教育理念

理解课堂是师生借助一定的教学条件在自我理解与相互理解的同时，使各自的生命意义得到更好实现的过程。理解学生的生命，顺应学生生命主动性发展的天性，保护与唤醒学生的主动性是理解课堂的逻辑起点，是理解课堂的灵魂。

它的核心教育理念是"促进每一位学生的全面发展"，它以理解价值观和世界观为基础，以和谐高效的课堂教学为目的，把做人与为学、感情调适与智慧发展有机结合，做到课堂文化"知""情"合一、水乳交融，让课堂成为师生生命成长的地方，从而实现"智慧教师、生命课堂"的期待。

二、理解课堂的基本特征

理解课堂的核心教育理念是"促进每一位学生的全面发展"，它包括"学习性质量——为学生终身学习奠基；发展性质量——为学生终身发展奠基；生命性质量——为学生终身幸福奠基"，让学生成为学习的主人、生活的主人、精神的主人。这其中既有"真"的要求，也有"善"的成分，更有"美"的追求。理解课堂具有以下基本特征：

（一）有同理心，有人性

同理心是师生之间建立良好沟通的首要条件，忽视同理心的课堂就丧失了课堂本身所应具备的"道德场"的作用。在理解课堂教学中，同理心扮演着重要角色，它实现了课堂教学从"单向传授思维"向"共情沟通思维"的转变。理解课堂追求的不是简单意义上的双向沟通的浅层次同理心，而是理解对方的感情、理解对方隐含的成分，真正听懂对方、理解对方，达到共情沟通境界的深层次同理心。

理解课堂的另一个基本特点是"人性化"。用"心"施教，关注每一位学生的学习态度、情绪生活、情感体验和人格培养，其实质是尊重、理解和牵挂，这本身就是最好的教育。课堂教学中潜藏着丰富的道德因素，"教学永远具有教育性"，这是教学活动的一条基本规律。教师要善于充分挖掘教材中的人文资源，探究语言里的人文内涵，倾注课堂上的人文关怀，既要"教书"，更要"育人"。

（二）有行动，有效能

效能＝质量/投入。要取得高效能，就是要把作为分子的质量提得再高一些，把作为分母的投入降得再低一点。所以，那些仅靠加班加点、课上"夹生"课下补所取得的成绩效能并不高。理解课堂着眼于课堂中学生的真才实学，让学生得到实惠，追求课堂40分钟学习目标的高达度，即教学过程的"高效能，轻负担，高质量"。

首先，理解课堂强调对教材的校本化开发和挖掘，把细化解读课程标准作为实现有效教学的必由之路，要求教师对课程标准进行细化解读，设置出科学、准确、清晰、可操作性强的学习目标来引领课堂方向，把切实可行的学习目标作为高效课堂的基础。

其次，要求教师依据课时学习目标设计评价方案，把评价自然镶嵌于学习活动的全过程，使评价始终与教学活动紧密融合，确保课时学习目标步步落实。在课堂上，教师应严格按照学习目标和评价任务安排学习活动，使学习目标、教学评价与教学活动和谐统一，切实保证课堂教学的有效性。

（三）有情趣，有文化

情趣不仅是一种教学方法、一种教学思想，还应是一种教育境界——一种有情、有景、有思想的境界。理解课堂追求：明理与体验共存、自信与机会共舞、智慧与参与共生、健康与生活共求，以文化浸润提升学生素质，在"淡化教育痕迹"中"深化精神轨迹"，实现"知识传授"课堂到"情趣交融"课堂的转变，让情趣充满学生人生成长的历程。

有情趣、有效能的课堂必然滋生全新的课堂文化。理解课堂文化蕴含了教师、学生、文本三者互动的"对话文化"，从"记忆型教学"向"思维型教学"转变的"质疑文化"，从"应试型教学"向"素养型教学"转变的"合作文化"等，而最终的落脚点是"育人"，这也正和新课程"以人为本"的核心理念一致。

三、理解课堂操作的基本原则

（一）感情先行，情智并重

现实教育中普遍存在一种"重智轻情"的认识障碍，而实际上，师生之间的误解正是教学效益流失甚至是造成教育失败的重要原因。知识本身是没有感情的，可是传授知识的教师与学习知识的学生是有感情的，如何让死的知识活起来，让沉默的学生活跃起来，这就需要情感的滋润。所以，理解课堂提倡：教师要高度重视对学生的感情投入，做到感情先行，并将感情调节贯穿于教学活动的各个环节，充分发挥它的作用，使教学效果事半功倍。

（二）强德富智，巧用智慧

作为教师，千方百计去解决自己所面临的教育问题尤其是关于学生的问题，以减少现实教育中相对笨拙和简单粗暴的教育方法，这不仅是工作责任感强的表现，而且是教师最重要的德行表现。因此，理解课堂提倡：教育本是脑力活，巧用情智才成功。把知识智慧化，让智慧生命化，才能最终使知识情感化，让课堂焕发生命的活力。

（三）以学定教，因材施教

"未来的课堂教学，无论在教育观念上，还是在教学结构上，都将朝着以学生的学习为中心这一核心内容发生转型，也就是——以学定教。"（顾泠沅语）因此在教学之前，教师必须依据课程标准和年段要求，深入、认真地研究教材，研究学生实际，只有这样我们才能真正做到教师为学生的发展服务，才能真正体现以学定教，因材施教。教师要把学生的实际作为教学设计最重要的起点。在实施教学设计的过程中，教师要根据课堂的生成实际，不断调整，展开教学。特别是学生学习发生困难时，教师必须进行教学诊断，敢于调整，敢于引导，敢于追问，敢于讲解，只有这样才能把学生的思维与情感引向深入。

"以学定教，因材施教"的另一层含义就是尊重差异，关注孩子的个体需要。因为教学本身就是有差异的教学，我们的教学对象——学生个体，其发展也不可能"齐步走、一刀切"，教师必须正视个别差异的现实，实施差异教学，促进不同的学生得到不同的发展。教学实质上就是解决问题，而问题又是因人而异的，所以理解课堂就要求教师"以学定教，因材施教"。

（四）目标驱动，和谐共生

在教学中，学习目标是所有教学活动和教学行为的驱动器，决定着教学的方向、策略、路径等。因此，教师必须依据课程标准、教材、学情等，确定科学、合理的学习目标，同时，要以学习目标统领教学行为，使教学实施中的每一个环节或活动均做到有的放矢、有章可循。在教学中，师生、生生围绕学习目标双向互动、融合，形成教学中师生携手的合力，促成教学效果的最优化，达到教学相长、共同发展的目的。

四、理解课堂的基本环节

"理解课堂"主要由心理准备、沟通理解、解题理解、反思理解与跟踪理解五个环节组成。

（一）心理准备（习练理解操）

这一环节的主要目的是调节学生心态，让学生带着愉悦的心情开始学习，这也体现了理解课堂的"感情先行"方略。具体方法是教师在课堂教学开始前的短暂时间里（如2分钟左右），让学生做"理解操"，以此集中学生注意力，使学生形成适合学习的心理环境。

（二）沟通理解（旧知链接、自学检测、新知探究）

这一环节的关键在于"相互言说"。在教学过程中，话语权往往为教师所掌握，"一言堂"现象屡见不鲜，这在一定程度上反映出了部分师生之间的不理解。为改变这种状况，理解课堂首先从话语平等上着手，要求师生相互言说。在可能的情况下教师要尽量让学生多说。教师一定要定位好自己的角色，不能一味地"放羊"，要善于倾听并做到恰到好处的"插足"，调整或补充学生发言，做好引导，把握课堂，尤其对那些因误解、隔阂不愿开口的学生来说，这样做尤其必要。让学生多说从而获得充分表现主体地位的机会，也可以加深师生之间的相互理解。分材自学稿上的旧知链接、自学检测、新知探究部分都可以放手让学生去做，使学生通过自学、小组互帮、合作探究、教师点拨解疑的方式去完成学习任务。

（三）解题理解（巩固训练、达标反馈）

经过思想交流或教学内容的授受所形成的初步理解，只有通过实践才会逐步加深。因此，在此环节教师要引导学生运用初步理解的内容去解决相应的实际问题，进而发展学生的实践能力。同时，在解决实际问题的过程中解题者会加深对所学内容和相关人员以及自身的理解。

教师以分材自学稿上的巩固训练和达标反馈内容为抓手，让学生由易而难，分梯度解题并进行板演，以此检查学生的学习效果。学生讲解解题思路，教师进行点评并总结归纳出解题思路和方法。另外教师对训练习题的数量和类型要加以规定和控制，保证"两基"，控制作业量并实现教师的课下零作业批改，尽量做到节节清。

（四）反思理解（补读帮困、知者加速、网络构建）

师生对已进行的教学活动进行反思，发展合理方面，找出不足之处，并通过后续的教学实践活动进行检验，对自己的言行、教学内容、教学策略、学习方法等方面的合理性进行多重理解，达到自我解剖与理解的目的。学生每一次的自我反思与醒悟，不仅是认知提高的过程，而且是学生对学习产生幸福体验的过程。同时，师生各自站在对方的立场上，将心比心，理解对方的合理评价与要求，并针对对方的不合理性提出建议。教师要特别体悟学生思想出现反复的原因，采取进一步理解的措施，对后进生要有补读帮困的过程，对优秀生要有知者加速的方法，要让不同层次的学生都形成自己的经验，构建起自己的知识网络。

（五）跟踪理解（问题跟踪、多重循环）

师生之间的相互理解或学生对知识的理解等是长期的。为了帮助学

生更好地理解所学内容，教师要利用"学生进步档案"，记录学生进步的情况，引导学生反思存在的问题，并写下"反思"记录，还应要求学生向理解型伙伴——帮扶组长——报告反思情况，定期做改进性练习或问题跟踪练习。这样就可以使班级授课制中很难实现的因材施教变为现实。

在实际教学中，这五步可一次完成，也可分多次完成，其顺序也不是一成不变的，而应根据实际情况调整或增减。同时，每一步所用时间不是机械分配的，该长则长，该短则短。

五、理解课堂的操作要求

（一）构建"心理场"——给学生以自由发展的宽松氛围

德国心理学家库特·勒温提出了课堂"心理场"的观点，他认为"在课堂教学中，教师要创造一种促使学生积极思考探索的心理环境，营造一个使个性得以自由发展的宽松氛围，这是开发一个人创造力的不可缺少的重要条件"。

首先，教师要尊重学生。教师要努力尊重孩子的天性，让孩子成为孩子，把孩子当作孩子，让孩子像孩子一样地成长。以欣赏的眼光关注孩子成长，张扬智慧，彰显活力，让孩子健康苗壮成长。

其次，教师要倾听学生。教学的根本不在于教师向学生讲了多少，而在于教师对学生理解了多少。倘若教学指向于理解，教师的任何讲授都必须建立在对学生的倾听之上。只有创造机会让学生去言说和表现，教师才可能理解学生，学生之间也才可能相互理解，教师的讲授和其他教学行为也才有了可靠的基础。因此，教学的本质是倾听和对话。

最后，教师一方面要最大限度地挖掘和利用学科课程内容中丰富的情感教育素材，另一方面要全身心地融入其中，以情动情，以情燃情，最终达到情感上的共鸣。换言之，教师要努力营造一个"情感的课堂"，一个激情的课堂，唯有如此，课堂教学才可能在引领学生生命的情感世界向着求真、求善、求美的境界不断发展的过程中，发挥重要作用。

（二）组织"交流场"——给学生以自主学习的权利

教学过程是以学生为主体、以学生的学习为核心的认识、内化和发展的过程。学习的关键在于学生自己的学，教师要遵循：学生能自己学会的，教师不讲；部分学生学会的，教师不讲，采取"兵教兵"的方式。教师把"循循善诱"调节到学生的"独立探究""热烈讨论""争论和交流"与"体验领悟"之上，从而使"教""学"和谐一致。

第一，教师愿意接受学生的观念，即使学生的观念是"错误的"，教师首先要关心的是"他为什么这样想"，而不是基于教师自己的立场或教科书的标准而排斥或谴责学生。

第二，把话语权还给学生，因为"大多数学习都发生在阐释之中"。在课堂上，教师要让学生学会依靠他们自己，让他们自己来判断所认知和所相信的事物。在这个过程中，学生慢慢地就会体会到知识是人主动建构的这一理念。

第三，正确处理好自主与引导之间的辩证关系。学之道在于"悟"，教之道在于"度"。在教学中，教师不能把自主学习简单地理解为让学生自己学，一放了之。没有学习的内驱力，没有目标要求，没有方法指点，学生是达不到学习目的的。教师也不能机械地认为只有让学生看书或先做教师布置的习题才叫自学或"先学"，学的途径和方法应是多种多样的。自主学习强调发挥学生的主体能动性和创造积极性。例如，在教师的引导下，独立阅读教材、相互交流讨论、独立练习等都是自主学习。只有学生的高度参与与教师的适时指导趋于和谐的教学，才算得上是有效的教学。在课堂上，教师既不是事事包办，也不是撒手不管，而是密切关注学生的学习动态，并不失时机地加以引导、启发、指导、点拨、评价、矫正，起到拓展思路、开阔视野、提炼精要、升华情感、化繁为简、点石成金的作用，让师生对话得以持续，将学生思维引向深入，使教学目标迅速达成，使学生真正实现由"学会"到"会学"的转变。

（三）展现"思维场"——给学生以主动思考的空间

理解课堂是学生获得发展的场所，教师要尽最大努力使学生在课堂上像"生活"在思考的世界里。教师的所有课堂行为，尤其是教师的提问、师生对话与互动（这是促使学生有效思维的主要举措）都要具有思维价值，即能引发学生思考。教师所提的问题要能够真正抓住学生的心思，要能引起学生集体思维过程，成为课堂教学最重要的不竭动力。教师绝不能只进行填空式、判断式的提问，而要使学生达到"愤""悱"状态，引起头脑风暴。教师对学生的观点暂缓判断，在一定的时间内让尽可能多的观点呈现出来，就像"风暴"刮过大脑一样，这样就能激活参与者的思维，使其智慧得以极大的迸发。唯有如此，课堂教学才可能真正唤起学生的生命主体意识，引领他们走上自主建构知识意义的发展路径。

（四）展示"成果场"——给学生以充分展示成功的机会

"相信每一个学生都有成功的愿望，相信每一个学生都有成功的潜能，相信每一个学生都可以在教师的帮助下获得成功"，这是理解课堂的精髓所在。在教学中，教师要充分发挥教学的智慧，尽最大努力为学生创造成功的机会，使教室成为学生"成果"展示的天地。在教学中，教师必须做到以下几点：

一是起点要低。教师在制定学习目标时既要严格按照国家课程标准的相关要求，更要切合学生的实际，要切实摸清学生的知识基础和实际能力，把目标定位在大多数学生努力一下就可以达到的水平。

二是步子要稳。教师要根据需达到的目标，按照由易到难、由简到繁的原则，把教学过程分解成合理的教学环节（教学任务），努力把学生产生学习挫折事件的频率降至最低，使学生层层有进展，处处有成功，时时处于积极学习的状态，感到自己有能力进行学习，从而不断增强学习的自信心，不断强化学习动机。

三是反馈要快。教师在每一层次的学习过程中，都要及时对照目标进行检测，可以是口头回答、板演、书面练习、实验、开卷小结、纸笔检测等，随时把学生取得的进步变成有形事实，使其受到鼓励。在检测中，学生的竞争、质疑、争辩，又会产生新的问题，促使学生去思考。更重要的是，通过及时检测，教师可以及时发现问题，随时调节、矫正教学的进程，从而有效提高教学效率。

六、理解课堂的"三读理解，六有提升"特色标识

"三读理解，六有提升"是理解课堂的特色标识。"三读理解"即指导学生学会"八字读文，五看读图，六元读题"。"六有提升"即注意激发学生的主动性，做到课堂有状态；注意内容重构，做到内容有要点；注意

分材自学稿的编制，做到自主有引导；注意合作方式，做到合作有实质；注意提升思维，做到思考有路径；注意类型化，做到练习有类型。其中，"三读"是基础，关乎学生人生发展，也是提升水平的基础，是理解课堂的标识；"六有"是辅助，是创建理解课堂不可或缺的前提与条件。

为了突出特色，我们以自学稿的设计为抓手和突破口进行改革创新，真正让自学稿在课堂中起到导读、导思、导结构、导运用的作用，进一步创新理解课堂。自学稿的结构包括学习目标和教学过程两大部分。

学习目标的设定要求：要结合学期初制定的课程纲要，细化解读课程标准，制定 1~3 个学习目标，目标表述要具体，体现可操作、可调控、可测评的表述特征。

教学过程：旧知链接、新知探究、网络构建、类型化训练四大部分。

(一)旧知链接部分

旧知链接部分在操作上要具体化，方式可以是默写、背诵、演讲、展示等，内容是以往重要知识点的思维导图、概念公式等，强调基础知识的牢固完整掌握，尽量避免填空、选择等带有提示性的问题设计，时间控制在 5 分钟以内。

(二)新知探究部分

新知探究部分要求教师设计好课堂结构：情境导入、"三读理解"的应用、合作探究、展示交流、精讲点拨、思维导图构建等内容要合理穿插，相互融合，提高实效。教师从具体的操作上应该把握住各个环节的关键点。

1. 情境导入环节

情境导入的设计关乎课堂的整体基调，以巧妙设置的情境导入新课，可以增强学生学习的目的性，激发学生学习的主动性，活跃课堂气氛，增进师生情感交流。形式可以是故事谈话、视频动画、实验操作、目标说明、任务布置等，力求简洁明了、紧扣主题、激发兴趣、过渡自然。教师的导入状态决定了课堂的整体基调，好的导入就是课堂成功的一半。

2. "三读理解"的应用环节

"三读理解"是理解课堂的重要标识。指导学生用好"三读理解"的方

法有利于学生一生的发展，也是自主学习的重要体现。"三读理解"就是指导学生学会"八字读文、五看读图、六元读题"。不管是新授课、讲评课、习题课还是实验课，读文、读图、读题都是最基础的。学习应先从读书开始。

"三读理解"的具体操作要求如下：

教师：

备课时按"三读"规范进行读文、读题、读图，这是科学指导学生"三读"的前提；

科学设计导读、导思任务是提高阅读质量的条件；

给学生充足的时间是引导学生规范"三读"的根本保证；

教师要训练学生"三读"的方法应用，每节课要有"三读"法的实践训练。

学生：

凡读文、读题、读图必动笔，提倡用不同颜色的笔点、圈、画、补；

凡精细读书必动口，默读或小声读；

结合教师导读任务进行概、联、悟、记是读的升华；

对存疑问题进行标识，在自学稿、教材或白板上展示。

"三读理解"具体内容如下：

"八字读文"：要求从小处、简单处着手，指导学生凡读文必动笔，并在文本上"点、圈、画、补，概、联、悟、记"。要求做到点信息，圈疑问，画精要，补评注，以上点、圈、画、补，侧重对学习内容的理解与对问题的发现，是阅读的基础，也是对阅读素养的基本要求。"概""联"是指概括要点和要点之间的联系，找出关键词概括句子、段落文意，找出文内与文外的联系；悟，即感悟，指结合所读文本，感悟其对自己人生的启迪，结合文本形式，感悟表现手法的精妙，这种感悟，对做人、对学习都有好处；记是记要点，通过要点连接，理解性地记住学习内容，必要时背诵。以上概、联、悟、记，侧重解决问题，侧重思维与创造，是阅读的升华，也是阅读素养的重心，其结果学生可在文本上自行标记。

"五看读图"：教师结合教学内容指导学生通过"五看"读懂各种图表，

掌握读图方法。一看图表类型，力求分类具体，求专业；二看图表中有哪些具体元素（表象），按顺序观察，不遗漏；三看图表中各种元素（表象）表示的是什么，留意内涵，不缺失；四看各个内容的联系，厘清关系，有逻辑；五看图表给我们什么启示，扣住内容，有分析。

"六元读题"：教师指导学生进行读题训练，使学生做到：每当拿到一个题目时，就能借助"六元"读题法去读懂题目内容，并形成习惯。

远望：远望看目标。通过整体读题，抓住关键词，看是什么问题，问的是什么。

近观：近观找条件。找出直接条件、间接条件和题目中的隐含条件。

知识：检索需要的知识。返回问题所在的知识系统，顺藤摸瓜，找出解决问题所需公式、定理等知识。

经验：联系生活加以验证。把要解决的问题放到生活场景中做思考，看给了什么，需要解决的是什么，以生活验证问题本质。

抽象：抽象出所需元素。从问题、条件中抽象出与公式、定理等对应的知识元素。

变通：双向对接。顺应纹路，借形判势，以势定形。

3. 合作探究和展示交流环节

合作探究、展示交流是最高效的学习方式，是最现实的学习体验，是学生合作学习的主要表现。合作学习一定要做到实质合作。实质合作包括分组合作和无分组合作，无论是分组还是不分组，要实现实质合作需做到以下几点：

（1）有问题就问，有机会就讲。有问题就问才算是学习，有机会就把自己做的题主动讲给别人听，才是最好的学习。

（2）比较借鉴。在问题品质、解决问题思路、合作学习状态三方面时时进行比较、借鉴（组组之间、个人之间）。

（3）讨论学习要以小问题为引领进行合作学习，注意梯度与动态。

（4）探究学习要以问题为出发点，以活动为主线，以思维过程为核心，以开放性为特质，让学生学会提问，学会探究方法，学会倾听，课上、课下都可进行。

这里有"三个强调"：强调自主学习不是自由随意地学，不是否定教师指导；强调合作学习，不等于热热闹闹地学，不是否定独立学习；强调探究学习，不等于面面探究地学，不是否定接受学习。

4．精讲点拨和思维导图构建环节

在学生自主学习的基础上，教师进行针对性的精讲与点拨，教在当教之时，教在当教之处，即点拨要点。在课堂上，教师要做到"三不教"：学生会的不教；学生能学会的不教；学生通过合作交流能会的不教。这是体现教师学科思想水平的主要方面。缺乏对学科思想研究的教师，就只能陷在学科知识的汪洋大海中，眼前总有讲不完的知识和习题。

对知识理解的表现是对知识体系、规律的概括和总结，只有成体系的知识和技能才能成为解决实际问题的方法。在学习新知识后构建思维导图，是学生形成完整知识体系的基本方法，也是检验学生是否真正理解掌握知识的有效方法。

（三）网络构建部分

网络构建和思维导图可以是一体的内容，既可以在新知探究后完成，又可以和总结归纳新知的过程同步进行。教师在类型化训练之后再做补充完善，课下要求学生结合思维导图进行理解记忆。每学习一部分内容教师都要有意识地去引导学生进行归纳总结，有时间，有引导，有要求，这样，每节课都总结出要点和框架，下节课的旧知链接就是本节课的网络构建内容，通过过关检测，让思维导图切实地发挥它的实效。

（四）类型化训练部分

类型化训练是理解课堂中减负提质的途径。类型化训练的关键词是类型化、自然分材。师生都要学会对问题进行分类，同一类型再分层次。学生在掌握基本类型的基础上，自主选择要完成的更高层次的任务，体现自然分材，知者先行，达到掌握基础、拓展提升的目的。教师在设计训练内容时要有类型化的意识，把训练题目分成不同类型，每一类型再有几种不同变式，再把不同类型、变式的题目分成A、B、C三级，让学生自行选择，这体现了作业的分层和学生的自然分材学习方式。

类型化的途径和方法如下：

点拨明示类型。学习各章节或专题时，教师在点拨中明示该章节或专题有几个类型的问题，解决每个类型题的思路是什么，此类型题与其他类型题有什么区别与联系。

阅读关注类型。学生阅读文本时，教师可以借助自学稿引导学生思考文本中有哪些类型的问题，各类型问题的解题思路是什么。

作业练习类型。教师编写类型化的好题，作业以类型化题型出现，每个专题的作业，都包括不同的类型题与变式题；学生每写完一道作业题，都进行类型化思考：这是个什么问题，属什么类型，解题思路是什么，考察的知识点是什么。

结构描绘类型。复习总结时，教师指导学生每课时有结构导图，每专题有结构导图，并添加类型化问题及解题思路。

合作阐释类型。学生进行无分组或分组合作学习时，凡给别人讲题就要按类型化思考的四点要求进行讲解。第一，是什么？要学会透过现象看本质。第二，为什么？要注意查找根源看演变。第三，怎么样？做到达成目标有举措。第四，新的是什么？引出新问题。

新知探究过程的各个环节一定要根据学习内容进行合理的变通，可以是一个大循环，也可以是一个小循环的多次重复，各环节的顺序也可以发生变化。

第三部分：成效

开展理解课堂实验以来，理解性校园文化的熏陶，理解型"德育场"的建立，改变着教师，促进着学生，发展着学校。

课堂面貌变了。学生学习的积极性被充分调动起来，原来课堂沉闷、死板的现象没有了，很多同学逐步养成了课前自学、课上展示、课后跟踪的良好学习习惯，学生自主学习、主动思考的能力大大加强，课堂上学生的主体地位得以体现。

教师集体备课落到了实处。自学稿的实施，强化了教师的集体备课意识。为了使自己主备的自学稿能得到大家的认可，取得好的教学效果，教师之间自觉合作，查资料，下大力气备课，教师的教学变得更富有积

极性和创造性。

问题学生少了。小组合作学习，使学生在学习生活的各个方面都相互监督，相互促进，原先学习懒惰被动的现象少了，学习积极性提高了。学校在跟踪学生学习上形成长期跟踪、接力跟踪、协作跟踪等方法，减少了问题堆积和积重难返的现象，极大地避免了学生的两极分化。

综合素质提高了。学生学习习惯的改变带来的不仅是成绩的不断提升，还有学生语言表达能力、与他人协作能力、创新实践能力的明显增强。

学校发展了。理解课堂教学改革促进了学校教育教学质量的逐年攀升，使学校连续十二年被评为郑州市高中教育教学先进单位学校。理解课堂也已成为郑州市道德课堂的典型范式之一。冯宁老师以独具郑州七十四中特色的理解课堂代表河南省在全国高中物理优质课比赛中获得全国一等奖，并被评为郑州市名师、杰出教师。在 2016 年郑州市第五届名师评比中，我校又有三名教师当选，创造了区属高中的奇迹。2014 年高考，娄珂同学以 681 分的成绩获得二七考区第一名，被北京大学录取，张宝文同学以 651 分的成绩被北京航空航天大学录取，创造了区属高中名校突破的奇迹。2016 年高考，郑州七十四中再传捷报，纯文化课一本上线 37 人，二本上线 260 人，三本上线 461 人，本科上线人数再创新高，其中冯永威同学取得了 656 分的优异成绩，高出一本线 133 分，实现了"低进高出，平进优出，人人都进步"的育人目标。如今学校已成为郑州市理解教育特色学校、全国理解教育示范校、全国养成教育重点示范校，《河南新闻联播》《中国教师报》和《中国教育报》等给予了专题报道。

构建道德课堂重在行动研究。我们不应该把道德课堂神秘化、复杂化，而应该把它简单化、行动化。道德课堂在哪里？它就在我们身边！推进新课程以来，我们按照新课程的理念，为提高课堂效率而采取的任何改革措施，都是构建道德课堂的有效举措。目前，郑州市教育局制定并颁布了构建道德课堂的纲领性文件：《关于进一步推进基础教育课程改革的意见》和《关于构建道德课堂的实践研究课题实施方案》。目前各学校已围绕着道德课堂的总课题分别设立了本校有关道德课堂的子课题。我们期望校校有课题，人人有课题，人人参与研究，人人参与实践，促进每位教师的道德意识和行为品质不断提升。我们已经行走在道德课堂的路上，今后的任务是要走得更扎实、更有效，走好这条教育生态文明之路！

教育改革只有发生在课堂上才有意义。我们一直把在学校的层面上对学生施加向善、向上影响的第一种重要途径定位于课堂：在课堂上，让学生在获得知识的过程中获得向善、向上的情感体验和心灵感悟。

课堂是师生延续、发展生命的地方，若将善待学生生命落实到课堂之中，课堂定然是鲜活的，富有人性的。而道德缺失的课堂很容易使教学转化为一种机械的、单调的知识传授和行为训练模式，很容易使学生产生枯燥、疲惫、厌烦、焦虑等感受。长此以往，必将扼杀师生的积极性和创造性，恶化他们的生存状态。因此，作为课程改革的专业引领者，我们必须提出明确要求：每一个教师必须以新课程理念为出发点，从道德自觉的高度重新审视自己的课堂，审视那些不道德的教育现象，努力加以改进和完善，使自己的课堂教学过程和结果都合乎道德的要求，让我们的课堂生活充满生命的活力。

案例六

郑州市二七区建新街小学——行知课堂

行知课堂是郑州市道德课堂的表现形态之一，是二七区多彩课堂文化中的一抹亮色。"行知"源于我国著名教育家陶行知，他的"生活即教育""教学做合一""知行统一"等教育思想与课堂教学改革的理念不谋而合。学校深入挖掘陶行知教育思想与课程改革的联系点和结合点，基于郑州市道德课堂、二七区"四生"课堂，构建了行知课堂。行知课堂以"以生为本，注重体验"为核心理念。在课堂教学过程中，教师教学、学生学习、课程性质以及课堂文化这四个要素相互作用。教师引导学生成为认知的主体，使其经过感知、体验、互动、实践，自主构建知识。

在陶行知教育思想的影响下，学校于 2010 年提出了"回归教育的原点"的办学理念。这一理念有三层含义：一是把自然的人变成社会的人。

教育要与生活、实践紧密联系，为培养合格公民做准备。二是使学生成为他自己。教育不能求同，而要存异，要关注每一个独特的个体生命。三是教书育人。教书是传授知识，育人是陶冶精神。在行知教育理念的统领下，行知课堂形态体现了学校的办学理念与特色，符合二七区多彩课堂文化的核心理念，让教师明确了课堂方向，坚持真正的学生主体性，坚持以体验探究式教学为主，追求教学方法多样化，达到真知真行、活知活行、乐知乐行的愿景。

学校已成功举行了九届"以生为本，注重体验"行知课堂教学观摩研讨活动。在郑州市道德课堂"先学、展示、反馈"课堂流程的基础上，学校探索出了科学且合理可行的行知课堂教学流程"五步法"，即明确目标—自学质疑—互动体验—交流总结—检测评价，制定了"一二三四五"的课堂合格标准（一个核心、抓住二生、三种愿景、四个先行、五个对照），完善了课堂教学评价表。校长和所有的业务领导都亲自上"引路课"，引领行知课堂形态的研究。学校还邀请了省、市级名师、特级教师、教育教学专家莅临活动现场听评课，指导课堂形态建设。在课堂上教师们引领学生认真践行"问题提出、过程参与、规律发现、学法归纳"四个"学生先行"的理念，得到了听课专家的一致肯定。

一、道德课堂的深入构建

（一）基于课程标准的教学设计

构建道德课堂需要教师具备三种能力：设计教学的能力、实施教学的能力、评价教学的能力。设计教学的能力是在基于课程标准的基础上进行的，这就要求教师要细化目标，编写基于课程标准的教学设计。为此学校邀请教研员来校做专题培训，在解读课程标准的基础上，讲解怎样制定与叙写科学的学习目标，明确课程实施过程中学什么、为什么学、怎样学、学到什么程度等一系列问题。业务领导带头做，青年教师每月提交一份高质量的基于课程标准的教学设计，学校把此项工作作为教学常规检查的重要方面，定期检查，反馈存在的问题并督促整改，使每位教师掌握这项"起点"技术。

（二）基于解决问题的校本教研

学校积极构建"研培一体化"的校本教研模式。每学期各教研组都围绕学校主题制订校本教研计划并连续研究。学校会进行教研计划主题指导、教研计划质量反馈与修改指导，制定学校优秀教研组的评选办法，把提供外出学习机会作为对优秀教研组的奖励。从形式新颖、过程完整、主题突出、参与度高、研之有效等方面对各学科教研组的校本教研实录进行评比；举行"行走中的校本教研"现场展示活动，14个教研组将教学中的问题作为教研内容，通过辩课、案例分析、教研沙龙、教学反思、同上一节课等多种形式，真实呈现校本教研实况，激发了教学反思，重建了教学理念，提升了教学智慧。

（三）基于自我诊断的行知课堂

学校以行知课堂教学观摩研讨活动为平台，坚守"以生为本，注重体验"这一核心理念，每次活动前，都要求教师进行自我诊断：我的课堂上到底有哪些道德缺失现象？学校根据现象归纳问题，确定活动主题，然后围绕主题，有针对性地开展课堂教学研究。例如：

自我诊断	问题归纳	确定主题	成效
教师占据课堂，以知识灌输为主，讲得多，怕学生不会	怎样把课堂还给学生，做到"以生为本"？	第五届行知课堂教学观摩暨"小先生"展示活动	课堂上教师能最大限度地制造机会，让每个学生展现自己的表达能力、分析能力、实践能力和创新能力，凸显"生进师退"。"小先生"们通过先学积极展示，教同伴识字、朗读，讲解题思路等，教师只起组织、调控、解惑、勘误的作用，充分体现学生的学习主体地位
除了数学教师，其他学科教师都承担着校本课程，但不会上，大多数教师都把校本课程等同于一般的学科课堂教学	校本课程怎么上？	第七届行知课堂之校本课程教学观摩研讨活动	掌握了校本课程在课前准备、学习方式、学习活动、学习评价等方面的特点，规范了校本课程的教学

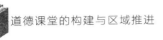

续表

自我诊断	问题归纳	确定主题	成效
设计教学时只关注自己怎么教而忽略学生的学，学习方式单一，学生不能亲历学习过程	如何促进学习方式转变？	第八届、第九届行知课堂教学之"促进学习方式转变"教学观摩研讨活动	引导学生逐步具备自主、合作、探究等适合自己的学习方式，把信息技术作为促进学习方式转变的重要手段之一，凸显常规课堂达不到的优越性。发现、培养了一批敢展示、会展示的"小先生"

每届行知课堂教学观摩研讨之前，学校都会为全体教师解读主题，解读评价量表，如第八届、第九届，就从学习方法与策略、学习习惯与品质、教学理念与方式等方面制定了"以生为本，注重体验"行知课堂之"促进学习方式转变"课堂教学评价表，引领教师重建学习方式。活动后，每位教师参与集体评课，撰写教学反思，学校将每一次行知课堂活动的所有资料结集成册。

二、道德课堂的智慧构建

(一)创新课堂教学模式，为学生核心素养助力

2014年，学校成立郑州市小学首家PAD班，开启了信息技术与行知课堂融合创新发展的探索之路，丰盈了郑州市道德课堂形态。实验班将PAD作为学习终端，基于网络运维平台、应用软件云端部署、网络的双向和多向交互、即时传递的信息交换等功能，将"云课堂"引入教学，集掌上阅读、远程上网为一体，以电子课本、学习资源库、个人题库、交流平台、互动专区为主要载体，并将这些功能贯穿于预习、上课、作业、辅导、测评的各个环节，为学生提供多样化学习的数字资源和管理平台，为学生从被动接受到自主探究提供支持。

PAD班级现已扩展至3个，5年内，学校将PAD班级数量扩展至学校班级总数的一半以上，将参与实验研究的教师数量扩展至教师总数的一半以上，在原有语文、数学学科研究的基础上，拓展英语、音乐、美术等学科，探索这些学科与信息技术的融合方式，进一步增强使用效

果，找准与学习内容、学习方式的有效结合点，让信息技术凸显常规课堂达不到的优越性。因为是全新的课堂教学形式，很少有可借鉴的现成经验，实验教师就自己摸索，每月开展 PAD 实验班教师课例研讨，以教研团队的力量探索信息技术与教育深度融合的有效途径，总结了 PAD 课堂的最佳流程：先学、展示、反馈。

2016 年 6 月，学校举办"行知课堂创新发展论坛"，邀请北京师范大学、南京师范大学、河南大学、河南师范大学教育技术与数字化学习方面的专家，就如何智慧地应用技术，在深度融合中达到教育效能的最优化，如何使其为教育带来新理念与可能性，以创新的思维推进教育的发展与变革的议题，结合学校呈现的三节"一对一"数字化学习课进行深度研讨。三节课上学生人人参与、个个展示，课堂练习的结果和过程即时呈现，教师迅速得到教学反馈并做出有效的教学应变，让课堂教学从学生单向接收信息转型为师生互动交流，从辅助于"教"的信息化走向支持"学"的信息化。

（二）推进学校创客教育，为走向深度学习助力

学校在原有的"新新动漫工作室"的基础上，多方筹措资金，将行思楼二楼做了整体规划，打造成课程支撑下的创客基地，使之成为以课程文化为主题的学生成长平台。创客基地包括创客空间、动画梦工厂、创意漫画工作坊，各工作室集教学、教研、活动于一体。学校还投入 10 余万元为各个工作室配备设备，如 3D 打印机，多种创客空间基础工具，多种 Arduino 传感器套件，肩扛式摄像机等，为创客教育实施提供了有力保障。

创客教育承载着改变学习方式的任务，让学生的"学"实现最大化，也是构建行知课堂的精髓所在。学校在前期自主开发的创意漫画、动漫 DIY、电脑绘画、FLASH 动画、定格动画等 6 门动漫类校本课程的基础上，又组织教师开发了智能创客校本课程。在课堂学习中，教师本着"以生为本，注重实践"的理念，以学生的自我发展为出发点，尽可能地为学生提供自我探索、自我思考、自我创造、自我表现的空间，让学生在学习中发现问题、解决问题。学校专门为校本课程设计了评价量表，使其

发挥对教师课堂教学的导向作用，增强可操作性和可测评性。

三、取得成绩

2013年12月，我校行知课堂被评为郑州市道德课堂有效形态。近20节优质课获省市级奖励，19名教师被评为省、市、区级名师（骨干）。郑州市人大常委会副主任，教科文卫工委主任，郑州市政府副秘书长，郑州市政协常委，民盟市委，郑州市教育局局长、副局长等领导先后到校指导工作，接待石家庄市校长学习团、新密市信息中心、兄弟区中小学的领导、教师到校参观学习。学校参与了北京师范大学教授、著名教育专家裴娣娜主持的国家社科重点课题"我国基础教育未来发展新特征研究"并圆满结题。学校开展道德课堂的经验材料作为郑州市的小学代表（共三所）之一，发表在国家核心期刊《基础教育课程》上，得到郑州市教育局副局长、道德课堂引领人田保华的称赞。他为我校题词：回归教育的本真，彰显生命的意义。

建新街小学的校训是"行胜于言"，"行"意为行动、行走、作为，我们将不断创新，在构建道德课堂的道路上永远前行！

案例七

郑州建业外国语中学——五学课堂

2009年下半年，我校开始了探索道德课堂"建业化"的探索历程。三年时间，学校核心团队以课例研讨为主要形式，不断学习、修正，最终确立了我校道德课堂形态——"小班化五学课堂"。我校始终坚持以生为本，不断创新五学课堂，至今已有30余名青年教师在县区级展示课活动中获得一等奖，成绩卓著。五学课堂的深化是每个学期教学工作的主线。通过对五学课堂的学习、培训、实践，教师的专业技能迅速提升。

一、课堂形态名称

课堂形态名称为小班化五学课堂。

二、理论依据

我校五学课堂在建构主义学习理论、群体动力学理论、最近发展区理论、多元智能理论、合作学习理论、道德课堂理念等的支撑下，吸收学习金字塔的研究成果，形成了完备的理论体系，同时还提出了"货车理论"。有这样两个货车司机：一个司机关注眼前，总是思考装多少货物，如何加宽，如何加高，怎样增加钢板的弹力，怎样提高货物装卸的速度等。结果是货车易损，缩短报废时间，缺少可持续性。另一个司机关注未来，总是思考增加动力系统，如何保养，如何更换好的润滑油等。结果是运的货物越来越多，有后劲，具有可持续性。传统的教学就是第一种情况，只注重装入多少知识。五学模式教学就是第二种情况，注重的是学生的动力系统，培养学生的学习力和领导力，实现学生个性化、多元化、国际化的发展。

三、课堂流程

五学课堂以导学案为载体，由标学、互学、示学、用学和评学五部分组成。

五个部分的出发点和落脚点始终在于学生的"学"，将学习的主动权还给学生，激发学生的学习兴趣，使学生养成良好的学习习惯，通过课堂打造学生的未来领导能力（演讲演示能力、团队协作能力、项目管理能力）。

"五学"既是五个有机的组成部分，也是对一节课的知识包的五遍学习（标学轮廓学、互学剖析学、示学互动学、用学检测学、评学归纳学）。学生通过不同层次的学习，不断变换学习形式，实现知识、技能的生成与进阶。在操作过程中，教师应注意对每个课堂环节的把握。

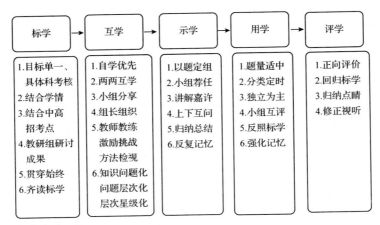

具体流程如下：

1. 标学

标学是对知识包的第一遍学习，学生通过齐读、解读等形式明确学习目标，达到对目标的初步建构，在大脑中对目标提出猜想和假设。标学的制定有如下要求：

第一，依据课程标准。教师在认真解读课程标准的前提下，再结合教材、教学参考书等进行知识的选删和整合。

第二，目标要清晰、具体、简洁，可考核，结合中高招考点，参照学情。

第三，叙写。教师可从行为主体、行为动词、行为条件、行为程度四个方面进行表述。需要注意的是：①行为主体应该是学生，而不是教师。②行为动词是可观察、可测量的具体行为。③行为条件是指影响学习结果的特定限制或范围等，主要有辅助手段或工具、提供信息或提示时间的限制、完成行为的情景等。④行为程度则是指学生对目标所达到的最低表现水准，用以评价、测量学习表现或学习结果所达到的程度。标学的四个要素并不一定要同时出现在标学内容中，但是行为动词及行为程度是必须标明的。⑤标学的叙写应体现学科特色，体现本学科的基本知识、技能的特点。

2. 互学

互学是对知识包的第二遍学习，是学习中产生假设和自我认知的过程，是教学设计的重点，体现在导学案上，即设置得当的互学提纲，指导学生进行自主学习和团队合作学习。互学分为三个阶段，即"书生互""生生互"和"师生互"。

"书生互"，即自学，是学生基于自身的学习力对文本进行自主学习的阶段。经过"书生互"的阶段，学生对文本的理解必然存在差异，在此基础上进行团队内部的合作学习，有助于知识的建构和生成，即"生生互"。学生驾驭学习材料的能力是有限的，因此，教师在此过程中可以通过巡视、观察团队的学习表现，进行必要的指导，即"师生互"。在互学过程中，学生参与学习的主体性是否得以体现，知识的建构是否符合学生的认知规律，是一节课是否有成效的关键环节。

互学提纲的制定原则：①知识问题化：围绕教学目标，设计有层次性的问题。要注意问题的启发性、开放性、探究性、生成性，尽量设计可以引发学生合作学习的问题。②问题层次化：问题的设置尽可能地考虑学生的认知水平和理解能力，由浅入深，小台阶、低梯度，让大多数学生能通过自主合作交流解决大部分问题，体验成功的喜悦，从而调动学生的积极性。③层次星级化：问题的设置不能只是将课本内容以填空题的形式呈现，应按照由浅入深的原则，并且在题目前面用"★"表示题目的难易程度，"★"越多题目难度越大，要求的合作水平也越高。

互学提纲的制定方法：加减法。一节课中的问题有许多，我们将它们罗列出来，然后结合学情来确定删减哪些。例如，在课堂上我们不能完成这么多，要从中减去两个问题，你会减哪两个？为什么？剩余的问题还是多，再减去两个，你又会减哪两个？为什么？如此反复，就可以将本节课的精髓抽出来，重点解决这些问题，这也正是我们要克服问题设置随意性的最好处方。

互学中教师的做法：①在此环节中，教师的作用是激励、挑战、检视。②教师要提出明确的要求，并确保所有的学生认真参与，使团队合作学习能顺利开展，避免学生因任务不明确而不参与的情况出现，并提示学生在此过程中发现自己不懂或不清楚的地方，在示学过程中有针对性地参与。③教师应该是团队合作学习的组织者、引导者、参与者，要在教室中间走动，对学生因思维受阻而不能深入的情况，及时进行点拨；对团队互学的情况进行询问，适当提醒在思考过程中的羁绊所在，有针对性地对团队进行指导和鼓励。④在检视的过程中，进行以题定组。教师在巡视的过程中，根据每个团队完成互学内容的具体情况，将问题任务分给完成较好的团队进行展示。

3. 示学

示学是对知识包的第三遍学习，是由团队内交流转为全班交流、师生交流的过程，是知识生成和升华的过程。团队对互学部分的学习成果进行展示，教师则引导学生对重难点及易混易错点进行深度学习，通过上下互问的形式，修正视听和深度挖掘。

本部分是五学课堂的主体，展示的充分与否直接关系着课堂效率的高低，因此，教师要把握好以下几点：①修正视听。对学生理解不到位的地方和学生展示有误的地方，教师要充分发挥"导"的作用，纠正学生在互学时的误区，解答学生在互学时的疑点，肯定学生在互学时的正确做法以及补充学生在互学时的遗漏，帮助学生形成正确的认知。②深度挖掘。充分利用学生上下互问的环节，对学生提出的只能展示表面知识点的问题，教师要采取问题引导的方式进行实质性的探讨。③在重难点、易混易错点、考点处，教师要引发学生上下互问，必要时进行讲解。④科学安排，做到示学的多样性，即"六该"：该画的画（学生看了就会的知识点不讲），该写的写（重难点问题和易混易错问题写在黑板上），该说的说（谈理解，发表意见、想法的不必写在黑板上），该背的背（文科科目及概念性的知识点），该讲的讲（三不讲：学生看了就会的不讲，通过讨论能会的不讲，讲了也不会的不讲。主要讲重难点、易混易错点，借助上下互问环节达成），该略的略（根据学生学情，保证课堂实效，详略得当）。⑤示学更多的应该是"示错"。教师在巡视学生互学过程中，要收集团队出现的错误，并由团队将这些错误充分展示出来。有了错误，就有了问题，有了问题，就会产生争议，这样就可以引起争论和探究，从而真正达成目标。

4. 用学

用学是对知识包的第四遍学习，是自主检测、及时反馈的关键环节。它不是完成作业，也不是课堂练习，更不是简简单单做几道题，学生要能独立思考，完整地完成题目。对于普遍存在问题的知识点，教师应回到互学和示学环节，引导学生再一次进行学习。"学痛苦，习快乐"，通过前面几种形式的学习，教师应及时展现学习成果，一方面可以使学生及时进行查漏补缺，另一方面也可增强学生的信心，使其形成持久的学习兴趣。

5. 评学

评学是对知识包的第五遍学习，是五学课堂中最重要的一个部分。评学是教师在课堂上对学生进行正向评价的过程。及时的正向评价是学生积极参与课堂的保证，它渗透五学课堂的始终。教师要注意：评价用语要准确到位，要丰富，切忌泛泛而谈、不切实际的夸大。

评学是学生对知识再加工的过程，学生通过反思对学习目标进行内化，这属于元认知知识的评价层次（布鲁姆目标分类学）。通过这个部分的学习，学生把该节课所学的知识内化为自我知识及策略知识，对目标知识的认知维度达到评价层次，包括核查（有关内在一致性的判断）和评判（基于外部准则所做的判断）。

通过标学解读，学生可以对一节课的知识包有个大致的了解，然后再从互学、示学到用学，层层递进，螺旋上升，最后到评学的"点睛"归纳，通过五个角度、五个层次、五个不同操作建构和修正自己的知识体系。

四、五学模式的创新点和价值

（一）以生为本，以学为源

所有环节都把落脚点放在学生的"学"上，观评课关注点也是学生是否"学会了"。教师立足课堂效果，提出三个问题：这节课你让学生学会了什么——立足学生；还有哪些学生（具体到每一个学生）在哪些方面没有学会——关注每一个学生；课后采取了什么补救措施——"蚁穴"效应，防微杜渐。从这三个方面，教师对学习目标进行反思、修正。

（二）团队建设

五学课堂以团队为单位，使学生通过自主、合作、探究的学习方式

完成课堂学习任务。团队建设是课堂形态的创新点。

团队一般由四人组建。团队构成的形式有两种，即同组异质和异组同质。同组异质，就是将学习成绩、能力、性别甚至性格、家庭背景等方面存在差异的学生分在一个团队内，这样便于学生在学习过程中互相学习、互相帮助。特别是团队内学习成绩优异的学生，可以带动、组织团队成员进行合作学习。异组同质，是先根据学生的考试成绩做初步划分，然后根据学生的性别、性格、学科优势进行微调。这样团队之间具有竞争性，各团队的综合能力差异不会太大，更易保护学生的自尊心，保护他们的积极性。此外还采用团队长聘任制，以增加团队的凝聚力，保持团队成员的积极性。

每个团队设团队长、书记员、讲解员和检视员四个角色，他们在学习过程中承担不同的职责，学校定期对各个角色进行培训。

团队评价体系由课节加分、日评价、周结、月表彰及学年奖学金构成，采用星月晋级制，以星月榜为载体进行呈现，它是五学课堂模式高效运行的保障。

(三)"一图四表"的反馈体系

"一图"，即思维导图；"四表"，即知识列表、过关表、检视表、特别关注表。

(四)课堂观察的独特视点及以评代训制

教学设计关注教学评价的一致性，课堂观察关注学生的学习，即课上是否学了，怎么学的，是否学会了。评课的过程则是教师成长的过程，评课教师从具体的课例中找到问题，针对问题点对教师进行培训或引发教师的思考，指导教师的教学实践，不断完善和发展五学课堂。

四、 道德课堂在教学层面的具体形态

道德课堂主张教师在课堂上要回答好三个问题：你要把学生带到哪里？你怎样把学生带到那里？你如何确信已经把学生带到了那里？其实，这三个问题涉及的是课堂的内核，是触及课堂灵魂的三个发问。

　　具体来说，你要把学生带到哪里？回答是：分解课程标准，明确学习目标。教师要克服课堂教学中的"两张皮"现象，即课程标准与教学"两张皮"，学习目标与教学"两张皮"。细化解读课程标准，把课程标准具体化，这是学科课程建设的第一要务。把课程标准具体化，教师需要推进两项工作：第一项是课程开发校本化，撰写课程纲要。站在学校培养目标的高度，以学科教研组为单位，综合校情、学情，将整个学段的课程目标分解为年级目标，再将年级目标分解为学期目标，进而分解为单元目标，使学段学习目标呈现层级性、连贯性、一致性，构建学科知能网络。同时，根据学科特点、学习规律及课程标准的要求，整合课程资源，适配实施策略、评价方案等，对国家课程进行再创造、再开发，撰写以校为本的学科课程纲要。第二项是课程实施生本化，基于标准的教学设计。站在学科教学目标的角度，学科教师综合任教班级学生的学习特点、教师教学经验、资源占有情况等，将课程纲要中的单元目标分解为课时目标，将学习目标作为学科知能网络中的核心点，点点贯通，点点落实课程标准。

　　你怎样把学生带到那里？回答是：建构教学框架，即"教—学—评一致性"教学。向教学设计要落实，这是基于标准的教学研究与实践迈出的第二步。因此，教师建构教学框架时主要需做好三项工作：第一项是逆向教学设计，即从"想要的结果"这个教学终点开始，根据标准所要求的学习指标和用以协助学生学习的教学活动形成教学。教学设计始终围绕学习结果展开：学生"应知""应会"的是什么？怎么知道学生"已知""已会"？用什么策略能够促使学生"学会""掌握"？第二项是注重课堂评价，即在"评价即教学"的层面上进行实践，把课堂评价镶嵌在教学环节之中，运用课堂评价促进、调节课堂教学，继而在实践中发现"评价即学习"的本质，利用师生共定的评价规则开展探究性学习，将基于标准的教学提升到素质教育的高度。第三项是突出作业建设。在基于标准的"教—学—评一致性"教学中，除了提高教学有效性，着重需要解决的就是作业质量问题。

　　你如何确信已经把学生带到了那里？回答是：课堂观察，开展基于标准的教学研究。第一是"指向问题解决"的教学研究。"指向问题解决"

的教学研究主要有两类：一是基于标准的教学设计研究，如音乐学科对教学目标的研究，物理、英语学科对导学案编写的研究，语文学科对"教—学—评一致性"的研究。二是基于标准的评价研究，如生物学科对学业质量标准构建的研究，化学学科对作业设计的研究，地理学科对试题设计的研究。第二是"课程策略逆推"教学研究。教师采用由结果到过程逆推的方式进行课堂观察，即以"学生学得如何"为逻辑起点，反推学习活动安排、方法选择、资源配置、内容定位、评价设计、目标设置等各种课程因素的适配性、合理性、科学性，证实"教—学—评一致性"的内在法则。

案例八

郑州二中——四课型渐进式自主学堂课例

一、基础先学

学生在课本内容的帮助下完成学案（学案设置的难度并不高，因此学生是可以自主完成的），并在课前将完成的学案通过扫描全能王转化为图片格式，为课堂展示做准备。

二、展示反馈

（一）导入

教师提出两个问题：①所有细胞都有细胞核吗？②所有有核细胞都是单核吗？学生通过阅读课本即可获得答案，从而认识细胞核的分布，并引出细胞核的功能。

（二）细胞核的功能（学习目标1）

教师通过 Apple TV 展示某一位学生的预习成果，其他学生根据展示内容提出异议，并展开讨论，最终选择、判定一个适合的答案，即相应的实验结论。

教师展示、总结四个实验结论，并按照课本内容提出细胞核的相应功能——"控制着细胞的代谢和遗传"。学生并不知道什么是代谢和遗传，因此也就无法理解这四个实验如何体现出细胞核的功能。接下来，教师让学生先上网查阅，弄清楚什么是代谢，什么是遗传，再根据自己的理解从上述四个实验中挑选出体现细胞核对代谢控制的相应实验及细胞核对遗传控制的相应实验，从而理解细胞核的功能。

（三）细胞核的结构（学习目标2）

由于学案设置与课本完全相同，所以不再展示，教师提醒要点即可。

（四）染色质与染色体的关系（学习目标3）

学生根据课件中提供的图片，修改预习内容。

学生通过 Apple TV 展示、讨论，完善表格内容。

教师通过课件展示，总结二者之间的关系，并提示相互转化的过程。

教师通过图片形象展示 DNA、蛋白质、染色质、染色体的关系。

（五）模型方法（学习目标4）

学生使用 Apple TV 展示、讨论预习成果。

学生讨论辨析实例，理解、分辨模型方法。通过不断讨论，回答，再讨论，再回答，学生可以区别两个问题的对错。

三、练习评价

教师通过睿讯课堂推送检测试题，时间15分钟。在这段时间内，学生可以通过上网查资料（强调查题目原理而不是答案）、讨论、合作等多种方式完成。题目中涉及的问题在课堂展示阶段教师并未完全渗透，因此可在适当时做出提示（提炼出相关问题，为学生查阅资料提供方向）。

四、点拨思辨

教师通过睿讯课堂发布正确答案。

教师通过睿讯课堂推送课前已准备好的微视频，解答题中出现但课堂展示过程未渗透的知识点。

学生通过思考、讨论自主纠错。

对于个性化问题，教师可让学生通过举手提问，单独解决。

五、课后作业

教师通过睿讯课堂推送课后作业中的选择题，学生根据解析自主解决错题，做填空题时仍然通过传统方式填写、上交。教师在批改过程中了解学生的掌握情况，通过短消息适当点拨。

学生可以通过绘制思维导图对本节课内容进行总结，实现知识内化。

案例九

郑州五中——"教—学—评—致性"理论指导下的教学设计案例

一、学习目标的制定

（一）教材所处的地位和作用

《水龙吟·登建康赏心亭》是人教版高中语文必修四宋词单元中辛弃疾词的第一首。普通高中课程标准实验教科书必修一到必修五共收入八首词，兼顾了豪放与婉约两种风格。《水龙吟·登建康赏心亭》是必修课本中选录的辛弃疾词的第一首，但因苏轼开豪放之先河，且前面已经有了两首苏轼豪放风格的词，故它并不是本单元豪放派词作的第一首，加之其中还有《永遇乐·京口北固亭怀古》，所以，本词在结构上有着承上启下的作用。正如单元提示中所言，宋代是词的鼎盛时期，名家辈出，风格各异，因此本词在抒情手法以及内容情感方面也有其独特之处。

具体来看，《水龙吟·登建康赏心亭》作于淳熙元年（1174）辛弃疾在建康任江东安抚司参议官时，这时他自江北率领人马来到南宋已有十多年了，却一直没有受到朝廷的重用。他深感压抑，内心充满了愤懑之情，为了消愁解闷而登上赏心亭。辛弃疾面对着大好江山，反而是无限感慨涌上心头，遂写下了这首慷慨激昂的抒情词。此词抒发了浓郁的爱国情感，诗人在抒发感情时运用了写景、动作描写、用典等艺术手法。此词无论从培养学生的爱国情操方面，还是从提高学生的文学修养方面，都不失为一篇佳作。

（二）学情分析

第一，就学生已有知识而言，高一年级的多数学生借助本单元柳永词和苏轼词的学习，对于"三类词""四类调""韵""情""派"等词的基本特点和发展史有了准确把握。尤其借助苏轼词的学习，对于豪放词风在"意境""情感"方面的特点有了初步了解。但对于辛弃疾词的风格，学生并不了解。

第二，就心理学中的认知发展规律而言，首先，尽管高一年级学生的有意记忆占主导地位，但无意记忆仍是不可缺少的，学生的许多知识都是通过无意记忆获得的。其次，高一年级学生的想象能力明显增强，而且高中生的理想结构中已经出现了人所具有的四种理想，即职业理想、生活理想、道德理想和社会理想，且其理想的发展过程具有以下几方面的特点：①正处于理想的逐步确立阶段；②概括性理想越来越占重要地位；③理想具有较强的社会性和现实性；④理想开始更多地受内在心理因素的制约。因此，教师在教学时应充分利用学生的兴趣，引导学生进入特定的审美意境，培养他们纯正的审美感受和灵敏的语感。由于会受到遗忘规律的影响，学生需要及时巩固和迁移。

（三）学习目标的制定

课程标准要求：

第一，发展独立阅读的能力，从整体上把握文本内容，厘清思路，概括要点，理解文本所表达的思想、观点和感情。

第二，能用普通话流畅地朗读，恰当地表达文本的思想感情和自己的阅读感受。

第三，在阅读鉴赏中了解文学体裁的基本特征及主要表现手法，了解作品所涉及的有关背景材料，用于分析和理解作品。

第四，学习探究性阅读和创造性阅读，发展想象能力、思辨能力和批判能力（方式）。

第五，根据不同的阅读目的，针对不同的阅读材料，灵活运用精读、略读、浏览、速读等阅读方法，提高阅读效率（方式）。

第六，注重合作学习，养成相互切磋的习惯（方式）。

第七，诵读古代诗词和文言文，背诵一定数量的名篇。

第八，在阅读与鉴赏活动中，不断充实精神生活，完善自我人格，提升人生境界，逐步加深对个人与国家关系的思考与认识。

课程标准中的动词决定了学生在布鲁姆目标分类学中所规定的认知层级。因为了解＝识别、写出、指出、描述等，而理解＝比较、举例、用自己的语言表述等，所以，学习本文时的最低目标层级是针对表现手法的了解层面，最高层级是对本文思想感情的比较和恰当的表达这种理解层面。

为了便于目标的行为测量，我们可以将以上认知动词替换为以下行为动词：

了解→指出；理解→归纳，用自己的语言表述。

教师结合教材分析、学情分析、课程标准设定目标思考过程：①行为表现（行为动词＋核心概念）；②行为表现＋行为条件；③行为表现＋表现程度。

总目标：

反复诵读，自由阅读，用自己的语言准确地表述"登临意"的具体思绪；小组合作，梳理整合，全面地归纳表现"登临意"的具体手法；延伸阅读，独立思考，观点明确地写一封"揾英雄泪"的信。

重点、难点的确定：

重点："登临意"的具体思绪（教材、学情的需要，课程标准的要求）。

难点：表现"登临意"的具体手法，尤其是典故的运用（教材、课程标准的要求，重点在于学生的认知能力）。

二、教法和学法

第一，针对目标：反复诵读，自由阅读，用自己的语言准确地表述"登临意"的具体思绪。

教法：情境创设。

依据：直观教学原理。从实践论出发，教学必须从感性认识入手，让学生在特定的情境中感知、理解，运用所学知识，从形象的感知达到抽象的理性顿悟，缩短认识时间，提高学习效率。

情知对称原理。从心理学角度看，学生的学习心理包括认知因素和情感因素。从认知因素来看，情境教学强化了实体感，缩短了学习的认知时间，加速了理解过程。从情感因素来看，它让学生学习的知识不再是"冷冰冰的知识"。认知和情感在教学中同步进行，相互渗透，体现智力因素和非智力因素的互补，实现理性和非理性的融合。

学法：朗读法。

依据：建构主义心理学。朗读有利于学生的个性化理解以及学生和作品的积极互动。

教学认识论。从泛读到细读再到有感情地读，由浅入深，符合认识的阶段性特点。

教师情境创设法给予了学生积极的情感，而学生的朗读法充分尊重了自我认知的建构规律，使积极情感和主动认知相结合，达成了情感和认知的对称，更有利于教学双边的合作。

第二，针对目标：小组合作，梳理整合，全面地归纳表现"登临意"的具体手法。

教法：迁移法。

依据：夏丏尊、叶圣陶先生的语文教科书选文教学功能观。从本文中的情感而言，这是一篇"全息"文本，无须延伸。但从借景抒情、动作描写、用典这些写作手法来看，这是一篇"凭借"性质的文章，需要基于此进行延伸运用，一方面帮助学生内化，另一方面便于教师及时检测。

学法：合作探究法。

依据：维果茨基的最近发展区理论。合作探究有利于学生关注到自己的最近发展区，在同伴合作中，相互补充，获得提高。

此种教法有利于给予学生学法上的材料支撑，一方面内化学生知识，另一方面填补学生的知识漏洞。

三、学习过程

导入：

曾有人开玩笑言："病去如抽丝"，打一词人的名字。你们知道是谁吗？（辛弃疾)聪明！但你们知道吗，辛弃疾的病异常难治，因为与常人太不同了。正如梁衡在《把栏杆拍遍》这本书中谈到的："辛弃疾名弃疾，但他那从小使枪舞剑、壮如铁塔的五尺身躯，何尝有什么疾病，他只有一块心病。"

可究竟是什么样的心病整整折磨了他一生呢？今天，老师就希望聪明的同学们可以当一回实习医生，为这位词人诊断一下。只可惜此次诊断并没有什么高精尖的仪器，只有稼轩先生的一份珍贵词作，名为《水龙吟·登建康赏心亭》，以及老师这个助理。所以，请实习医生们先借助我为你们提供的读音信息，自由朗读这首词，准确把握其中的音韵和停顿，然后思考一下，需要询问老师这个助理什么信息。

活动一：

学生借助老师给予的读音提示，自由朗读这首词，尤其把握其中的

音韵、轻重音和停顿。

评价任务：

很动听。俗话说："宋词之美美在音韵。"爱美之心人皆有之，所以希望大家可以齐声朗读出音韵、轻重音和停顿美，让老师欣赏一次词之美，然后回答同学们的一些问题。

评价标准：

字音读准，轻重音明晰，停顿正确。

活动二：

同学们朗读得字音准确，轻重明晰，停顿恰当，无可挑剔。为了感谢同学们的精彩分享，我愿意为同学们探秘辛弃疾的心灵密码提供一些信息，请同学们大胆问出你想了解的信息吧。

PPT呈现：病人简历。

简历一：辛弃疾生活的时代背景。

简历二：他个人的生平经历。

简历三：创作此词时他的处境。

好，为大家分享了那么多信息，不知道同学们了解了多少，所以请同学们书写在手头的病历单上，并交于同桌帮助完善。

活动三：

"书读百遍，其义自见。"接下来请同学们借助注释，从意象、意境、词人情绪方面批注自己的认识，并再次自由朗读，标画出自己不太明白的语句。

再次齐声朗读，并重温自己的批注。（读完后）请同学们分享一下智慧的成果，互帮互助。（同学们分享自己的所思所想。）既然同学们分享得这么准确，我也想为同学们更为详细地分享几个故事。（PPT呈现，自由朗读）

典故一：莼鲈之思。

典故二：求田问舍。

典故三：树犹如此。

评价任务：

PPT翻页，请同学们复述刚刚那些故事。

评价标准：

讲出大致故事情节及寓意即可。

（活动三结束后，请同学们带着自己现有的理解，再次齐读此词，边读边思考。）（内化知识）

活动四：

老师这个助理可以给大家分享的只有这些了，接下来就是大家的诊断时间了，请同学们根据以上所有信息，结合辛弃疾这首词的自述，小组合作，填写自己手中的"病历卡"。

病历卡			
知人论世（时代背景、生平经历、个人处境）	哪些心病	怎样表现的（手法）	具体表现

评价标准：

病历卡			
知人论世（时代背景、生平经历、个人处境）	哪些心病	怎样表现的（手法）	具体表现
淳熙元年任江东安抚司参议官。一直没有受到朝廷的重用。深感压抑，内心充满了愤懑之情。为了消愁解闷而登上赏心亭时，面对着大好江山，反而是无限感慨涌上心头	对江山沦陷的愁闷；对北方故乡的思念	借景抒情（移情、比喻）	内容和效果分析
	对壮志难酬的悲愤	动作描写	内容和效果分析
	对缺少知音的感慨	直接抒情	内容和效果分析
	对乐于归隐的不屑；对年取私利的羞耻；对时光流逝的可惜；对国家前途的忧愁	用典抒情	三个典故的故事及寓意分析

活动五(作业设计)：

难怪梁衡说："他只有一块心病，金瓯(国土)缺，月未圆，山河碎，心不安。"可是词人却不认同梁衡"心病难医"的说法，评价自己说是"无人揾英雄泪"，稼轩先生究竟是病人还是英雄？应该看病的究竟是稼轩先生还是当时的南宋朝廷？请自由阅读学习卷中所给材料，表明你的看法，为稼轩先生写一封擦拭泪珠的劝慰信。(不少于300字)

评价标准：

①准确判定辛弃疾的英雄身份；②在信中书写出其英雄一面的具体体现，以及其情感产生的合理性；③结合词作内容；④不少于300字；⑤字迹工整。(例如，站在"不应南去"的角度，并结合"铁板铜琶，继东坡高唱大江东去；美芹悲黍，冀南宋莫随鸿雁南飞"谈其病由。)

案例十

郑州市二七区春晖小学——《亡羊补牢》教学设计

教材来源：义务教育课程标准实验教科书人民教育出版社 2002 年版。

内容来源：小学三年级语文(下册)第三组。

主题：怎样看问题、想问题。

课时：一课时。

授课对象：二年级学生。

设计者：郭娜(郑州市二七区春晖小学教师)。

目标制定的依据如下：

一、课程标准的相关要求

(一)基于识字与写字

对学习汉字有浓厚的兴趣，养成主动识字的习惯。会使用字典、词典，有初步的识字能力。能使用硬笔熟练地书写正楷书，做到规范、端正、整洁。写字姿势正确，有良好的书写习惯。

（二）基于阅读

用普通话正确、流利地朗读课文，初步学会默读，做到不出声，不指读。学习略读，粗知文章大意。能联系上下文理解词句的意思，体会课文中关键词句表达情意的作用。能初步把握文章的内容，体会文章表达的思想感情。能复述叙事性作品的大意，初步感受作品中生动的形象和优美的语言，与他人交流自己的阅读感悟。

（三）基于习作

乐于书面表达，增强习作的自信心。愿意与他人分享习作的快乐。观察周围世界，能不拘形式地写下自己的见闻、感受和想象，注意把自己觉得新奇有趣或印象最深、最受感动的内容写清楚。

（四）基于口语交际

能清楚明白地讲述见闻，并说出自己的感受和想法。讲述故事力求具体生动。

二、教材分析

《亡羊补牢》是义务教育课程标准实验教科书（人教版）语文三年级下册中的一篇寓言故事。故事讲述了养羊人第一次丢了羊，街坊劝他修羊圈、堵窟窿，他不听劝告。第二天他的羊又丢了一只，才后悔没有听街坊的劝告，于是赶快把窟窿堵上，把羊圈修好。从此，他的羊再也没丢过。故事内容浅显易懂，情节简明有趣。这个寓言告诉我们：遇到问题，只要肯接受意见，认真改正，就不算晚。

教学重点：引导学生正确识字、写字，能讲故事。

教学难点：懂得故事中蕴含的寓意。

三、学情分析

（一）基于识字与写字

学生有初步的独立识字能力，但对于学生来说，观察生字关键笔画在田字格的占位，掌握汉字的间架结构有一定难度。

（二）基于阅读

学生一般比较喜欢读故事，所以生动、形象、故事性强的教材便于学生接受。学生能够用自己的话或借用文中的话讲述故事。理解课文寓

意，并联系实际体会寓意对于学生来说有难度。

（三）基于习作

大部分学生能够说自己想说的话，能够把句子说完整，把意思表达完整。个别学生会出现语句不通、词不达意的情况。

（四）基于口语交际

学生敢说话，爱说话，但很难用生动的语言简练地讲述故事。

教学目标：

第一，能正确认读"叼""悔"等 7 个生字，正确认读"窟窿""街坊""羊圈"等词语，指导书写"窟""窿"等 7 个字，从而正确、流利地朗读课文。

第二，能够用略读的方式了解故事内容，会复述本课的故事。

第三，能够概括寓意，能结合生活中的事情理解寓意。

评价任务：

第一，借助"汉之星"等形式认读生字，指导书写，读通课文。（达成目标一）

第二，运用默读、个兰读、分角色读等多种方法，引导学生讲故事。（达成目标二）

第三，通过交流、表达、联系生活等懂得寓意。（达成目标三）

教学过程：

教学环节	教学活动	评价要点
环节一 知识链接 导入新课	1. 导入新课 2. 板书课题	
环节二 出示目标 明确任务	1. 能正确认读"叼""悔"等 7 个生字，正确认读"窟窿""街坊""羊圈"等词语，指导书写"窟""窿"等 7 个字，从而正确、流利地朗读课文 2. 能够用略读的方式了解故事内容，会复述本课的故事 3. 能够概括寓意，能结合生活中的事情理解寓意	

教学环节	教学活动	评价要点
环节三 交流合作 举一反三	活动一 1. 师读课文 2. 边听边想"亡""牢"的意思 3. 借助字典理解"亡""牢"的意思，理解题目意思	通过查字典、联系上下文能够说出"亡""牢"的意思
	活动二 1. 学生默读课文 2. 检测生字词、句子 3. 借助"汉之星"指导书写生字"窟""窿"，学生练习 （完成目标一）	通过"汉之星"等形式认读生字，指导书写，读通课文 （评价目标一）
	活动三 1. 默读课文，想一想：养羊人丢了几只羊？用横线在文中画出来 2. 默读课文，想一想：丢了一只，为什么还会又丢一只呢？ ①检查 ②出示重点句 ③引导读重点句	抓住关键词和重点词句理解文意 （评价目标二）
	活动四 说故事 ①学生自己练习讲故事 ②学生讲故事 ③学生评价 （完成目标二）	能用自己的话，把故事讲清楚 （评价目标二）
环节四 巩固拓展 达标检测	1. 说一说从故事中明白的寓意 2. 说一说生活中这样的事 ①学生自己想一想 ②表达个人所感 3. 拓展阅读：课下推荐阅读《伊索寓言》，从中选择两个你喜欢的寓言故事，分享故事 （完成目标三）	联系生活实际，说出故事的深刻寓意 （评价目标三）

五、 道德课堂的深化策略与实践思考

构建道德课堂的理念是引领郑州市推进基础教育课程改革的重要理念。针对一线教师与中小学学生迫切需要更具操作性的课堂行动策略的实际情况，教育局提出了使道德课堂理念走向深入的具体行动策略。

一是变"先教后学"为"先学后教"，实现"少教多学"，把学习的主动权还给学生，让学习成为学生自己的事情。二是编制导学案。编制导学案的实质是国家课程的校本化、生本化实施，其核心是变"教材"为"学材"。三是要求课堂教学实施分组合作学习，组建同质异组、异质同组等学习小组，实现独学、对学与群学。四是制定评课标准。从以下三个方面进行课堂评价：一是看学生的学习情绪和状态。二是看学习过程。学习即经历体验，缺少过程就没有学习。三是看学习成果以及学生人格健全和发展的过程。

在实践道德课堂的过程中，郑州市教育局的基本思路是"只给理念，不给模式"。我们不主张确立道德课堂的固定模式，只提供了课堂教学的通用原则和基本方法，提倡各学校基于校情和学情探索各具特色的课堂教学形式，不同学校、不同学科、不同教师、不同学习内容、不同教学情境可以呈现出不同的课堂形态。

从目前的情况来看，道德课堂的实践还存在以下问题和困惑：

第一，还需要进一步思考道德课堂的理念，部分理念在落实中如何更具有操作性也需要进一步厘清。比如，我们提出编制导学案是构建道德课堂的有效策略，那么针对不同学科、不同模块的教学内容，我们该如何编制导学案呢？又如，道德课堂主张变"先教后学"为"先学后教"，那么哪种情况下"先教后学"？哪种情况下"先学后教"？如何以教导学，把教转化为学，完成从"先教后学"到"先学后教"的转变呢？"先学"学什么？"后教"教什么？等等，这些问题都需要在下一步的研究中重点思考并解决。

第二，道德课堂的理念还需要进一步走入师生心中。部分学校的教师存在不理解道德课堂理念而硬贴标签的现象，他们把从事的工作皆称为道德课堂，因此需加强学习，真正理解道德课堂的理念并落实在教学中。

第三，教学改革需要行政力量的推动，更需要一线教师的积极配合。探索有效的推进策略是今后思考的重要问题之一。

总之，课程改革只有起点，没有终点。道德课堂理念的提出与实践，我们将以两个关键词——"行动""坚持"来践行。何谓行动？行动是智慧，行动是改变，持续的行动会带来持续的改变，能够成就我们追求的事业。何谓坚持？坚持意味着突破，坚持意味着成长，坚持还意味着引领。人，总是要有点精神追求的，道德课堂就是我们的精神追求。

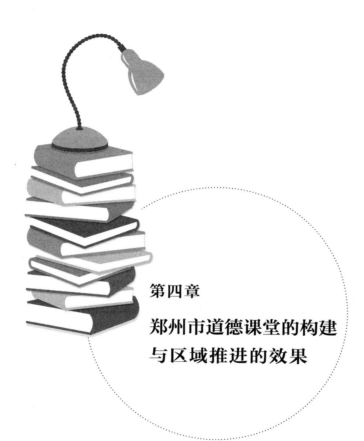

第四章

郑州市道德课堂的构建
与区域推进的效果

本成果聚焦系统探索区域推进课程改革的关键问题，全面探究影响教育质量关键要素的改进与完善方案，创造了惠及郑州、带动河南、影响全国的"以道德课堂理念建构新教学框架，区域推进课程改革"的有效模式。成果主要体现在以下方面。

一、 道德课堂理论体系的逐步成型

第一，建构了道德课堂的概念。教育即道德：合乎道，至于德；以合乎"道"之途径，至于"德"之目标。所谓"道"，即规律：教育教学规律、学生的认知规律和成长规律；所谓"德"，即德性、人性，教育的最终目的是提高人的幸福感。

道德课堂是以"以人为本"为核心价值取向的课堂形态，是以学生为主体，呈现尊重、关爱、民主、和谐的学习生态的课堂，是有效实现三维教学目标的课堂，是德性化、人性化、生命化的课堂。

第二，明确了道德课堂的五项教学主张。①以学生为主体，学科知识成为学生精神成长和德行发展的智力基础。②教学目标基于课程标准，兼顾三维。③教学组织和形式要对学生形成合作、包容的心理品质起到潜移默化的作用。④教学过程体现自由、民主、平等，促进学生形成创新精神和追求真理与正义的品性。⑤遵循基于目标的"教—学—评一致性"原则，减负增效。

第三，概括了学科教师践行道德课堂的八项基本教学素养。①回答好三个问题——你要把学生带到哪里？你怎样把学生带到那里？你如何确信已经把学生带到了那里？②具备提高三种基本能力——设计教学的能力、实施教学的能力、评价教学的能力。③把握三个前提——把握学科思想、掌握学科知识体系、明确学科课程目标。④做到三个读懂——读懂课程标准和教材（学材）、读懂学生、读懂课堂。⑤完成六个转变——教师变学长、讲堂变学堂、教室变学室、教材变学材、教案变学案、教学目标变学习目标。⑥明确课堂方向。⑦解读课程标准。⑧构建道德课堂生态。

第四，制定了十项道德课堂行动策略。①"让教学回家"。②编制导

学案。③实施分组学习。④实施"独学、对学、群学"三种基本学习方式。⑤构建"大课堂"概念。⑥建构具体的课堂流程。⑦重视"先学"。⑧突出"展示"。⑨强调"反馈"。⑩制定评课标准。

二、 教育教学实践与创新的深化和丰富

道德课堂实践模型的建构，在一定程度上解决了课程改革理念不落地的现实问题。本成果以"基于标准的专业化方案设计、基于标准的有效性教学实施、基于标准的发展性学生评价"为操作策略，找到了国家课程校本化的实践办法，构建了道德课堂的实践模型；以课程改革的顶层设计为指导，围绕学校教育的核心要素，从全面落实课程改革的目标、任务出发，以负责的态度和专业的方式，从建构课堂文化生态、加强课程建设、实施基于标准的有效教学、开展教育质量综合评价等层面系统推进课程改革，通过影响教育教学质量的关键要素的有效互动，整体优化育人生态，提升育人质量。

三、 区域推进课程改革有效路径的形成和拓展

道德课堂实践遍及郑州市1351所中小学，成为郑州市区域推进课程改革的有力抓手。全市教育工作者改革立场坚定，认识明确，方向清晰，课程改革提出的各项目标和任务在各层面均能得到积极的探索，"以人为本、立德树人"的总目标有了清晰的实践路径，形成了"以道德课堂理念建构新教学框架，区域推进课程改革"的郑州模式。

(一)建构区域推进的有效模式

我们以道德课堂文化内核引导教师明确价值取向，增强改革的主动性；通过具体项目的实施，引导道德课堂各层面的实践走向深入；紧扣学校教育的核心要素，以调研视导、问卷访谈、学业测评、课题研究为手段，对发现的问题、经验及积累的数据进行深入分析，强化问题解决指向，不断完善符合道德课堂价值取向的实践策略，做到文化引领探索，理论指导实践，评价校准方向，专业保证实效，从而使认识、目标、行

为、结果实现有机统一。

（二）催生各具特色的学校实践样本

在构建道德课堂的过程中，郑州市教育局始终坚持"只给理念、各自探索"的原则，激励学校的主动性和创造性，让构建的过程成为理念认同的过程、方法生成的过程、问题解决的过程。通过开展道德课堂教学诊断交流活动、道德课堂评价标准大讨论活动，形成了郑州市道德课堂三级累进评价标准。

在道德课堂实践模型和评价标准框架下，全市1351所中小学进行了深入探索，许多区域、学校形成了道德课堂理念下的课堂形态，如基于学生主体的郑州一中主体课堂，基于目标建构的郑州一〇二中网络环境下的自主课堂，基于教师风格的二七区多彩课堂。截至2013年，全市共认定32所学校的课堂形态为道德课堂有效形态。课堂形态的构建过程使教学生态明显改善，学业质量显著提升。

四、 对郑州市及全国基础教育课程改革的意义和影响

（一）对郑州市基础教育课程改革的意义和影响

道德课堂的建构使得课程改革在郑州市认同度高，教师践行课程改革的自觉性强。从全国聘请的专家督学经过深入调研，认为郑州市教师理念新，变革意愿强，并得出"与坚持推进道德课堂建设密不可分"的结论。各区县在道德课堂理念下，建构区域教育特色，提升了课程改革的质量。例如，二七区的多彩教育、中原区的生本教育，发挥了很好的示范带动作用。各学校从学校文化的层面寻求改革发展的突破口，涌现出一大批有效实践范式，具有较强的示范影响力，并得到媒体的宣传报道。

学校课程规划与开发成效显著。郑州市教育局通过与华东师范大学的项目合作，自主开发了学校课程规划方案，校本课程、国家课程纲要等课程产品，使学校领导和教师的课程领导力显著提升。许多学校建立了校本课程体系。

　　"基于标准的教学"逐渐成为教师课程实施的常态。汇集教师教学专业方案成果的《基于标准的课程纲要和教案》一书由华东师范大学出版社出版，为全国基于标准的教学研究增加了实践范例。

　　道德教育评价体系——教育质量综合评价体系——得以建构，学生学业质量不断提升。郑州市教育局与北京师范大学合作建构了包含16项指标的教育质量综合评价体系。郑州市教科研骨干成员连续2年参加了教育部课程中心"中小学学业质量分析、反馈与指导"项目。从测试结果看，郑州市的学生在各学科领域的达标状况均显著好于全国常模，一些学科各层级的达标状况处于全国前列。评价指向系统诊断与改进的指向促进了学校评价观的转变和学生的全面、健康发展。

（二）对全国基础教育课程改革的意义和影响

　　本成果在郑州市得到全面推广和应用，并在全国产生很大影响，在区域范围内确立了"以人为本、立德树人"的课堂教学路径。道德课堂凸显了郑州市中小学课堂变革的核心价值追求，彰显了科学和人文的协调统一，是对郑州市十多年课程改革经验的总结与升华。在道德课堂的打造过程中，郑州市教育局注重理念与文化的引领，鼓励每一所学校构建基于学校特色和学情特点的课堂形态。如今，道德课堂在郑州各级各类学校呈现出百花齐放的景象。这让我们有理由相信这种强调主体存在的意义、关注人的生命和价值的课堂必将扎根于中原大地，其芬芳也必将遍及神州。

　　郑州市课程改革区域推进经验得到了教育部以及学术专业领域的充分肯定，关于道德课堂的各类学术活动在全国范围内广泛开展。2014年4月，郑州市成功组织了"全国中小学立德树人——道德课堂郑州论坛暨《中国教育学刊》杂志社名师名校联谊会第四届年会"，并取得圆满成功。2014年9月，研究成果《郑州市道德课堂的构建与区域推进》获得了首届国家级教学成果奖二等奖，成为全国417项获奖成果之一，在全国形成了很大的影响。2017年2月，又入选教育部基础教育课程教材发展中心基础教育课程改革典型案例库，成为全国48项推荐案例之一，这是郑州市基础教育课程改革成效被广泛认可的又一有力证明。(见图4-1)这些案例将在《基础教育课程》杂志设立专栏进行宣传报道,并结集出版,还将上报教育部领导和相关司局及教育部基础教育课程教材专家咨询委员会和专家工作委员会,为国家教育政策的制定提供决策依据。

图 4-1　获奖证书

国内舆论高度聚焦郑州市在道德课堂引领下的课程改革实践。2010年,道德课堂有效形态之一——郑州一〇二中的"网络环境下的自主课堂"被《中国教师报》等媒体评为"全国十大有效教学模式"。2013年4月5日,《中国教育报》头版头条以《矢志不渝打造"自主课堂"——河南省郑州市深化基础教育课程改革纪实》为题,报道了郑州市道德课堂的工作经验。2016年12月25日,《光明日报》"治国理政新思想新实践·新战略带来新气象"栏目以头版头条的方式报道了郑州市教育局围绕"培养什么人、怎样培养人"的问题实施的以做有未来的教育为方向、以道德课堂为核心、以创客教育为重点的一系列教育改革举措。郑州道路、郑州经验、郑州力量再次引发了全国的关注,中央级媒体如此高规格的报道,在郑州教育发展历史上尚属首次。

2011年12月29日,首届"中国教育之声论坛暨卓越校长年度盛典"在北京举行。盛典现场颁布了最受网友关注的十大教育改革杰出人物、百名卓越校长、最具幸福感的学校等13项年度大奖。其中,郑州市教育局副局长田保华因其道德课堂理念成为河南唯一入选者,获得首届"十大教育改革杰出人物"奖项。获此殊荣的还有中科院院士、北大原校长许智宏,中科院院士、南方科技大学校长朱清时,人大原校长纪宝成,以及熊丙奇、魏书生等著名教育界人士。

成果主持人田保华发表了近百篇关于道德课堂的论文,分别刊载于

《中国教育学刊》《课程·教材·教法》《基础教育课程》《中国教师报》等刊物，为引导教育实践工作中转变观念、厘清思路、提高能力发挥了重要作用。特别是2015年他在《人民教育》发表的署名文章《“学在郑州”的行动诠释》，在全国教育界引起广泛反响，外地同行纷纷到郑州学习相关经验。同时，田保华本人还先后应中国教育科学研究院、中国教育报刊社、中国教育学会、人民教育出版社等邀请，在北京、上海、广东、新疆、重庆、安徽、山东、沈阳、福州等地做专题报告，传播和推广了他的教育思想。作为道德课堂的样本实践学校，郑州一中、郑州外国语学校、郑州市二七区陇海西路小学、郑州一〇二中等学校的领导和教师还应邀到新疆、江苏、河北等地介绍道德课堂的相关工作经验，受到了广泛关注。